中国证券投资基金业年报

2024

中国证券投资基金业协会　编著

中国财经出版传媒集团
中国财政经济出版社
·北　京·

图书在版编目（CIP）数据

中国证券投资基金业年报 . 2024 / 中国证券投资基金业协会编著 . -- 北京：中国财政经济出版社，2024. 9. -- ISBN 978-7-5223-1469-3

Ⅰ. F832. 51-54

中国国家版本馆 CIP 数据核字第 2024L9D549 号

责任编辑：郁东敏　　　　责任印制：党　辉

封面设计：中通世奥　　　　责任校对：胡永立

中国证券投资基金业年报 2024

ZHONGGUO ZHENGQUAN TOUZI JIJINYE NIANBAO 2024

中国财政经济出版社 出版

URL：http：//www.cfeph.cn

E-mail：cfeph @cfemg.cn

社址：北京市海淀区阜成路甲 28 号　邮政编码：100142

营销中心电话：010-88191522

天猫网店：中国财政经济出版社旗舰店

网址：https：//zgczjjcbs.tmall.com

北京联兴盛业印刷股份有限公司印刷　各地新华书店经销

成品尺寸：185mm × 260mm　16 开　19 印张　268 000 字

2024 年 9 月第 1 版　2024 年 9 月北京第 1 次印刷

定价：80.00 元

ISBN 978-7-5223-1469-3

（图书出现印装问题，本社负责调换，电话：010-88190548）

本社图书质量投诉电话：010-88190744

打击盗版举报热线：010-88191661　QQ：2242791300

编 委 会

PREFACE
前言

2023年是全面贯彻党的二十大精神开局之年，也是资本市场全面深化改革开放的关键一年。过去一年，受世界经济复苏乏力、地缘政治矛盾演进、国内经济恢复发展深层次矛盾显现等多重困难挑战的影响，基金行业出现了业绩压力增大、募资来源匮乏、投资动力不足、退出预期不稳等暂时性困难。但面对各式各样的发展难题，基金行业众志成城付出不懈努力，行业韧性不断提升，高质量发展扎实推进，在健全投资端功能、提高直接融资比重、培育新质生产力和服务居民财富管理等方面发挥了不可替代的关键作用。

截至2023年底，基金行业总规模达67.06万亿元，实现稳中有增，体现行业发展活力和韧性。私募基金管理人中尾部机构数量明显下降，部分头部机构脱颖而出，专业能力日益提升，运营稳定性日益增强。公募基金中权益类产品规模占比、私募基金中股权与创投基金规模占比提升，私募资管业务持续优化，产品供给结构显著改善。保险资金、养老金等增持公私募基金规模显著增加，长期资金占比进一步提升。全年新备案私募股权创投基金3 865.22亿元，新增投资本金10 887.65亿元，其中投资半导体、计算机应用、原材料、医药生物、医疗器械与服务、资本品等新经济代表领域项目1.78万个，投资本金6 472亿元，有力服务培育新质生产力。行业受托管理各类养老金规模合计约4.89万亿元，同比增长14.5%，成为管理第三支柱养老金的中坚力量。

一年来，中国证券投资基金业协会在中国证监会指导下，切实履行好各项职能，助力行业高质量发展再上新台阶。推进公募基金高质量发展，协助费率改革落实落地，完善行业激励约束机制，有序搭建基金投顾自律规则框架，推动完善养老金政策，持续优化公募基金发展生态。建设性提升私募登记备案标准透明度，推动《私募投资基金监督管理条例》顺利出台，稳妥发布《私募基金登记备案办法》及配套登记备案指引，坚持扶优限劣差异化导向，加强预期引导，基本建成覆盖“募投管退”全流程、体系清晰协调的规则体系。从业人员自律管理改革取得突破性进展，发布《基金从业人员管理规则》及其配套规则，拓展从业资格取得方式，有效解决考试经费困难、需求旺盛的突出问题。夯实行业法治基础，配合《私募投资基金监督管理办法》修订，全年出台自律规则22项，创历年之最。加强行业基础设施建设，成功上线私募电子合同服务机构登记系统，发布《基金管理公司网络与信息安全三年提升计划（2023—2025）》，提升行业数字化水平。积极践行服务宗旨，发挥好行业桥梁纽带功能，推动解决长期资金与税收优惠等行业难题，拓展双向开放交流，不断改善行业发展生态。

2024年是中华人民共和国成立75周年，是实现“十四五”规划目标任务的关键一年，也是资本市场防风险、促发展的重要一年。基金业协会将全面贯彻落实党的二十大精神、中央金融工作会议、新“国九条”精神，紧紧围绕中国证监会工作部署要求，充分履行好“服务、自律、桥梁、创新”职能，与全行业共克时艰、共育新机、共开新局，推进行业向高质量发展加速迈进！

本书编写过程得到监管部门、兄弟单位及行业机构等的大力支持，在此对所有为本书成稿付出努力与汗水的同仁表示诚挚感谢！

由于编写时间紧迫，难免有疏漏之处，望业内同仁和广大读者批评指正。

中国证券投资基金业协会

2024年6月

CONTENTS
目录

第一篇　行业发展篇

第一章　资产管理业概览 …… 3

第一节　资产管理业规模及结构 …… 3

第二节　公开募集证券投资基金概览 …… 4

一、公募基金的发展 …… 4

二、在宏观经济金融中的地位 …… 5

三、在全球共同基金中的地位 …… 5

第三节　证券期货经营机构私募资产管理业务 …… 6

一、规模及构成 …… 6

二、在宏观经济金融中的地位 …… 7

第四节　私募投资基金 …… 7

一、规模及构成 …… 7

二、在宏观经济金融中的地位 …… 9

第五节　养老金概览 …… 9

一、我国养老金体系现状 …… 9

二、基金行业管理养老金规模 …… 11

第六节　绿色投资概览 …… 12

第二章　公开募集证券投资基金 …… 13

第一节　公募基金行业整体情况 …… 14

一、总体情况 …… 14

二、基金类型 …… 15

三、基金账户 …… 18

四、资产配置 …… 18

五、资金来源与流动情况 …… 20

六、新设情况 …… 22

七、ETF和LOF …… 25

第二节　专业化投资能力 …… 27

第三节　各类型基金 …… 29

一、股票型基金 …… 29

二、债券基金 …… 36

三、混合基金 …… 42

四、货币市场基金 …… 46

五、QDII基金 …… 49

六、基金中基金（FOF） …… 53

第四节　公募基金销售及基金费率 …… 56

一、基金销售业务概况 …… 56

二、基金销售费率 …… 66

三、基金管理费率与托管费率 …… 74

第三章　我国境内养老金投资管理 …… 80

第一节　我国养老金投资运营情况概览 …… 80

一、养老金投资运营规模 …… 80

二、养老金投资管理机构及市场占比 …… 82

三、养老金投资收益 …… 83

第二节　公募基金行业管理养老金情况 …… 86

一、公募基金行业管理养老金规模情况 …… 86

二、养老目标基金 …… 86

三、个人养老金基金 …… 91

第四章 证券期货经营机构私募资产管理业务……………………93
第一节 总体情况……………………………………………………93
一、产品备案情况……………………………………………………94
二、产品存续情况……………………………………………………98
三、资金净流动（认申赎）情况……………………………………101
四、资金来源（投资者出资）情况…………………………………101
五、资产配置情况……………………………………………………102
第二节 基金管理公司私募资产管理业务…………………………104
一、产品备案情况……………………………………………………104
二、产品存续情况……………………………………………………105
三、资金净流动（认申赎）情况……………………………………107
四、资金来源（投资者出资）情况…………………………………109
五、资产配置情况……………………………………………………110
六、集中度情况………………………………………………………110
第三节 基金子公司私募资产管理业务……………………………112
一、产品备案情况……………………………………………………112
二、产品存续情况……………………………………………………114
三、资金净流动（认/申赎）情况……………………………………116
四、资金来源（投资者出资）情况…………………………………117
五、资产配置情况……………………………………………………118
六、集中度情况………………………………………………………119
第四节 证券公司私募资产管理业务………………………………120
一、产品备案情况……………………………………………………120
二、产品存续情况……………………………………………………122
三、资金净流动（认/申赎）情况……………………………………124
四、资金来源（投资者出资）情况…………………………………126
五、资产配置情况……………………………………………………126
六、集中度情况………………………………………………………128
第五节 证券公司私募子公司私募基金业务………………………128
一、产品备案情况……………………………………………………128
二、产品存续情况……………………………………………………130
三、资金来源（投资者出资）情况…………………………………131
四、资产配置情况……………………………………………………131

五、集中度情况 …… 132
第六节 期货公司私募资产管理业务 …… 132
一、产品备案情况 …… 132
二、产品存续情况 …… 134
三、资金净流动(认/申赎)情况 …… 136
四、资金来源(投资者出资)情况 …… 138
五、资产配置情况 …… 138
六、集中度情况 …… 139
第七节 资产证券化业务 …… 140
一、企业资产支持证券化产品备案总体情况 …… 140
二、资产证券化产品管理人情况 …… 141
三、基础资产类型 …… 142
第五章 私募投资基金 …… 145
第一节 私募证券投资基金 …… 145
一、自主发行类私募证券投资基金基本情况分析 …… 145
二、自主发行类私募证券投资基金募集出资情况 …… 152
三、顾问管理类产品情况 …… 154
第二节 私募股权投资基金 …… 160
一、私募股权投资基金基本情况 …… 160
二、私募股权投资基金募集情况 …… 167
三、私募股权投资基金出资情况 …… 168
四、私募股权投资基金投资运作情况 …… 172
五、私募股权投资基金投资项目退出情况 …… 174
第三节 创业投资基金 …… 176
一、创业投资基金基本情况 …… 176
二、募集情况 …… 182
三、创业投资基金出资情况 …… 183
四、创业投资基金投资运作情况 …… 186
五、创业投资基金投资项目退出情况 …… 188
第六章 公募基金管理机构 …… 191
第一节 公募基金管理机构股东情况 …… 191
一、国有、中外合资、民企、其他 …… 191

二、不同类型股东背景 …… 192

第二节 公募基金管理机构股权结构 …… 195

一、控股模式 …… 195

二、股权集中度 …… 198

第三节 公募基金管理机构人力资本情况 …… 199

一、从业人员整体情况 …… 199

二、高管情况 …… 201

三、基金经理情况 …… 204

第七章 私募基金管理人 …… 208

第一节 私募证券投资基金管理人 …… 208

一、私募证券投资基金管理人情况分析 …… 208

二、私募证券投资基金管理人从业人员及高管情况分析 …… 217

第二节 私募股权、创业投资基金管理人 …… 222

一、私募股权、创业投资基金管理人总体情况 …… 222

二、私募股权、创业投资基金管理人从业人员及高管情况 …… 235

第八章 基金托管机构 …… 242

第一节 托管机构登记情况 …… 242

第二节 托管业务发展情况 …… 243

一、托管产品数量及资产规模 …… 243

二、不同类型托管人的基金托管业务开展情况 …… 245

第九章 基金服务机构 …… 248

第一节 基金服务业务发展历程 …… 248

第二节 基金服务机构登记情况 …… 250

第三节 基金服务业务开展情况 …… 250

一、基金服务产品数量和规模 …… 250

二、行业集中度情况 …… 252

三、收入情况 …… 253

第二篇　行业数据篇

一、公开募集证券投资基金数据 …… 257
二、证券期货经营机构私募资产管理业务数据 …… 261
三、私募投资基金数据 …… 264
四、托管与基金服务机构名录 …… 286

01 第一篇 行业发展篇

第一章
资产管理业概览

第一节　资产管理业规模及结构

从资产管理的外延来看，我国资产管理广泛涉及银行、保险、证券、基金、信托、期货等行业机构。从资产管理的本质特征出发，可以将我国资产管理行业的外延从机构类型和业务两个维度作出如下界定（具体见表1-1-1）。

表 1-1-1　　　　我国资产管理行业外延

机构类型	资产管理业务
基金管理公司及其子公司	公募基金、集合资产管理计划、单一资产管理计划、私募股权子公司私募基金、各类养老金、企业资产支持证券
私募机构	私募证券投资基金、私募股权投资基金、创业投资基金、私募资产配置基金及其他私募投资基金
信托公司	单一资金信托、集合资金信托
证券公司及其子公司	公募基金、集合资产管理计划、单一资产管理计划、私募子公司私募基金、各类养老金、企业资产支持证券
期货公司及其子公司	集合资产管理计划、单一资产管理计划
保险公司、保险资产管理公司	公募基金、万能险、投连险、管理企业年金、养老保障及其他委托管理资产、资产支持计划
银行	非保本银行理财产品、私人银行业务

注：中国证券投资基金业协会整理。

我国资产管理业构成大致如下：截至2023年末，公募基金27.60万亿元，证券期货经营机构私募资产管理业务12.41万亿元，基金管理公司管理境内全国社保和企业年金等养老金规模4.89万亿元，企业资产支持证券（ABS）1.92万亿元，私募投资基金20.32万亿元，银行理财产品规模27.65万亿元①，信托公司资金信托计划17.38万亿元②，保险资管产品约6.49万亿元③，全部资管规模合计约118.66万亿元④（见图1-1-1）。

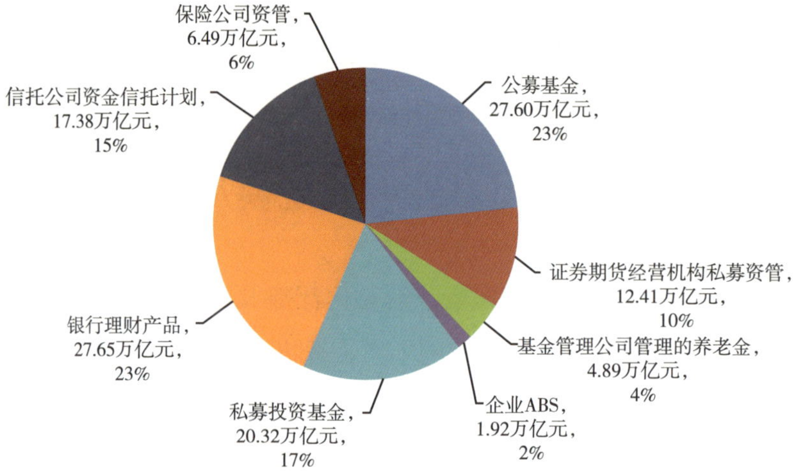

图 1-1-1　资产管理行业规模构成

资料来源：中国证券投资基金业协会整理。

第二节　公开募集证券投资基金概览

一、公募基金的发展

截至2023年末，公募基金管理人158家⑤，其中，基金管理公司145家，取得公募基金管理资格的证券公司或证券公司资管子公司共12家，取得公募基金管理

① 数据来源于银行业理财登记托管中心：《中国银行业理财市场年度报告（2023年）》。

② 数据来源于中国信托业协会2023年4季度末信托公司主要业务数据。

③ 因数据可得性问题，该数据截至2022年末，依据为中国保险资产管理业协会发布的《中国保险资产管理业发展报告（2023）》。

④ 根据前述列示的各类资管业务规模简单加总，未剔除重复计算部分。

⑤ 以基金管理人取得证券期货经营许可证与公募基金管理机构名录（2023年12月）为准。

资格的保险资管公司1家。公募基金共计11 528只，较2022年末增长9.0%；公募基金资产规模27.60万亿元，较2022年末增长6.02%。

二、在宏观经济金融中的地位

公募基金是宏观经济、金融和资本市场的重要组成部分。截至2023年末，公募基金资产规模为27.60万亿元，相当于当年GDP总量的21.89%，相当于年末社会融资规模存量的7.30%，相当于当年M2总量的9.44%，相当于年末人民币存款余额的9.71%，相当于年末股市流通市值的41.18%，相当于年末债券市场余额的17.48%（详见表1-2-1）。

表 1-2-1　　公募基金在宏观经济金融部门中的规模占比

年份	项目	公募基金	宏观经济		货币金融		资本市场	
			GDP	社会融资规模存量	M2	金融机构存款余额	股市流通市值	债券余额
2022	资产（万亿元）	26.03	121.02	344.21	266.43	264.40	66.34	144.54
	占比（%）	100	21.51	7.56	9.77	9.84	39.24	18.01
2023	资产（万亿元）	27.60	126.06	378.09	292.27	284.26	67.03	157.9
	占比（%）	100	21.89	7.30	9.44	9.71	41.18	17.48

资料来源：中国证券投资基金业协会整理。

三、在全球共同基金中的地位

根据美国投资公司协会（ICI）发布的全球开放式基金（不含FOF）统计数据显示（全球48个国家和地区），2023年末，我国开放式基金（共同基金）资产规模排在全球第4位，占全球共同基金总规模的比重为4.86%，较2022年末下降0.57个百分点；占亚太地区共同基金规模的比重为34.07%，较2022年末下降1.82个百分点。美国共同基金资产规模占到全球总规模的48.74%，卢森堡为8.47%（见图1-2-1）。与我国世界第二的经济总量相比，共同基金发展仍处于较低水平，发展潜力巨大。

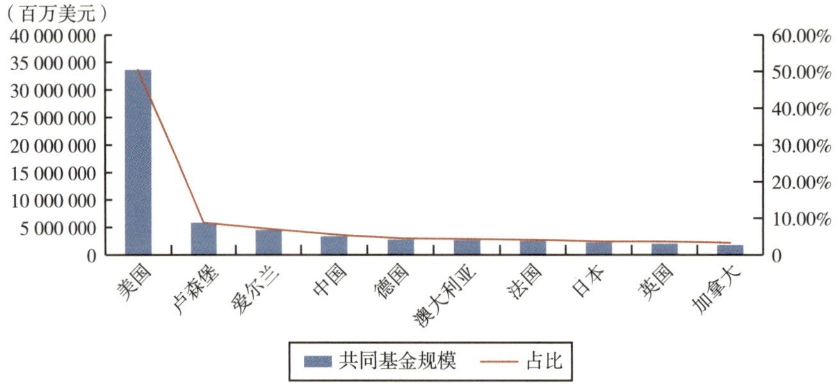

图 1-2-1　2023 年共同基金资产规模全球排名前十位的国家

资料来源：美国投资公司协会。

第三节　证券期货经营机构私募资产管理业务

一、规模及构成

截至2023年末，证券期货经营机构私募资产管理业务总规模12.41万亿元。其中，基金管理公司管理资产规模4.77万亿元；基金子公司管理资产管理1.44万亿元；证券公司（含私募子公司）管理资产规模5.93万亿元；期货公司管理规模0.27万亿元（见图1-3-1）。

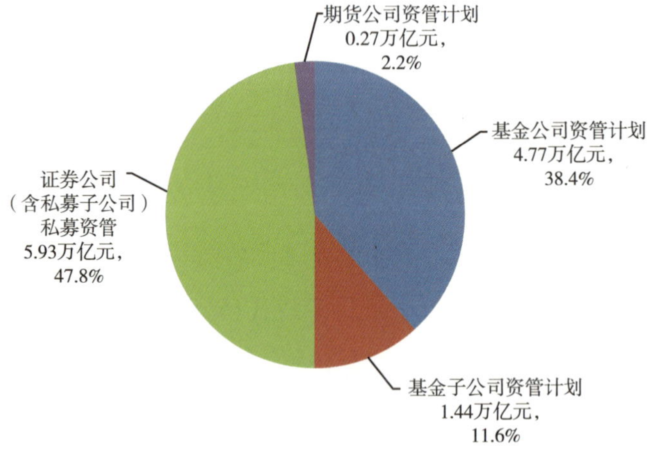

图 1-3-1　证券期货经营机构私募资产管理业务规模构成

资料来源：中国证券投资基金业协会。

二、在宏观经济金融中的地位

自2018年《关于规范金融机构资产管理业务的指导意见》（以下简称“资管新规”）发布以来，资产管理业务迈向新发展阶段，证券期货经营机构在资管行业新格局中逐步确立自身定位，在提升直接融资比重、服务投资者理财方面发挥积极作用。截至2023年末，证券期货经营机构私募资产管理业务规模12.41万亿元，相当于当年GDP总量的9.84%，相当于年末社会融资规模存量的3.28%，相当于当年广义货币M2的4.25%，相当于年末人民币存款余额的4.37%，相当于年末股市流通市值的18.51%，相当于年末债券市场托管余额的7.86%（见表1-3-1）。

表1-3-1　　证券期货经营机构私募资产管理业务在宏观经济金融部门中的规模占比

年份	项目	证券期货经营机构私募资产管理业务	宏观经济		货币金融		资本市场	
			GDP	社会融资规模存量	M2	金融机构存款余额	股市流通市值	债券余额
2022	资产（万亿元）	14.31	121.02	344.21	266.43	264.40	66.34	144.54
	占比（%）	100.00	11.82	4.16	5.37	5.41	21.57	9.90
2023	资产（万亿元）	12.41	126.06	378.09	292.27	284.26	67.03	157.90
	占比（%）	100.00	9.84	3.28	4.25	4.37	18.51	7.86

资料来源：中国证券投资基金业协会整理。

第四节　私募投资基金

一、规模及构成

截至2023年末，已在中国证券投资基金业协会完成登记的私募投资基金管理人21 625家，备案私募投资基金153 032只，管理资产规模20.32万亿元。

从登记的私募投资基金管理人类型来看，私募证券投资基金管理人8 469家，私募股权、创业投资基金管理人12 893家，私募资产配置类管理人9家，其他私募投资基金管理人254家（见图1–4–1）。从备案的私募投资基金类型来看，私募证券投资基金93 204只，资产规模5.51万亿元；私募股权投资基金31 255只，资产规模11.07万亿元；创业投资基金23 389只，资产规模3.24万亿元；私募资产配置基金27只，资产规模54.31亿元；其他私募投资基金1 146只，资产规模0.49万亿元（见图1–4–2）。

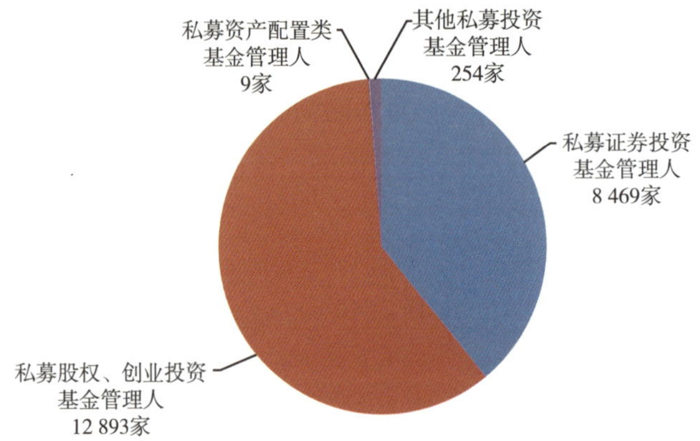

图 1–4–1　私募投资基金管理人类型分布

资料来源：中国证券投资基金业协会。

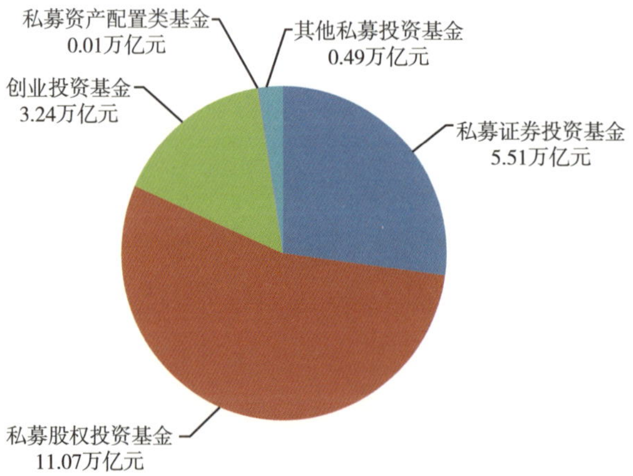

图 1–4–2　私募投资基金规模及构成

资料来源：中国证券投资基金业协会。

二、在宏观经济金融中的地位

自2013年6月《中国证券投资基金法》将私募基金纳入统一规范、2014年2月中国证券投资基金业协会实施登记备案以来，我国私募基金活力迸发，已经发展为创新资本形成的重要载体。截至2023年末，私募投资基金规模20.32万亿元，相当于当年GDP总量的16.12%，相当于年末社会融资规模存量的5.37%，相当于当年广义货币M2的6.95%，相当于年末人民币存款余额的7.15%，相当于年末股市流通市值的30.31%，相当于年末债券市场托管余额的12.87%（见表1-4-1）。

表1-4-1　私募投资基金在宏观经济金融部门中的规模占比

年份	项目	私募投资基金	宏观经济		货币金融		资本市场	
			GDP	社会融资规模存量	M2	人民币存款余额	股市流通市值	债券余额
2022	资产（万亿元）	20.28	121.02	344.21	266.43	264.40	66.34	144.54
	占比（%）	100.00	16.76	5.89	7.61	7.67	30.57	14.03
2023	资产（万亿元）	20.32	126.06	378.09	292.27	284.26	67.03	157.9
	占比（%）	100.00	16.12	5.37	6.95	7.15	30.31	12.87

资料来源：中国证券投资基金业协会整理。

第五节　养老金概览

一、我国养老金体系现状

截至2022年末，我国第一支柱基本养老保险参与人数10.53亿人，结余规模6.99万亿元；第二支柱年金基金中，企业年金参与人数3 010万人，总规模2.87

万亿元；职业年金总规模2.11万亿元①；个人养老金参加人数1 954万人，缴费人数613万人，总缴费金额142亿元（见表1-5-1）。

从参与人数和规模均可看出，我国养老金体系第一、第二、第三支柱之间发展不均衡，较为依赖第一支柱基本养老保险，我国养老金第二、第三支柱仍然存在较大的发展空间。

表 1-5-1 我国养老金三支柱体系

	战略储备	第一支柱	第二支柱		第三支柱
	全国社会保障基金	基本养老保险	企业年金	职业年金	个人养老金
制度模式	无短期支付压力、集中投资运营	现收现付+个人账户积累制	个人账户积累制	个人账户积累制	个人账户积累制（试点）
资金来源	财政资金拨款、国有资本划转	单位缴费、个人缴费、财政资金补贴	企业和个人缴费	机关事业单位和公务员缴费	个人缴费
2022年末参与人数	—	10.53亿人	3 010万人	—	1 954万人
2022年末总规模/结余规模	25 337亿元(1)	69 851亿元	28 718亿元	21 100亿元	142亿元
2022年末投资规模	25 337亿元(2)	18 454亿元(3)	28 323亿元	21 100亿元	142亿元

注：（1）（2）作为战略储备的社保基金规模应为可支配的实际金额，故此处引用的是《全国社会保障基金理事会社保基金年度报告（2022年度）》中2022年末“全国社保基金权益”这一数据口径，即“社保基金资产总额”扣除“社保基金负债余额”后，再减去“个人账户基金权益”。

（3）此处引用的是《全国社会保障基金理事会基本养老保险基金受托运营年度报告（2022年度）》中“2022年末基本养老保险基金权益总额”这一数据口径，即“基本养老保险基金资产总额”扣除“基本养老保险基金负债余额”。

资料来源：人力资源和社会保障部官网及公开发言，全国社会保障基金理事会官网，原中国银保监会公开发言。

① 数据截至2022年末，来源于《2022年度人力资源和社会保障事业发展统计公报》。

二、基金行业管理养老金规模

全国社会保障基金、基本养老保险基金投资管理中，分为直接投资和委托投资两部分，年金基金也分为受托直投和委托投资两部分。基金行业在内的资产管理行业受托管理的养老金属于委托投资这一部分。

截至2022年末，全国社会保障基金（以下称“社保基金”）委托投资规模为19 252亿元①，基本养老保险基金委托投资规模为9 893亿元②，企业年金委托投资规模为27 840亿元，合计56 985亿元，职业年金暂未披露委托投资规模、个人养老金暂未披露投资规模。其中，基金行业受托管理的境内养老金规模为31 996亿元③，占上述已披露养老金委托投资总规模的56.15%（见图1-5-1）。

根据公募基金公开信息披露数据统计，截至2023年末，有178只公募基金纳入个人养老金产品名录。

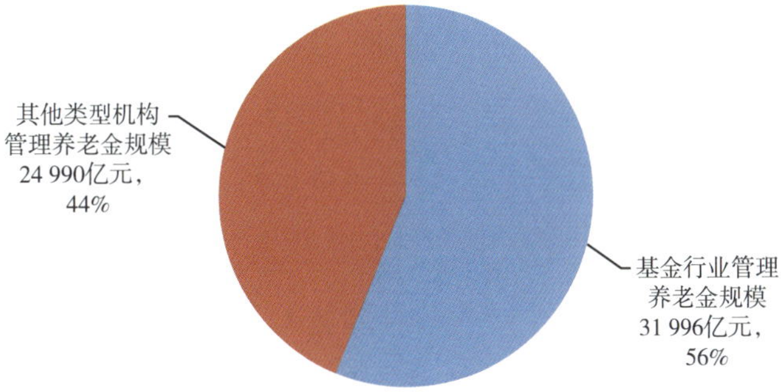

图 1-5-1　2022 年末基金行业管理养老金规模占比

资料来源：人力资源和社会保障部官网，全国社会保障基金理事会官网，中国证券投资基金业协会。

---

① 《全国社会保障基金理事会社保基金年度报告（2022年度）》中仅披露了“社保基金资产总额”（包含负债）口径下的“直接投资资产规模”和“委托投资资产规模”，未披露“社保基金权益总额”（不含负债）口径下的“直接投资规模”和“委托投资规模”；受限于数据可获取性，此处数据直接引用了年报中“委托投资资产规模”这一数字。

② 《全国社会保障基金理事会基本养老保险基金受托运营年度报告（2022年度）》中仅披露了“基本养老保险基金资产总额”（包含负债）口径下的“直接投资资产规模”和“委托投资资产规模”，未披露“基本养老保险基金权益总额”（不含负债）口径下的“直接投资规模”和“委托投资规模”；受限于数据可获取性，此处数据直接引用了受托运营年报中“委托投资资产规模”这一数字。

③ 此处为基金行业受托管理的社保基金、基本养老保险基金、企业年金的合计规模，不含社保基金理事会投资私募基金规模、基金行业管理的职业年金规模和个人养老金规模。

第六节 绿色投资概览

党的十八大以来，以习近平同志为核心的党中央把生态文明建设摆在全局工作的突出位置，作出一系列重大战略部署，把生态文明建设纳入“五位一体”总体布局，把坚持人与自然和谐共生纳入新时代坚持和发展中国特色社会主义的基本方略，把绿色发展纳入新发展理念，把污染防治攻坚战纳入三大攻坚战，把美丽中国纳入建成社会主义现代化强国的战略目标。党的二十大报告指出“中国式现代化是人与自然和谐共生的现代化”，“推动经济社会发展绿色化、低碳化是实现高质量发展的关键环节”，为我国现代化、高质量发展作出了重大判断。

2018年11月，中国证券投资基金业协会发布了《绿色投资指引（试行）》，不对行业机构做强制性约束，而是以促进企业环境绩效、发展绿色产业、减少环境风险为目标，引导行业构建绿色投资体系，为绿色投资实践提供基础性、原则性、普适性的方法框架。2019—2023年，基于《绿色投资指引（试行）》要求连续五年开展了基金管理人绿色投资自评估调查，发布5期《基金管理人绿色投资自评估报告》，向行业传递绿色/ESG投资核心理念，分享ESG研究成果与最佳实践。

从中国证券投资基金业协会绿色投资自评估调查结果看，近几年基金行业发展绿色及ESG投资的主动性、积极性明显提高，行业共识不断扩大；基金管理公司加速搭建内部绿色/ESG投研体系，部分头部公募机构已自主建立相关数据库和绿色投研体系，私募股权创投基金在绿色投资投后管理方面独具优势。

根据中国证券投资基金业协会统计，截至2023年末，绿色、可持续、ESG等投资方向①的公私募基金1 511只，规模合计约9 159亿元。其中，公募基金349只，管理规模逾3 200亿元；私募基金1 162只，管理规模5 958亿元，其中股权创投基金规模占比超过90%，绿色投资、可持续投资的力量初步显现。

① 基金名称中含有ESG、社会责任、碳中和、气候变化、新能源、治理、生态、低碳、环保等关键词的基金。

第二章
公开募集证券投资基金

我国公募基金起步于1998年。与其他金融行业相比，公募基金自始即大量吸收成熟市场行之有效的制度经验，并持续改进，为行业长治久安奠定了法治基础。1997年11月，国务院证券委员会颁布《证券投资基金管理暂行办法》，确立了集合投资、受托管理、独立托管和利益共享、风险共担等基金基本原则。1998年3月，经中国证监会批准，南方基金管理公司和国泰基金管理公司分别发起设立两只封闭式基金——基金开元和基金金泰，拉开了我国证券投资基金发展序幕。1998年和1999年，分别有5家基金管理公司设立，俗称“老十家”。2000年10月，中国证监会发布并实施《开放式证券投资基金试点办法》。2001年9月，我国第一只开放式公募基金——华安创新诞生，揭开公募基金发展新篇章。2002年，首家中外合资基金管理公司成立。2003年6月，《证券投资基金法》颁布，系统地规范了基金当事人的权利义务，尤其是受托人信义义务，为行业规范运作奠定坚实的基础。中国证监会陆续颁布《证券投资基金管理公司管理办法》等6个部门规章。“一法六规”为公募基金和基金管理公司规范运作奠定了制度基础。2005年，基金管理公司外资持股比例上限提高至49%，一大批中外合资基金管理公司成立或获得外资增股。2007年，行业规模超过万亿元。2012年中国证券投资基金业协会成立。2013年6月，《证券投资基金法》完成重大修订并正式实施。新《证券投资基金法》全面落实信义义务要求，进一步优化行政监管，强化行业自律，全面加强基金持有人权益保护。

在不断完善的法治环境下，基金业市场化、国际化不断推进，并相互促进。公募基金市场交易机制透明，风险收益归属清晰，业绩竞争较为充分，在资产管理领域率先建立了最先进、最完善的制度体系，确立了基金财产独立制度、强制托管制度、风险自担的产品设计和销售规范、每日估值制度、信息披露制度、公平交易制度以及严格的监管执法，是信托关系落实最为充分的资产管理行业。20余年间未发生系统性金融风险，成为财富管理行业的标杆，是大众理财的理想工具。2023年末，公募基金管理机构发展到158家[①]，管理资产规模达到27.60万亿元。

第一节 公募基金行业整体情况

一、总体情况

公募基金规模在经历2010年、2011年连续两年下降后，以年均23.50%的速度连续12年快速增长，至2023年末已超过27万亿元（见图2-1-1）。中国经济同期年均增速8.23%，居民财富日益增长，公募基金提供了财富保值增值的投资渠道。同时，良好的流动性使公募基金也成为企业资产配置的重要选择。从可追溯资金流动性数据的2011年以来，投资者对公募基金的投资依赖性总体趋强，持续11年资金净流入，平均每年净流入金额超万亿元。

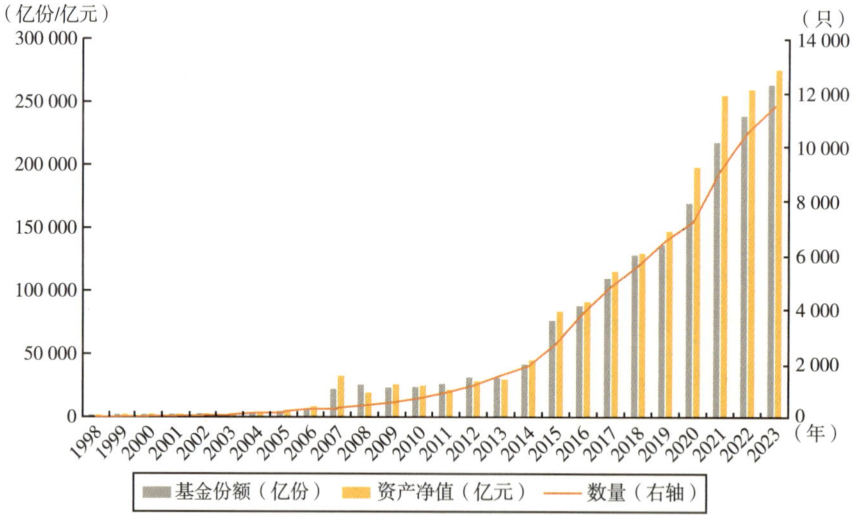

图 2-1-1 公募基金数量与规模

资料来源：中国证监会，中国证券投资基金业协会。

① 按照中国证监会公布的公募基金管理机构名录统计，以机构取得经营证券期货业务许可证为准。

随着公募基金投资者对资金流动性需求的增强，传统封闭式基金逐步退出历史舞台，开放式基金越来越受投资者青睐。下文所述封闭式基金指截至统计时点处于封闭期的基金。

二、基金类型

近十余年，在总规模持续增长的同时，开放式公募基金内部结构不断变化。权益类基金（股票基金与混合基金）与货币市场基金资产净值在总计中的占比此消彼长。权益类基金占比从2008年的64%降至最低点2018年的17%后，近几年占比显著回升，受基础市场波动影响，2023年权益类基金占比略有回落，为26%。货币市场基金占比从2008年的20%增至最高点2018年的58%后有所回落，2023年货币市场基金占比为43%；债券基金占比呈波动状，从2008年的10%增至2019年的19%后有所下降，2023年再次增长至20%；QDII基金占比呈先降后升趋势，2018年占总资产净值的0.5%为最低值，至2023年占比提高至1.6%。相关资料见表2-1-1、表2-1-2和图2-1-2。

表 2-1-1　　各类型开放式公募基金资产净值　　（单位：亿元）

年份	股票基金	混合基金	货币市场基金	债券基金	QDII
2008	7 243	5 193	3 892	1 880	522
2009	13 703	7 478	2 581	839	742
2010	13 215	7 301	1 533	1 450	736
2011	10 248	5 707	2 949	1 204	576
2012	11 477	5 647	5 717	3 777	632
2013	10 958	5 627	7 476	3 225	584
2014	13 142	6 025	20 862	3 473	487
2015	7 657	22 287	44 443	6 974	663
2016	7 059	20 090	42 841	14 239	1 024
2017	7 602	19 378	67 357	14 647	914

续表

年份	股票基金	混合基金	货币市场基金	债券基金	QDII
2018	8 245	13 604	76 178	22 629	706
2019	12 993	18 893	71 171	27 661	931
2020	20 017	43 601	80 521	27 484	1 289
2021	25 817	60 514	94 678	40 996	2 384
2022	24 782	49 973	104 558	42 731	3 268
2023	28 342	39 533	112 770	53 151	4 170

资料来源：中国证监会，中国证券投资基金业协会。

表 2-1-2　各类型开放式公募基金资产净值占比　（单位：%）

年份	权益类基金占比	货币市场基金占比	债券基金占比	QDII 占比
2008	64.1	20.1	9.7	2.7
2009	81.4	9.9	3.2	2.9
2010	81.9	6.1	5.8	2.9
2011	72.8	13.5	5.5	2.6
2012	59.7	19.9	13.2	2.2
2013	55.2	24.9	10.7	1.9
2014	42.3	46.0	7.7	1.1
2015	35.7	52.9	8.3	0.8
2016	29.6	46.8	15.5	1.1
2017	23.3	58.1	12.6	0.8
2018	16.8	58.4	17.4	0.5
2019	21.6	48.2	18.7	0.6
2020	32.1	40.6	13.8	0.7
2021	33.8	37.0	16.0	0.9
2022	28.7	40.2	16.4	1.3
2023	24.6	40.9	19.3	1.5

资料来源：中国证监会、中国证券投资基金业协会。

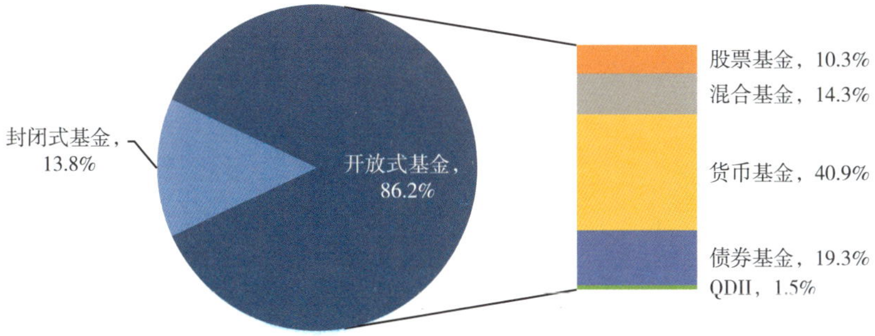

图 2-1-2 2023 年末各类型公募基金资产净值占比

资料来源：中国证监会，中国证券投资基金业协会。

整体来看，公募基金管理规模集中度较2022年有所下降。2023年，前20家、前15家、前10家、前5家的集中度分别从2022年的63.6%、53.5%、40.1%、23.5%下降至61.3%、51.8%、39.2%、23.2%。从各类型基金管理规模集中度来看，股票基金集中度最高，截至2023年末，前5家管理规模占全部股票基金规模的43.2%，前10家占比为65.4%；而集中度较低的为债券基金，前20家管理规模合计占全部债券基金规模的51.1%（见图2-1-3）。

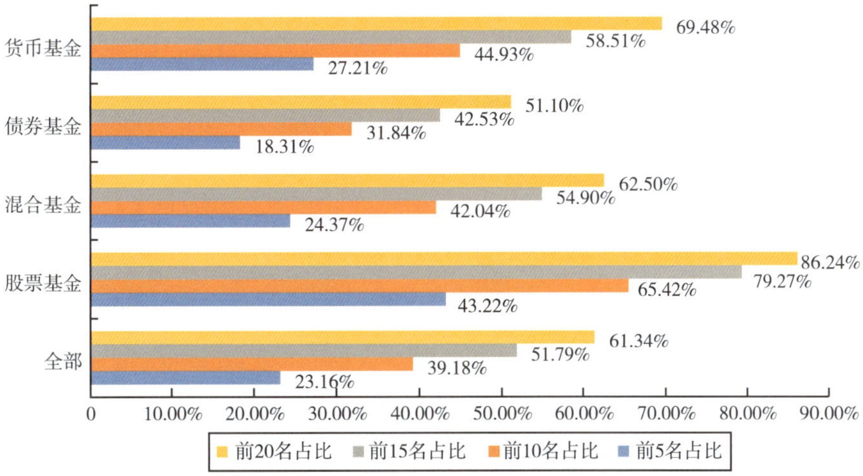

图 2-1-3 2023 年末公募基金主要类型集中度（管理人维度）

资料来源：中国证监会、中国证券投资基金业协会。

三、基金账户[①]

截至2023年末，公募基金有效账户（指截至统计时点持有基金份额的账户）数超过16亿户，为16.86亿户，大部分为个人账户，其中仅71.61万户为机构账户，近10余年来一直保持这一结构特点。从持有基金资产情况来看，机构投资者持有公募基金的比例在2019年达到高点后有所回落，从2012年末的29%增至2019年末的51%，在2023年末降至46%。另外，截至2023年末，场外公募基金个人投资者数量为7.95亿人（见图2-1-4）。

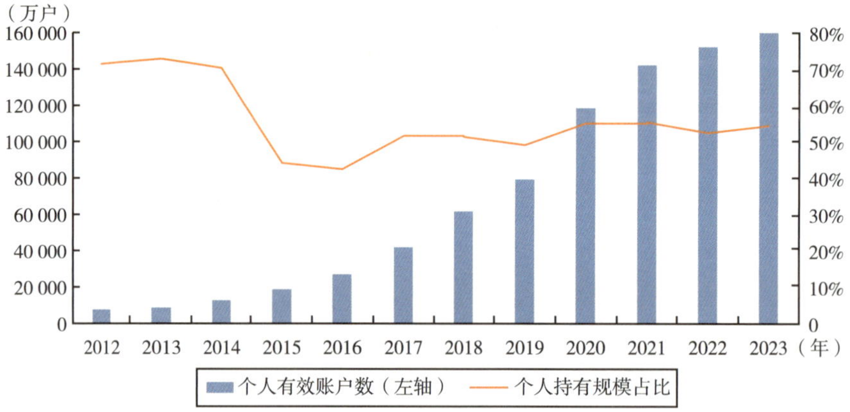

图 2-1-4　公募基金账户情况

资料来源：中国证监会。

四、资产配置

截至2023年末，在公募基金约30万亿元的总资产中，现金类资产9.40万亿元[②]，占总资产的30.61%；债券类资产11.86万亿元，占总资产的38.62%；买入返售资产、应收利息、资产支持证券等收益权类资产合计3.10万亿元，占总资产的10.09%；股票资产5.24万亿元[③]，占总资产的17.06%（见图2-1-5）。受基础市

① 公募基金账户数为场外账户数，不包括场内账户数。

② 包括同业存单。

③ 不包括境外股票。

场波动影响，2023年公募基金持有股票资产规模出现回落。

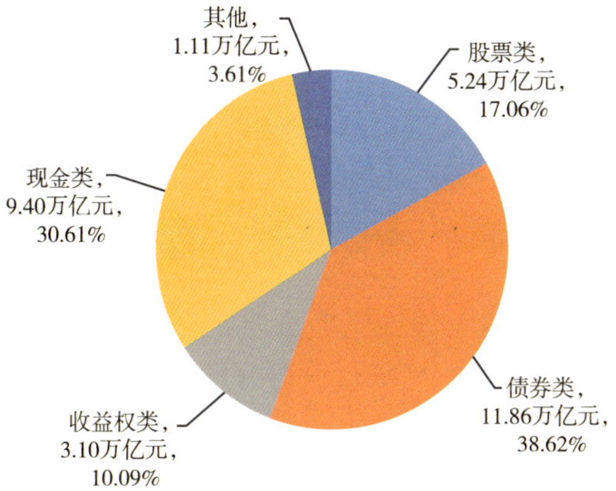

图 2-1-5　2023 年末公募基金资产配置

资料来源：中国证券投资基金业协会。

2023年底，基金持有市值超千亿元的行业[①]分别是制造业、金融业、信息技术、采掘业、科学研究与技术服务，五大行业分别持有市值35 912亿元、3 955亿元、3 417亿元、1 949亿元和1 029亿元。基金对这五大行业的偏好度[②]分别为127%、47%、116%、61%和198%，对科学研究与技术服务业高度超配，制造业略有超配，信息技术标配，金融业和采掘业低配。

在流通市值超过万亿的九大行业中，基金仅对制造业略有超配，信息技术标配，对金融、房地产、采掘、交通运输、电力、批发零售和建筑业等7个行业均为低配，行业偏好度在20%~60%之间。小市值的10个行业中，主要超配科学研究、卫生社会工作和住宿餐饮这3个行业。

2023年底，主动管理的基金持有A股股票市值3.33万亿元，持有市值居前六大行业分别是制造业、信息技术、采掘业、金融业、科学研究技术服务业和交通运输。其中，主动管理基金对科学研究和技术服务业的偏好度更高，对金融业的

① 采用证监会行业分类标准。

② 本书使用行业偏好度指标来衡量公募基金对不同行业的投资偏好情况。行业偏好度的计算方式：如某行业的流通市值占市场总流通市值比为5%，而公募基金投资该行业的市值占基金股票投资市值的10%，表明公募基金将更大比例的资金投向该行业，此时该行业偏好度为200%；反之亦然。将行业偏好度在80%~120%之间视为标配，高于120%的视为超配，值越高，偏好越强；低于80%的视为低配，值越低，偏好越弱。

偏好度更低，对另外3个行业的偏好度基本一致。基金持有金融行业市值的七成，近2 800亿元是指数基金持有的，主动管理基金对金融行业的偏好度非常低。

从2013年以来的主动管理的基金的行业配置偏好趋势来看，对制造业一直非常稳定地略有超配，对金融业、电力和交通运输是持续稳定地低配，2022年以来大幅提升了对采掘业的配置比例，但偏好度仍然小于80%，处于低配状态，对信息技术业有2015年和2020年两个大幅超配的峰值，总体趋势向下，对房地产业有2014年底和2019年初短暂的超配阶段，对建筑业和批发零售业的偏好则是从超配到低配一路向下。对大多数传统行业摒弃的同时，基金对新兴产业的偏好度一直保持在高位（见图2-1-6）。

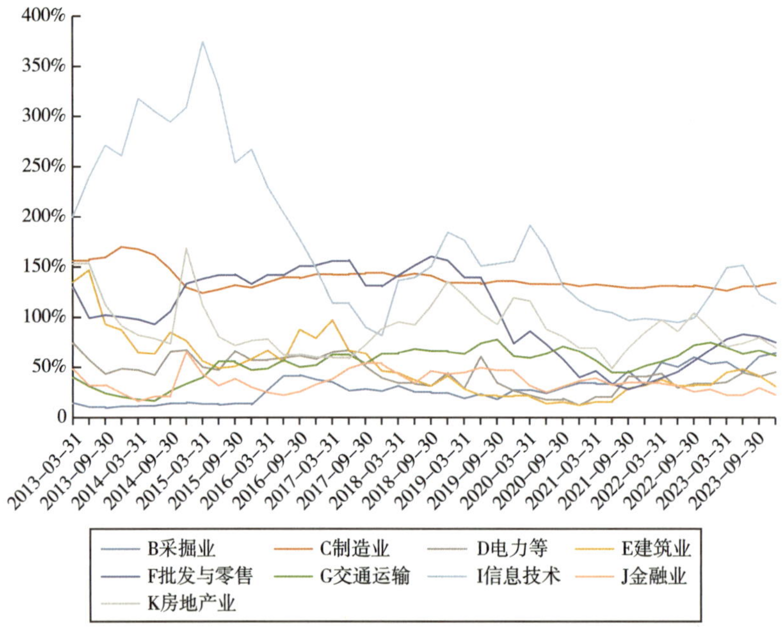

图 2-1-6　2013—2023 年主动管理基金对前九大行业的配置偏好度

资料来源：中国银河证券基金研究中心。

五、资金来源与流动情况

（一）资金来源

截至2023年末，公募基金中来源于个人投资者的资金占比为52.70%，来源于养老金（社会保障基金、基本养老保险、企业年金、职业年金、个人养老金）的资金占比为1.32%，来源于境外的资金占比为0.16%，来源于其他各类机构投资者的资金占比为45.82%（见图2-1-7）。

机构投资者（除养老金外）中，来源于银行的资金（含自有资金及其发行的资管产品）最多，占整个公募基金资金来源的26.69%，其次为保险资金（含自有资金及其发行的资管产品），占整个公募基金资金来源的6.55%。机构投资者主要为机构发行的资管产品，其中大部分仍是个人投资者资金的集合。因此，穿透来看公募基金还是主要服务于个人投资者（见图2-1-7）。

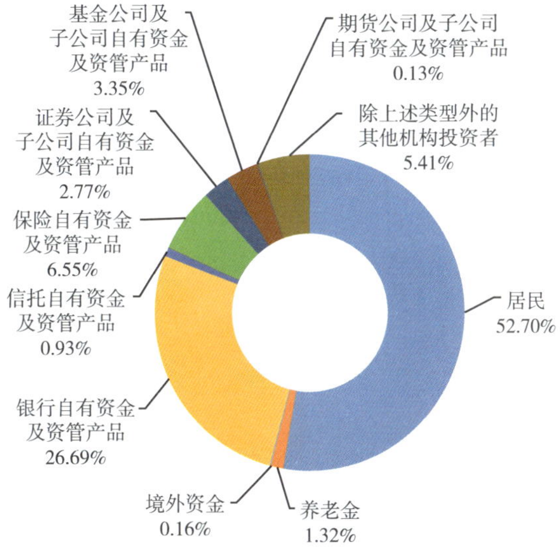

图2-1-7　2023年末公募基金资金来源情况

资料来源：中国证券投资基金业协会。

（二）资金流动[①]

从2023年全年来看，公募基金呈现资金净流入状态，延续了近年来的净流入态势。2023年全年净流入资金约为上年的1.4倍，其中非货币市场基金净流入金额上升78%，货币市场基金净流入金额与上年基本持平（见图2-1-8）。

① 资金净流动=认购金额+申购金额-赎回金额，不考虑分红，仅考虑投资者的申购赎回带来的资金流动，资金净流动为正表示净流入，资金净流动为负表示净流出。

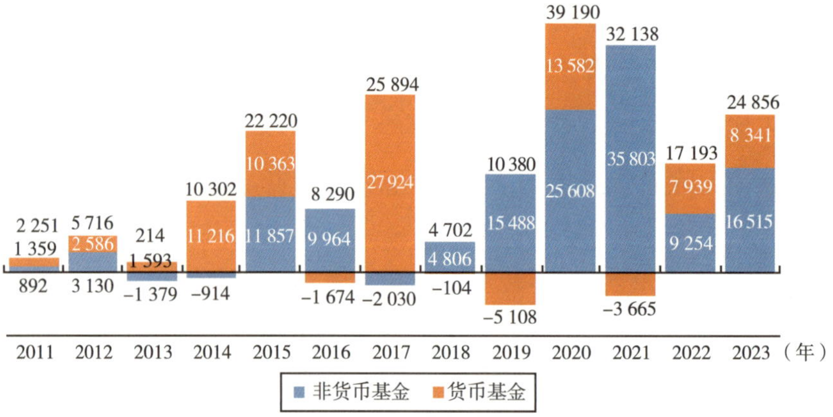

图 2–1–8　公募基金资金净流动情况（亿元）

资料来源：中国证监会（2018年及以前），中国证券投资基金业协会（2019—2022年），基金年报披露数据（2023年）。

从具体各类型基金的资金净流入情况看，2023年，股票基金净流入5 791.05亿元，混合基金净流出3 976.71亿元，债券基金净流入12 532.80亿元，货币市场基金净流入8 340.55亿元，QDII基金净流入1 405.50亿元。

六、新设情况

受基础市场波动影响，2023年新基金的成立数量和募集规模较2022年有所回落，共成立1 279只基金，合计募集资金1.15万亿份，其中，股票型基金345只，募集份额1 426.24亿份；混合型基金395只，募集份额2 204.62亿份；债券型基金351只，募集份额7 533.63亿份；QDII基金61只，募集份额106.18亿份；其他基金（含公募REITs）共成立127只，募集份额270.51亿份（见图2–1–9、图2–1–10）。

从平均募集份额看，2023年全市场基金平均募集份额为9.02亿份。其中，股票基金平均募集份额4.13亿份，混合基金平均募集份额5.58亿份，债券基金平均募集份额21.46亿份，QDII平均募集份额1.74亿份，其他基金（含公募REITs）平均募集份额2.13亿份。

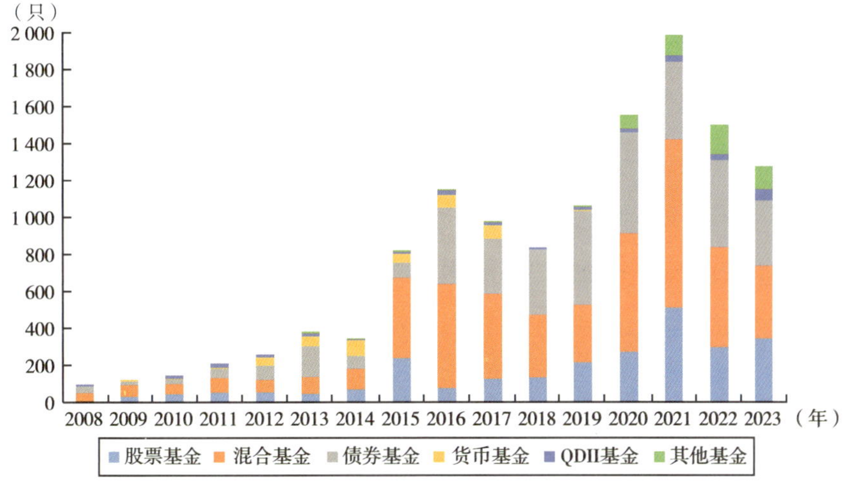

图 2-1-9 2008—2023 年各类型基金新设立数量

资料来源：中国银河证券基金研究中心。

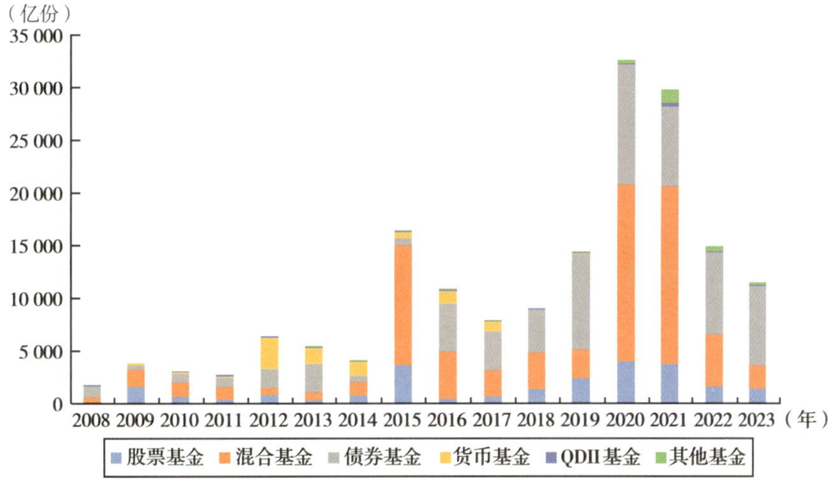

图 2-1-10 2008—2023 年各类型基金新发行份额

资料来源：中国银河证券基金研究中心。

此外，2023年公募基金行业在产品和政策方面延续创新并不断丰富产品线，分别与规模、业绩、持有期挂钩的3类浮动管理费率基金、新能源基础设施公募REITs、消费基础设施公募REITs等创新产品的问世和扩容，为市场投资者提供了更为丰富的选择。

（一）浮动管理费率基金

2023年7月，中国证监会发布了公募基金行业费率改革工作方案，按照“管理费用——交易费用——销售费用”的实施路径，分阶段推进费率改革。截至2023年末，第一阶段工作已顺利完成，新注册主动权益类基金管理费率、托管费率分别不超过1.2%、0.2%，存量主动权益类基金管理费率高于1.2%的下调至1.2%、托管费率高于0.2%的下调至0.2%。第一阶段除了下调基金管理费和托管费以外，还进行了产品费率创新。2023年共有20只浮动费率的公募基金获批。按照收费模式，主要可分为三类：一是管理费率与基金规模挂钩（3只），即按基金管理规模分档收取管理费，产品管理规模越大，适用的费率水平越低；二是管理费率与基金业绩挂钩（8只），此类型的浮动费率基金将管理费分为基础管理费和业绩报酬两部分，并设置管理费浮动区间，收益表现不达约定水平时，管理费水平向下浮动，收益表现超约定基准时，管理费适当向上浮动；三是管理费率与持有期挂钩（9只），即按投资者持有产品份额时间分档收取管理费，投资者持有份额时间越长，支付的费率越低。

（二）公募REITs新增品类与存量扩募

2023年3月2日，首批两只新能源基础设施公募REITs获批，并于3月29日在上交所上市，底层资产分别为海上风电和光伏发电项目。这标志着我国REITs市场迎来全新的资产类型。新能源基础设施公募REITs的诞生，有助于推动能源企业盘活存量资产，扩大新能源领域的有效投资，促进形成投融资良性循环，助力我国能源结构绿色转型。

2023年3月，证监会发布《关于进一步推进基础设施领域不动产投资信托基金（REITs）常态化发行相关工作的通知》，提出将研究支持增强消费能力、改善消费条件、创新消费场景的消费基础设施发行基础设施REITs。10月20日，证监会发布《关于修改〈公开募集基础设施证券投资基金指引（试行）〉第五十条的决定》，将公募REITs试点资产类型拓展至消费基础设施。11月24日，首批3只消费基础设施公募REITs获批，底层资产均为购物中心。

同时，6月16日，包括博时蛇口产园REITs、红土创新盐田港REITs、华安张江光大REITs、中金普洛斯REIT在内的4单REITs扩募项目分别在沪、深证券交易所正式上市交易，成为我国首批扩募成功的基础设施公募REITs。REITs扩募项目顺利落地，有利于加快形成存量资产和新增投资的良性循环，合理扩大有效投资，对于推动REITs市场形成“首发+扩募”双轮驱动新格局具有重要意义。

七、ETF和LOF

ETF是一种在交易所上市交易的、基金份额可变的开放式基金。ETF以某一选定的指数所包含的成分证券（股票、债券等）或商品为投资对象，依据构成指数的证券或商品的种类和比例，采取完全复制或抽样复制进行被动投资。ETF采用实物申购、赎回机制，一级市场与二级市场交易并存。

LOF是一种既可以在场外市场进行基金份额申购、赎回，又可以在交易所（场内市场）进行基金份额交易和基金份额申购或赎回的开放式基金。它是我国证券投资基金的本土化创新。LOF结合了银行等代销机构和交易所两者的销售优势，为开放式基金销售开辟了新的渠道。

ETF和LOF都具有开放式申购、赎回和场内交易的特点，但两者存在本质区别。主要表现为：一是申购、赎回的标的不同，ETF与投资者交换的是基金份额与一篮子证券或商品，LOF申购、赎回的是基金份额与现金的对价；二是申购、赎回的场所不同，ETF通过交易所进行，LOF既可以在场外销售机构网点进行也可以在交易所进行；三是对申购赎回的限制不同，只有资金在一定规模以上的投资者才能参与ETF一级市场的申购赎回交易，而LOF无特别要求；四是基金投资策略不同，ETF通常采用完全被动式管理方法，LOF则是普通的开放式基金增加了交易所的交易方式，可以是指数基金，也可以是主动管理型基金。截至2023年末，全市场已上市交易的ETF共有897只，LOF416只，资产份额分别为20 185.52亿份和5 322.58亿份（见表2-1-3）。

表 2-1-3　　上交所、深交所上市 ETF、LOF 概览

年份	ETF		LOF*	
	数量（只）	份额（亿份）	数量（只）	份额（亿份）
2004	1	54.35	1	27.71
2005	1	81.12	13	86.09
2006	5	89.96	17	331.37
2007	5	77.23	26	2 388.79
2008	5	154.91	28	2 267.82
2009	9	363.39	37	2 389.09
2010	20	702.04	57	2 323.16
2011	37	949.17	82	2 400.96
2012	50	1 156.11	97	2 501.66
2013	87	1 159.50	109	2 186.90
2014	107	1 251.48	124	1 856.87
2015	129	3 544.20	162	1 509.24
2016	147	3 030.06	207	2 201.34
2017	170	2 333.01	272	1 815.15
2018	198	4 462.27	295	3 144.50
2019	285	4 900.13	318	3 795.47
2020	378	7 204.27	341	4 210.32
2021	641	10 275.41	407	5 692.88
2022	764	14 465.29	431	5 871.92
2023	897	20 185.52	416	5 322.58

注：*按交易代码口径统计。

资料来源：上海证券基金评价研究中心，Wind。

第二节　专业化投资能力

公募基金是个人投资者低成本参与资本市场、间接分享经济发展成果的重要渠道。以主动管理股票型基金为代表，基金的专业化管理能力体现为在波动市场中的主动管理能力，在市场景气时期能够获得与市场一致的投资回报，在市场不景气时期能够有效管理市场下行风险。

通过5年滚动年化收益率[①]来衡量基金的主动投资管理能力，我们发现除了2018年以外，大部分时间里主动基金的滚动表现均优于以沪深300为代表的基础市场（见图2-2-1）。这意味着，2004年以来的任一时点上，投资者持有主动管理股票型基金5年以上，通常可以实现好于同期市场指数的平均年化收益率。

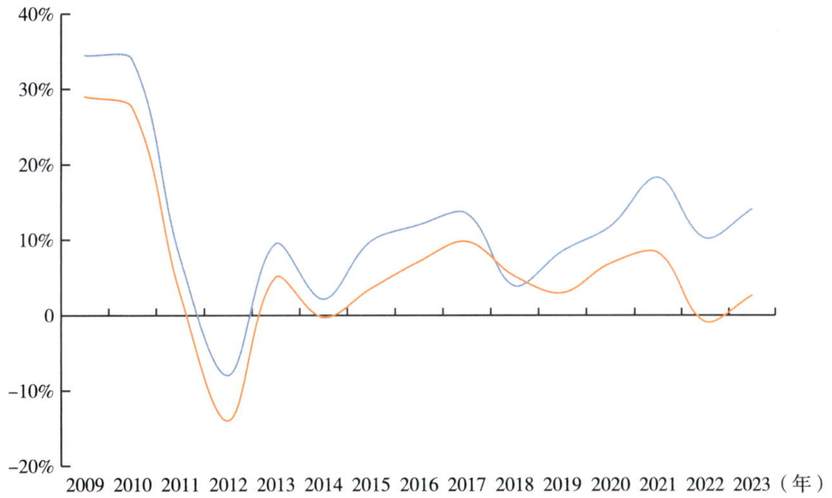

图 2-2-1　主动管理股票型基金和沪深 300 指数 5 年滚动年化收益（2009—2023）

注：图中蓝色代表主动管理股票型基金，红色代表沪深300。

资料来源：上海证券基金评价研究中心。

分年度和从5年滚动收益率来看，各类型主动管理基金均表现出较好的管理能力，在多数情况下能够给长期投资者带来优于市场基准的业绩表现。2023年资

① 即在任一时点上计算的过去5年平均年化收益率。

本市场持续走低，主动管理股票型基金的表现不佳，全年股基指数收益弱于中证全指。由于当年未能击败基础市场，5年滚动收益率的领先优势进一步收窄（见图2-2-2）。

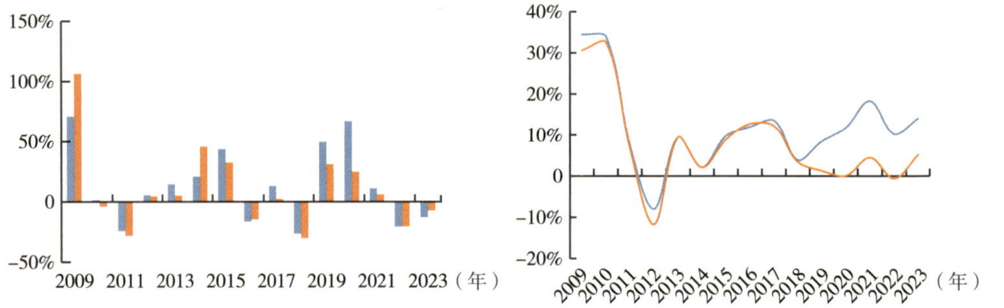

注：图中蓝色代表主动管理股票型基金，红色代表中证全指。

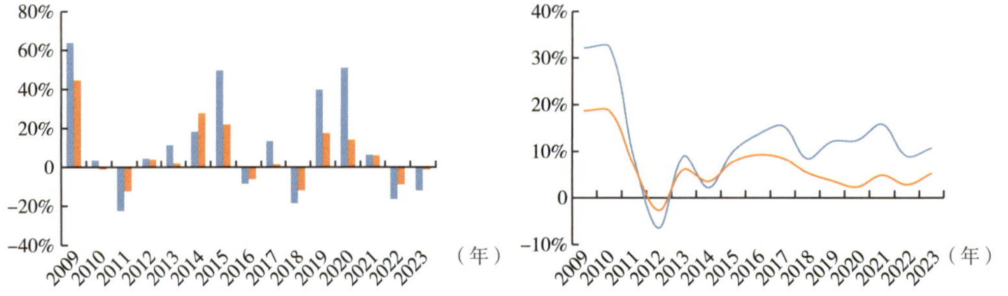

注：图中蓝色代表主动管理混合型基金，红色代表50%中证全指+50%中债总财富指数。

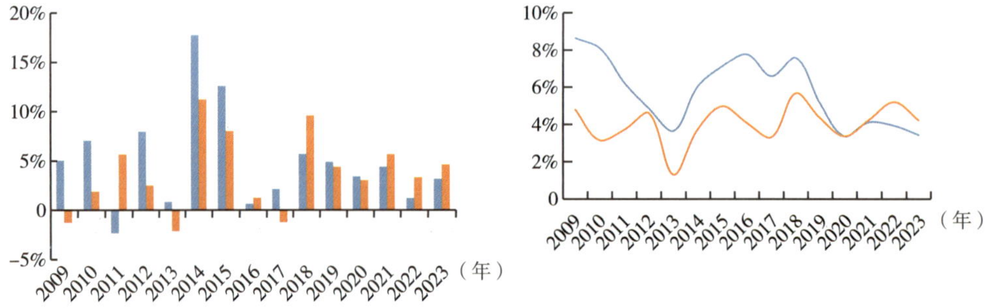

注：图中蓝色代表主动管理债券型基金，红色代表中债总财富指数。

图 2-2-2　各类开放式主动管理基金指数和基准指数分年度及 5 年滚动收益率情况（2009—2023 年）

资料来源：上海证券基金评价研究中心。

第三节　各类型基金

一、股票型基金

（一）股票型基金的数量与规模

从基金数量来看，2023年底，主动管理股票基金、标准指数基金、增强指数基金、股票ETF及其联接基金的数量占比分别是24.1%、13.0%、10.5%、52.4%。从资产规模来看，2023年底，主动管理股票基金、标准指数基金、增强指数基金、股票ETF及其联接基金的规模占比分别是20.4%、9.3%、6.8%、63.6%，被动投资的指数基金合计占比80%（见图2-3-1）。

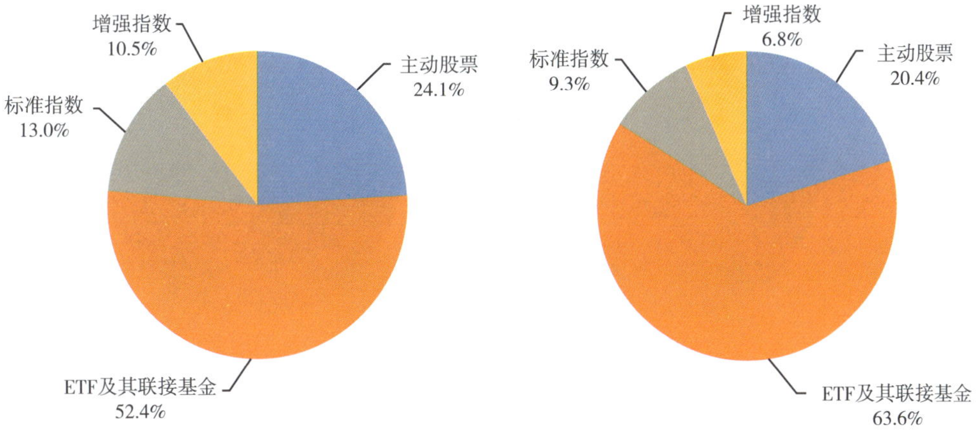

（a）2023年底各类型股票基金数量占比　　（b）2023年底各类型股票基金规模占比

图 2-3-1　2023 年底各类型股票基金数量、规模占比

资料来源：中国银河证券基金研究中心。

2023年受基础市场波动影响，主动股票基金资产净值较上年度减少13%，份额规模基本持平。增强指数基金的资产规模较上年度增长14%，标准指数基金的资产规模较上年度减少11%，股票ETF及其联接基金的资产规模较上年度增长33%。总体来看，主动股票基金的资产规模跟随市场波动而下降，ETF和指数增强基金由于资金大幅流入，规模继续增长。

（二）股票基金的资产配置

截至2023年末，已披露季报的股票基金资产总值28 325亿元，占比85.5%；基金投资（全部为ETF联接基金投资对应的ETF）2 733.6亿元，占比9.7%；银行存款1 014亿元，占比3.6%。包含债券在内的其他资产354亿元，占比1.3%。考虑基金投资的ETF持有的几乎都是股票市值，穿透计算，股票基金持有股票市值的占比约95%。

主动投资的股票基金资产总值5 868亿元，其中股票市值5 252亿元，占比89.5%，银行存款456亿元，占比7.8%，债券市值90亿元，占比1.5%，其他资产占比1.2%（见图2–3–2）。

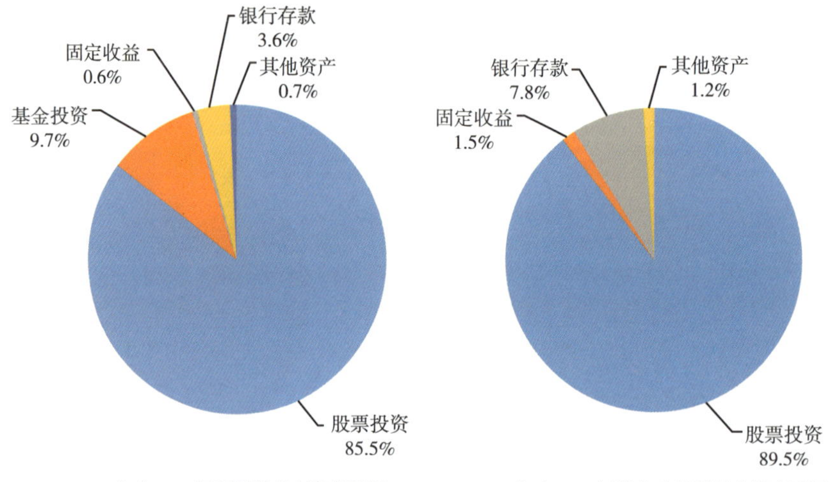

（a）2023年底股票基金资产配置　　（b）2023年底主动股票基金资产配置

图 2–3–2　2023 年底股票基金资产配置

资料来源：中国银河证券基金研究中心。

2015年以来，股票基金的资产配置相对比较稳定，持有的股票市值占总资产的比例保持在85%上下，基金投资（ETF联接基金）保持在10%左右，银行存款占比5%左右（见图2–3–3）。

2015—2018年，股票基金持有的股票市值保持在6 000亿元上下。2018年由于股票ETF基金规模的大幅增长，尽管股市大幅下跌，股票基金持有的股票市值逆市上涨到6 618亿元。2019—2021年在资金净流入和股市大涨的背景下，股票基金持有的股票市值三年内增长了226%，突破2万亿元。2022年，受股票市场下跌影响，股票基金持有的股票市值略有回落。2023年由于ETF基金规模的增长，股票基金持有的股票市值创出新高（见图2-3-4）。

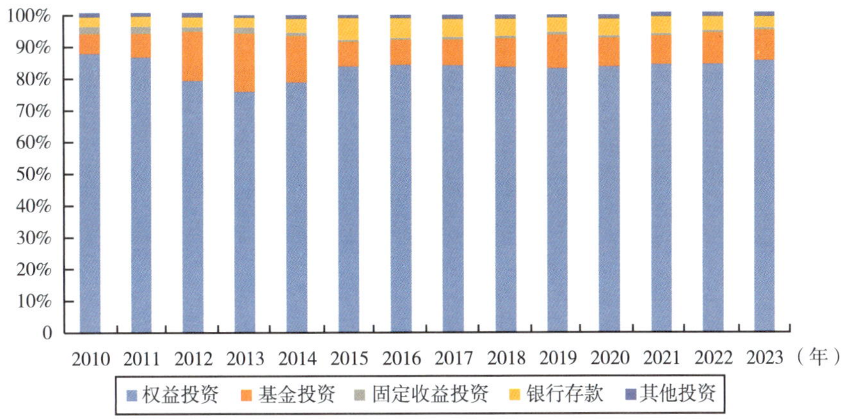

图 2-3-3 2010—2023 年股票基金的资产配置

资料来源：中国银河证券基金研究中心。

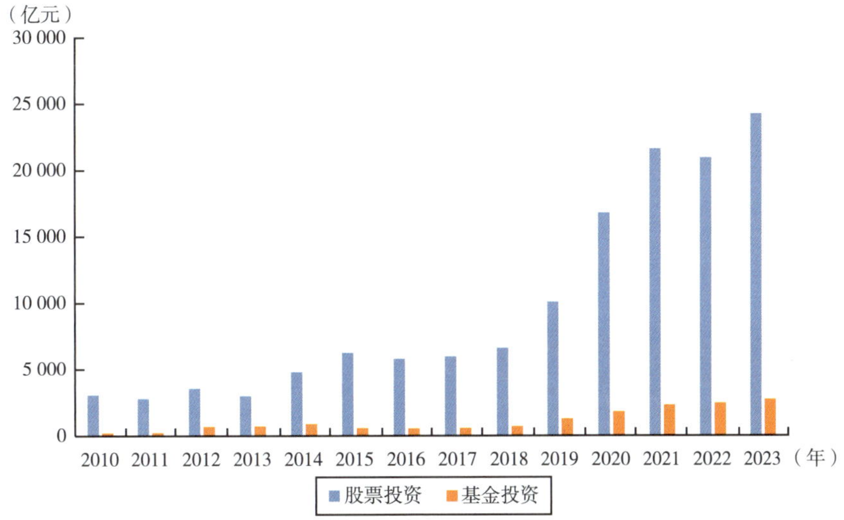

图 2-3-4 2010—2023 年股票基金持有的股票市值和基金投资

资料来源：中国银河证券基金研究中心。

2014年新的基金运作管理办法实施以后，股票基金投资股票的比例下限变成80%，主动股票基金的加权股票投资比例一直保持在较高的水平。数据显示，

2015年以来剔除处于建仓期的新基金，正常运作的主动股票基金加权股票投资比例常年保持在85%以上，波动较小，最高接近93%，平均89%。即便在2015年3季度和2018年4季度，该数据出现相对低点，分别也有86%和87%。2023年末股票基金投资股票的比例是90%，略高于历史平均水平（见图2–3–5）。

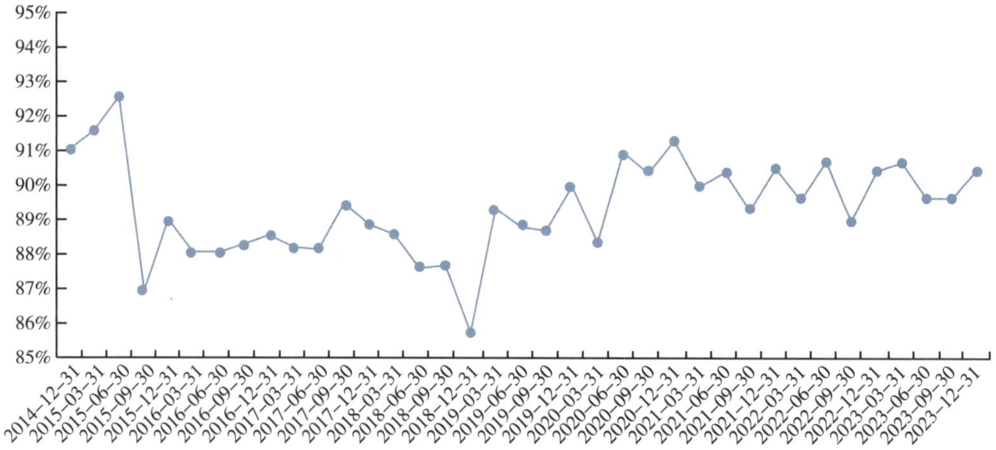

图 2–3–5　2015—2023 主动股票基金股票投资比例

资料来源：中国银河证券基金研究中心。

（三）股票基金的周转率

2023年，投资者持有股票基金的年度周转率为102%（规模加权平均，下同），与上年度持平。其中股票ETF为124%，主动股票基金为54%。近十年的数据显示，股票基金持有人的周转率与股市行情、基金业绩密切相关，股市行情好的时候，周转率显著上升，同时，与基金产品特征也显著相关，股票ETF作为工具型交易型产品，周转率显著高于主动股票基金（见图2–3–6）。

（四）股票基金的持有人结构

截至2023年底，股票基金中个人持有资产占比为60%，较上年度下降5个百分点，机构持有资产占比为40%。

从持有的股票基金资产规模来看，个人投资者在股市行情较好的2015年、2017年和2019年、2020年和2021年，持有的资产规模增加，在股市行情下跌的2016年、2018年和2022年，持有的资产规模减小。而机构投资者持有的规模与市场行情的相关性不高，甚至在股市行情下跌的2016年和2018年，持有的资产规模反而逆市增加。2023年由于ETF规模大幅增长，个人和机构持有的股票基金规模均有所增长（见图2-3-7）。

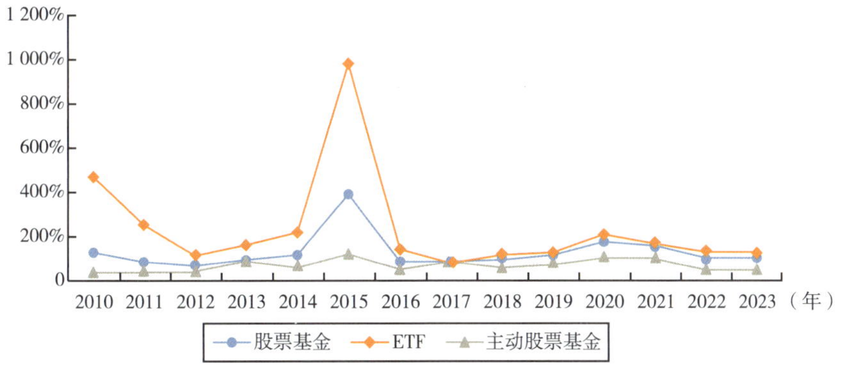

图 2-3-6　2010—2023 年投资者持有股票基金的年度周转率

注：加权平均持有人周转率 = $\frac{(期间申购金额+期间赎回金额)/2}{(期初所有者权益+期末所有者权益)/2}$

资料来源：中国银河证券基金研究中心。

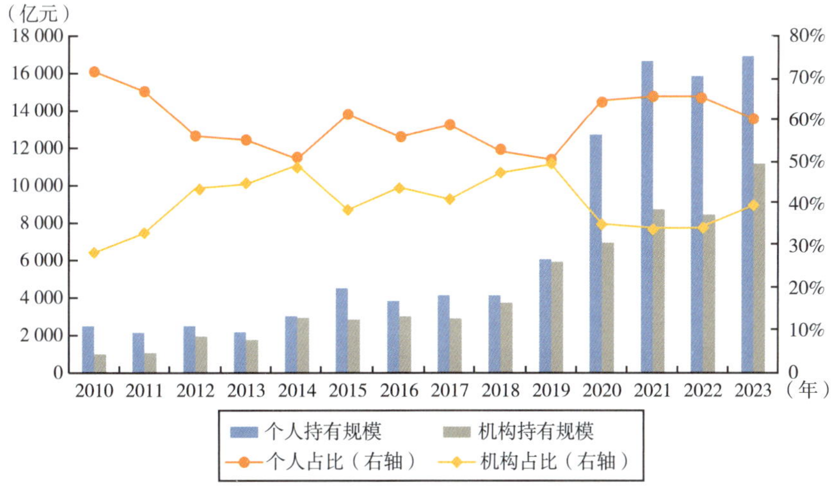

图 2-3-7　2010—2023 年股票基金的持有人结构

资料来源：中国银河证券基金研究中心。

2015—2021年，股票基金的持有人户数（每只基金披露的持有人户数加总合计，下同）逐年大幅攀升，从1 713万户上升到14 406万户，增长了741%，年均复合增长43%。户均持有的资产从4.29万元下降到1.73万元。2022年和2023年，持有人户数开始出现下降，户均资产略有上升。2023年，持有人户数为13 185万户，户均资产为2.13万元（见图2-3-8）。

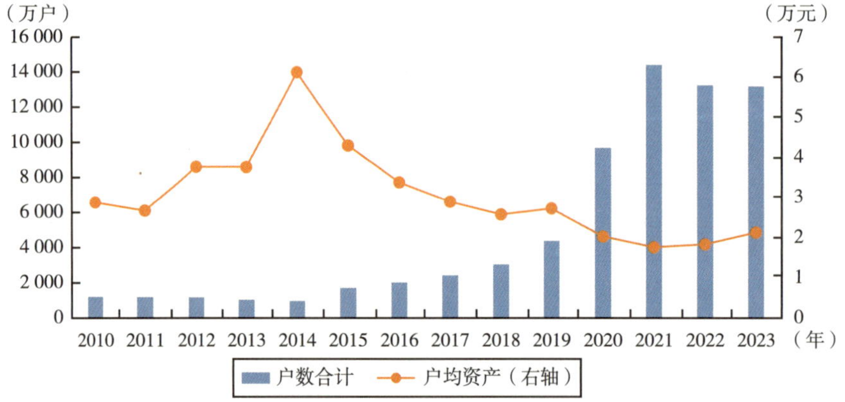

图 2-3-8　2010—2023 年股票基金持有人户数与户均资产

资料来源：中国银河证券基金研究中心。

分具体类别来看，主动管理的股票基金，个人投资者持有比例较高，且较为稳定。2010年以来，个人投资者持有的主动股票基金最高在2015年曾占比88%，后逐年略有下降，截至2023年底占比76%，较上年下降3个百分点。个人投资者持有的资产净值随着股市行情起伏，2021年达到6 800亿元，2022年、2023年伴随股票市场波动而回落（见图2-3-9）。

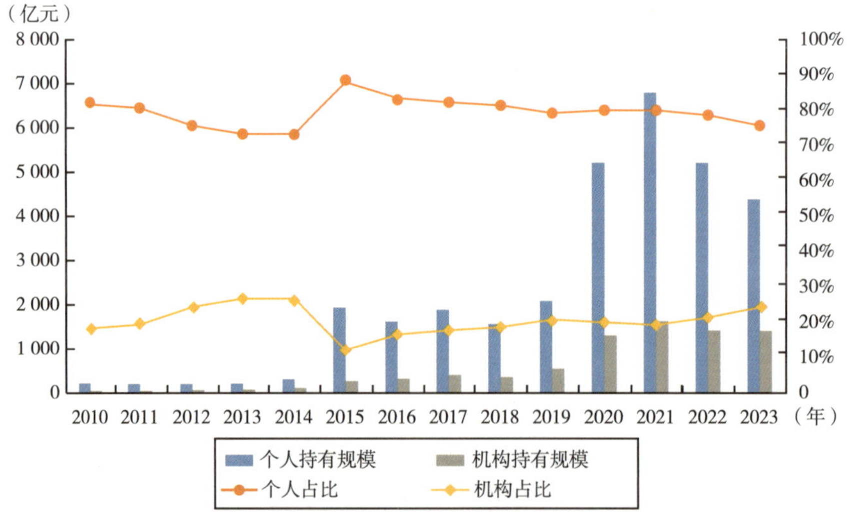

图 2-3-9　2010—2023 年主动股票基金的持有人结构

资料来源：中国银河证券基金研究中心。

主动管理的股票基金的持有人户数从2014年底99万户上升到2021年的4 641万户，增长了46倍（见图2-3-10）。户均持有的资产从4.32万元下降到1.82万元。特别是2020年和2021年，持有人户数爆发性增长了3 542万户。2022年、2023年持有人户数持续减少，户均资产持续下降。

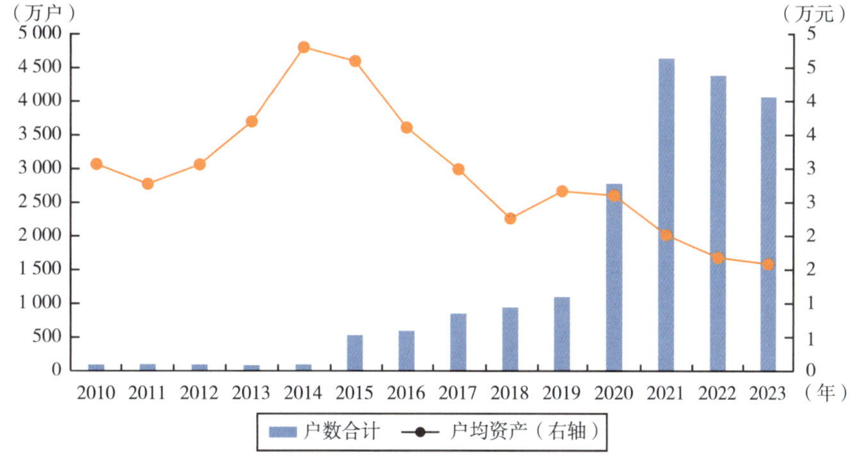

图 2-3-10 2010—2023 年主动股票基金持有人户数与户均资产

资料来源：中国银河证券基金研究中心。

在股票基金的细分类别中，仅ETF是机构投资者占主导地位的，但2020年以来，机构占比显著下滑。最高时机构持有ETF占比接近90%。截至2023年底，机构持有ETF规模占比已降至57%，个人持有占比上升至43%（见图2-3-11）。

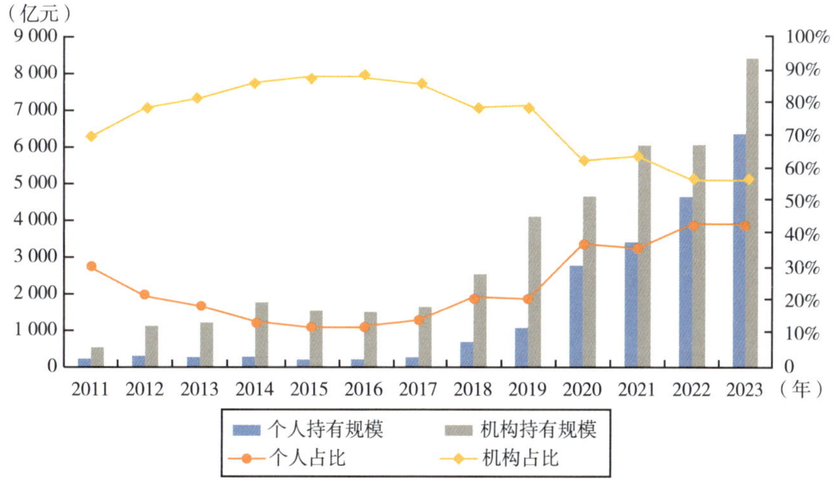

图 2-3-11 2010—2023 年股票 ETF 持有人结构

资料来源：中国银河证券基金研究中心。

股票ETF份额中有一部分是ETF联接基金持有的，虽被统计为机构持有，穿透下去，其实相当一部分是个人持有的。按穿透计算，在2014年以前，ETF也是个人持有占主导，只有不到四成是机构持有，2014年机构持有的ETF规模追平个人，2015年大幅超越个人，接下来几年基本维持在略超六成的状态。2020年再次反转，个人持有占比超过机构。2023年底，机构实际持有股票ETF规模占比40%，个人持有股票ETF规模占比60%（见图2-3-12）。

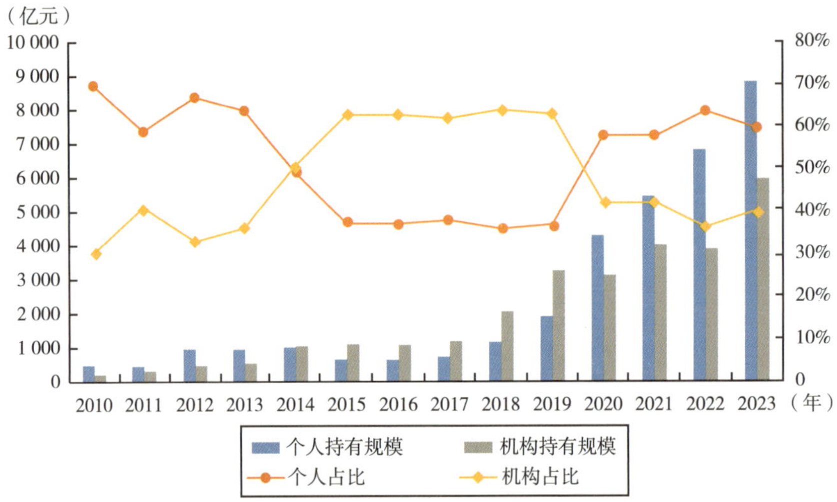

图 2-3-12　2010—2023 年股票 ETF 持有人结构（ETF 联接基金穿透计算）

资料来源：中国银河证券基金研究中心。

2010—2017年，股票ETF的持有人户数平稳中略有下降，保持在50万~70万户之间，2018年伴随着股票ETF资产规模的逆市增长，持有人户数大幅上升至161万户，最近几年继续大幅上升至1 456万户，户均资产增至10万元。从持有人的总户数趋势和个人持有比例趋势来看，越来越多的个人投资者通过ETF的方式参与股票市场的投资（见图2-3-13）。

二、债券基金

（一）债券基金数量与规模

从基金数量来看，纯债基金、普通债券基金（部分可投转债和二级市场股票的基金)、指数债券基金、可转债基金的数量占比分别是65.3%、28.1%、5.4%、1.2%。从基金规模来看，纯债基金、普通债券基金(部分可投转债和二级市场股票的基金)、指数债券基金、可转债基金的规模占比分别是74.1%、18.4%、7.0%、0.5%。相关资料见图2-3-14。

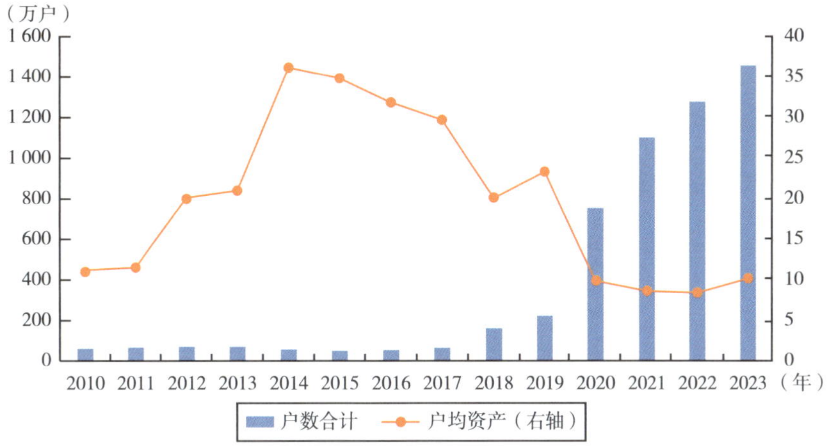

图 2-3-13　2010—2023 年股票 ETF 持有人户数与户均资产

资料来源：中国银河证券基金研究中心。

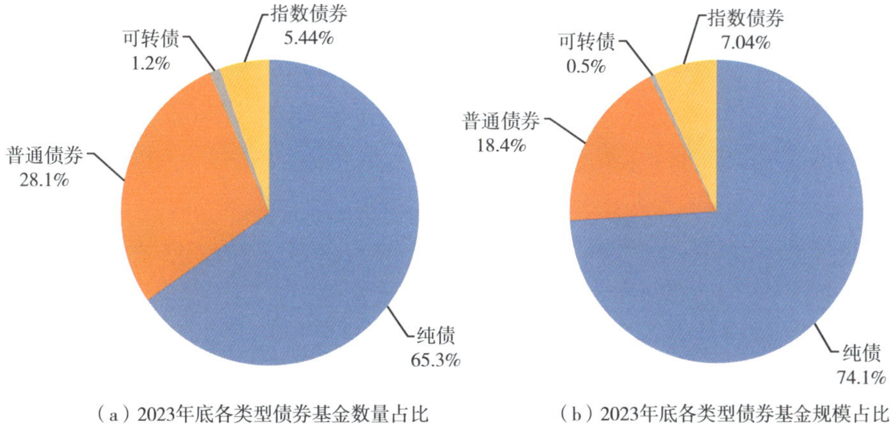

图 2-3-14　2023 年底各类型债券基金数量、规模占比

资料来源：中国银河证券基金研究中心。

近十年来债券基金的发展主要体现为2012年以来纯债基金的兴起和大发展，在此之前，纯债基金数量仅有极少数几只，规模也可忽略不计。此后的10年时

间，纯债基金实现了跨越式发展，数量超过2 000只，规模超过6万亿元，数量占比超过六成，规模占比超过七成。

（二）债券基金的资产配置

1.债券基金的大类资产配置

2023年底，债券基金固定收益投资103 338亿元，占总资产比95.2%；银行存款1 428亿元，占总资产比1.3%；权益投资1 423亿元，占总资产比1.3%；其他资产2 344亿元（主要是买入返售金融资产），占总资产比2.2%（见图2-3-15）。从近十几年的配置趋势来看，债券基金的债性逐步提升；2010年，债券基金配置权益资产的比例曾达到9.4%，如今仅有1.3%，几乎可以忽略。

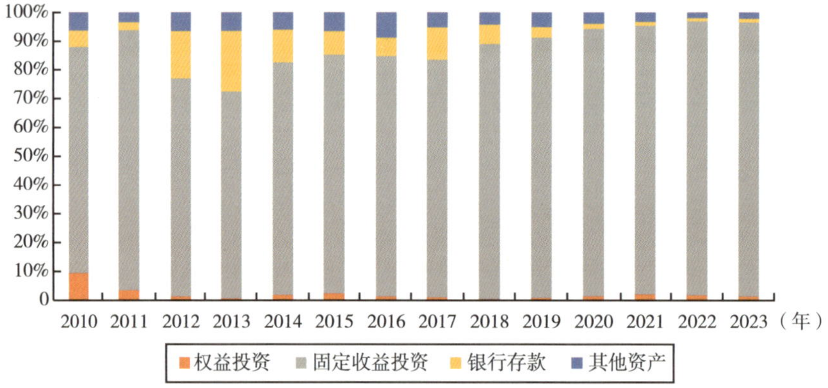

图 2-3-15　2010—2023 年债券基金的资产配置

资料来源：中国银河证券基金研究中心。

2.债券基金的券种配置

在债券类资产配置方面，2023年末，金融债券、中期票据、企业债券、企业短期融资券、可转债、国债、同业存单是公募基金债券类资产的主要配置品种，上述各债券品种占债券资产比例分别为58.46%、17.31%、9.08%、5.14%、2.43%、3.35%和1.97%，合计占比98%。地方政府债和其他债券的占比较低。

从债券基金对债券资产配置历史数据看，2008—2013年，国债与央行票据配置合计占比从41%下滑至3.5%，此后不再成为主要配置债券品种。企业债券曾是债券基金配置比例最高的券种，尤其是在2014年二季度，配置比例高达

63.1%，之后在2015年和2016年配置比例连续大幅下滑，最近几年亦处于持续下滑中，其主要原因在于企业债的信用风险升高，债券违约事件频现。与此同时，债券基金对以政策性金融债为主的金融债券配置比例持续上升，2018年反超企业债券，成为配置比例最高券种。2023年金融债券的占比继续维持高位，企业债券占比继续下降，国债占比有所提高（见图2-3-16）。

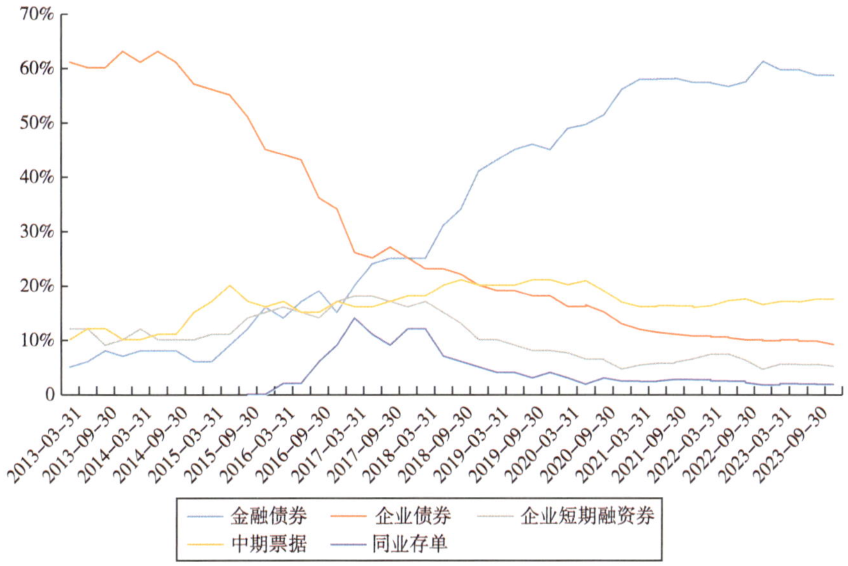

图 2-3-16　2012—2023 年债券基金的券种配置

资料来源：中国银河证券基金研究中心。

3.债券型基金杠杆率

债券基金杠杆率从2014年6月见顶后持续下降，直到2017年6月触底，之后维持较低的杠杆水平。2023年末，全部债券基金加权平均杠杆率1.26倍，略有提高。其中，纯债基金的杠杆率是1.26倍，与上年度基本持平，普通债券型基金杠杆率是1.26倍，较上年度大幅提升（见图2-3-17）。

（三）债券基金的周转率

2023年投资者持有债券基金的年度周转率为80%，较上年度略有下降。2015年以来，伴随着债券基金机构持有占比大幅上升，投资者持有债券基金的周转率不断下降，表明机构的持有时间相对较长，换手率较低（见图2-3-18）。

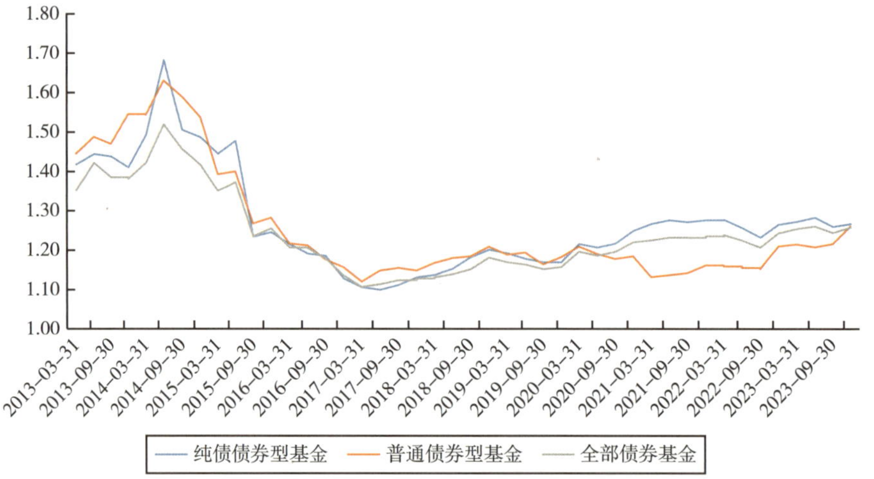

图 2-3-17　2013—2023 年债券基金的杠杆率

资料来源：中国银河证券基金研究中心。

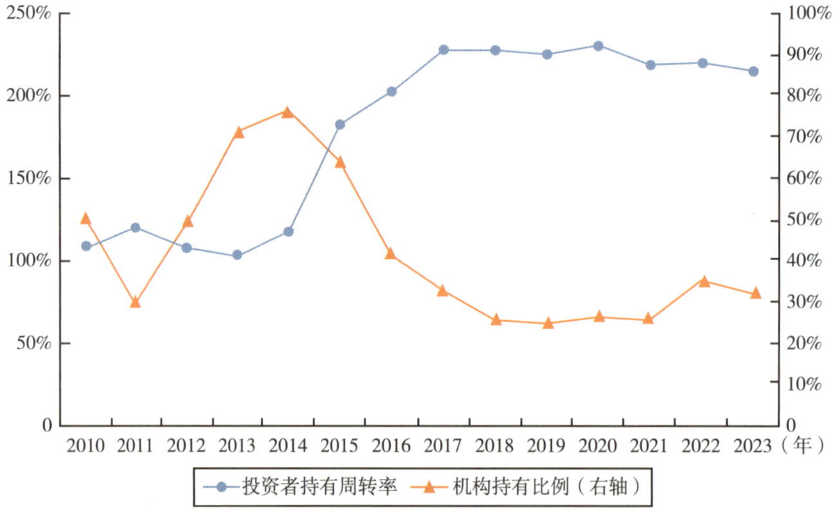

图 2-3-18　2010—2023 年投资者持有债券基金的年度周转率

资料来源：中国银河证券基金研究中心。

（四）债券基金的持有人结构

2023年底，机构投资者持有债券基金规模占比86%，较上年末下降了2个百分点，个人投资者持有债券基金规模占比14%。2015年以来，机构持有的债券基金规模从2 000亿元快速攀升至7万亿元以上，机构持有的比例逐渐占据绝对优势

（见图2–3–19）。

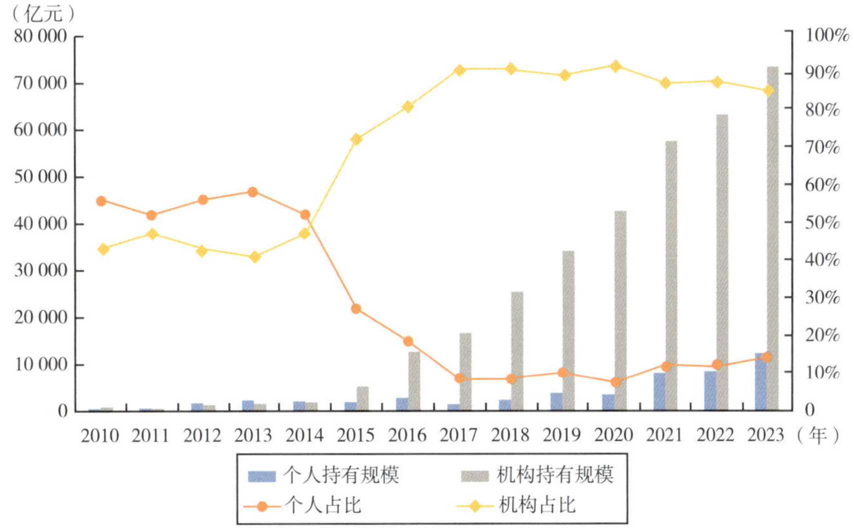

图2–3–19　2010—2023年债券基金的持有人结构

资料来源：中国银河证券基金研究中心。

2018年以来，债券基金总的持有户数大幅增加，从2017年底的688万户，增加到2023年底的10 239万户，增长14倍，户均持有规模也从27万元，显著下降到8万元（见图2–3–20）。

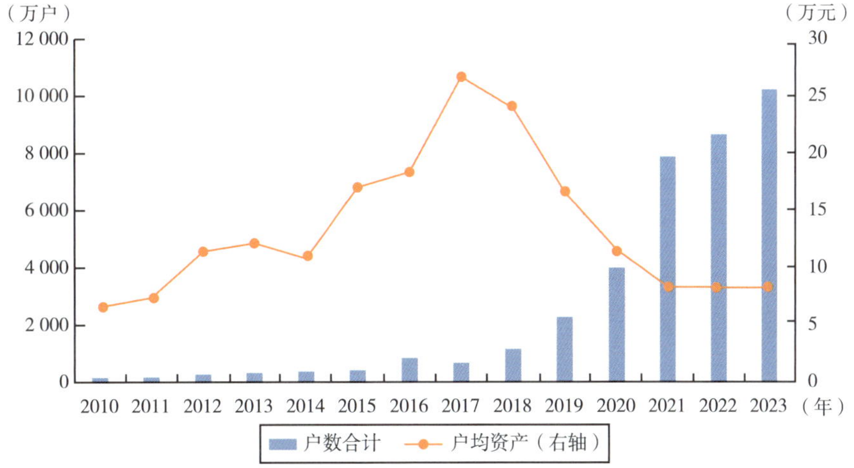

图2–3–20　2010—2023年债券基金持有人户数及户均资产

资料来源：中国银河证券基金研究中心。

三、混合基金

（一）混合基金的数量与规模

从基金数量来看，2023年底，混合偏股基金、灵活配置基金、股债平衡基金、混合偏债基金、绝对收益目标基金、同业存单基金、其他混合基金的数量占比分别是56.3%、22.1%、1.0%、15.5%、3.3%、1.7%、0.1%。从基金规模来看，2023年底，混合偏股基金、灵活配置基金、股债平衡基金、混合偏债基金、绝对收益目标基金、同业存单基金、其他混合基金的规模占比分别是65.1%、17.2%、1.3%、9.0%、3.0%、4.2%、0.1%。相关资料见图2-3-21。

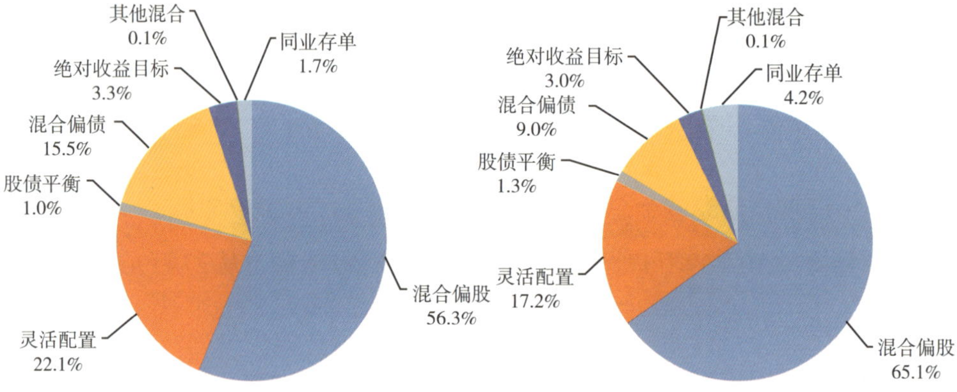

（a）2023年底各类型混合基金数量占比　　（b）2023年底各类型混合基金规模占比

图 2-3-21　2023 年底各类型混合基金数量、规模占比

资料来源：中国银河证券基金研究中心。

过去几年，混合基金呈现出资产配置风格明晰的发展趋势，权益投资为主的混合偏股基金与固收投资为主的混合偏债基金的数量增长与资产规模增速都远远快于其他类型的混合基金，而灵活配置和绝对收益目标基金的数量占比不断下降。

（二）混合基金的资产配置

2023年底，混合基金持有的权益投资市值29 312亿元，占总资产比72.9%；固定收益投资市值7 047亿元，占总资产比17.5%；银行存款2 992亿元，占总资产比7.4%；其他资产863亿元，占总资产比2.1%。与上年度相比，2023年混合基金的权益投资占比略有上升，固定收益投资占比略有下降（见图2-3-22）。

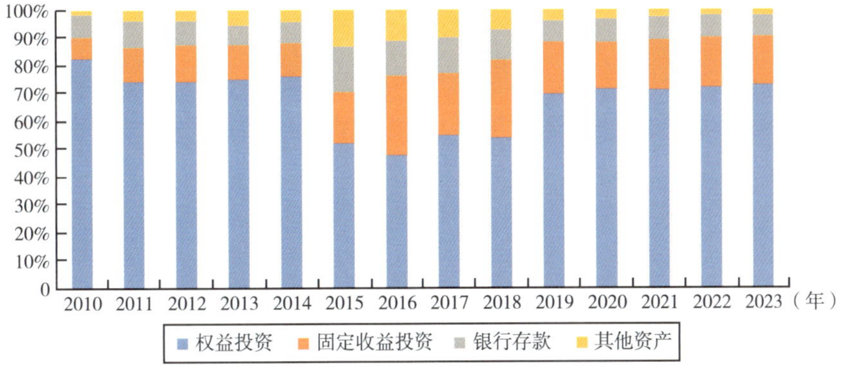

图2-3-22　2010—2023年混合基金的资产配置

资料来源：中国银河证券基金研究中心。

2010年以来，混合基金持有的权益投资市值先是由2010年的14 382亿元大幅下降至2011年10 052亿元，并持续多年保持在万亿元左右；2018年降至8 444亿元，为近十年来最低；2019年大幅上涨，回升至2010年的水平；2020年历史性突破上升到3万亿元以上；2021年持续创新高，上升到4万亿元以上。2023年底，受基础市场波动影响，混合基金持有的权益投资市值较历史高点减少15 061亿元，降幅34%（见图2-3-23）。

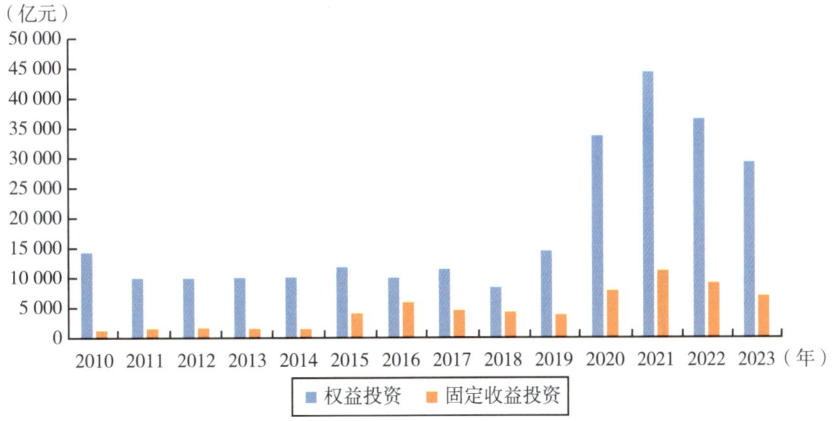

图2-3-23　2010—2023年混合基金的权益投资市值和固定收益投资市值

资料来源：中国银河证券基金研究中心。

（三）混合基金的周转率

2023年，混合基金投资者持有基金的年度周转率为53%，最近三年持续下降。2010年以来的数据显示，投资者持有混合基金的年度周转率与股市行情、基金业绩高度相关，股市行情与混合基金的整体业绩越好，投资者的周转率越高，而行情较为低迷，混合基金整体业绩下滑时，投资者的周转率下降（见图2-3-24）。

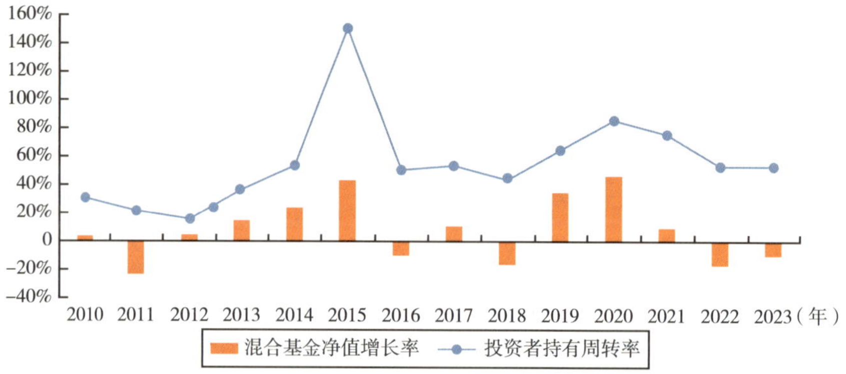

图 2-3-24　2010—2023 年投资者持有混合基金的年度周转率

资料来源：中国银河证券基金研究中心。

（四）混合基金的持有人结构

混合基金整体上是以个人持有为主。2023年底，个人投资者持有混合基金的规模占比81%，机构投资者持有混合基金的规模占比为19%。2010—2019年，个人投资者持有的混合基金规模一直比较平稳，在1万亿元至1.5万亿元之间摆动，投资比例的变化主要由机构持有规模的大幅变动导致的。机构投资者持有的混合基金规模在2015年显著增长，从过去的2 000亿元左右，突破到1万亿元，持有比例也从不到20%上升到46%，此后几年机构持有的规模不断萎缩，占比下降，直到2018年见底，持有规模开始回升，但占比依然下滑。2021年以来，机构与个人持有的混合基金占比保持平稳，维持二八格局（见图2-3-25）。

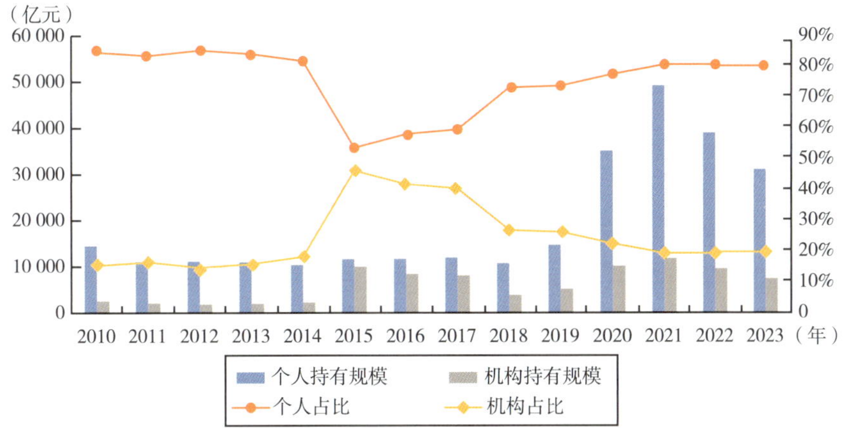

图 2-3-25　2010—2023 年混合基金的持有人结构

资料来源：中国银河证券基金研究中心。

2023年底，混合基金持有人户数25 633万户，较上年略有下降，户均资产1.5万元，持续下降。2020年和2021年混合基金持有人户数大幅上升，增加了19 851万户，增长263%，户均资产2.2万元。2010年以来的数据显示，混合持有人户数经过了先降后升的“V”形走势，于2015年见底，2019年回升到2010年的水平，并于2020年、2021年大幅跃升（见图2-3-26）。

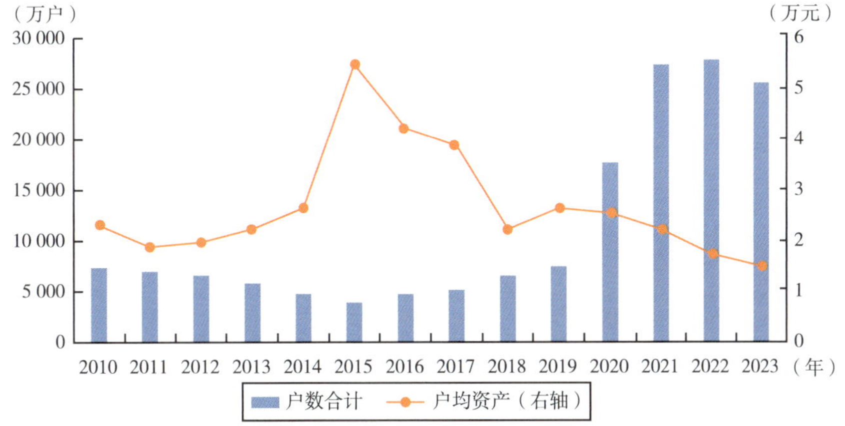

图 2-3-26　2010—2023 年混合基金持有人户数及户均资产

资料来源：中国银河证券基金研究中心。

四、货币市场基金

（一）货币市场基金数量与规模

2013年以来，在普惠金融和利率市场化改革的背景下，货币市场基金发展成为最大的公募基金类别。2019年浮动净值型货币市场基金面世，成为货币市场基金发展过程中一个探索。2022年摊余成本货币市场基金依然占据绝对的主导地位。

从基金数量来看，2023年底，摊余成本型货币市场基金占比98.2%，浮动净值型货币市场基金占比1.8%。从基金规模来看，2023年底，摊余成本型货币市场基金占比99.88%，浮动净值型货币市场基金占比0.12%（见图2-3-27）。

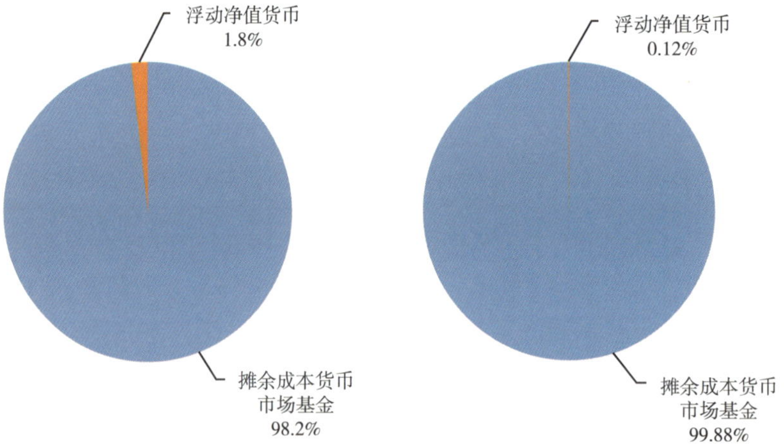

（a）2023年底各类货币市场基金数量占比　　（b）2023年底各类货币市场基金规模占比

图 2-3-27　2023 年底各类型货币市场基金数量、规模占比

资料来源：中国银河证券基金研究中心。

（二）货币市场基金的资产配置

2023年底，货币市场基金持有的固定收益投资市值47 947亿元，占总资产比39.2%；买入返售23 183亿元，占总资产比19.0%；银行存款50 829亿元，占总资产比41.6%；其他资产315亿元，占比0.3%。与上年度比较，银行存款的占比大幅上升，固定收益投资和买入返售资产的占比有所下降（见图2-3-28）。

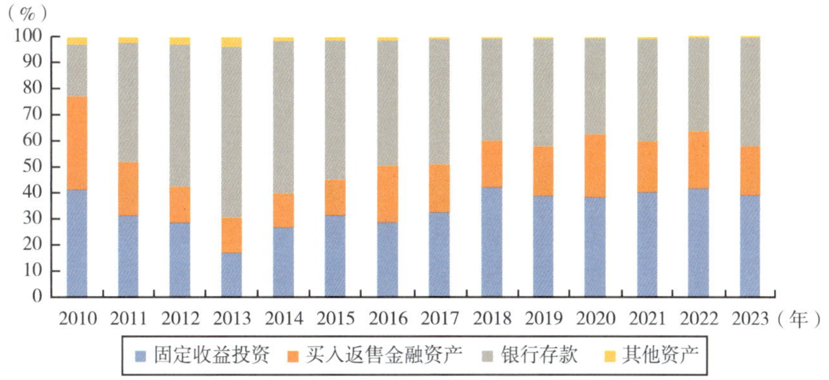

图 2-3-28　2010—2023 年货币市场基金的资产配置

资料来源：中国银河证券基金研究中心。

2023年货币市场基金的资产规模较上年度增加1万亿元，货币市场基金持有的固定收益投资市值增加了2 359亿元，买入返售减少了936亿元，银行存款增加了11 781亿元，规模的上升对应在资产配置上，主要是增加了银行存款的配置（见图2-3-29）。

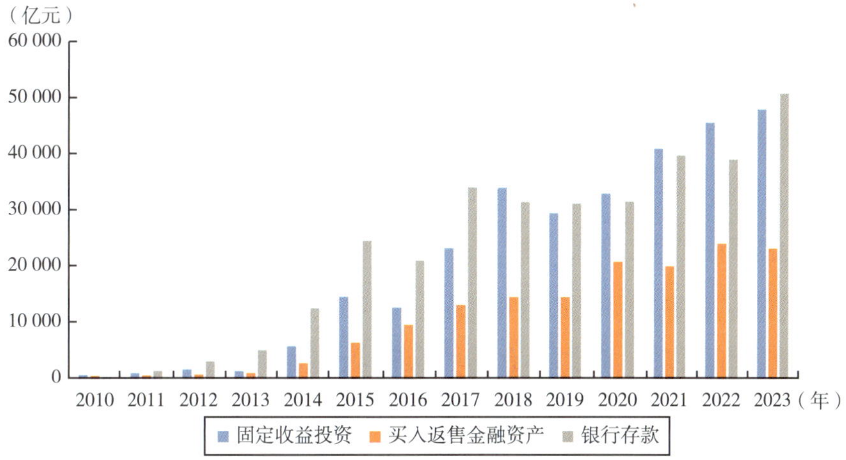

图 2-3-29　2010—2023 年货币市场基金主要资产类别持有的市值

资料来源：中国银河证券基金研究中心。

（三）货币市场基金的周转率

2023年，投资者持有货币市场基金的年度周转率为1 013%，较上年度大幅上升，处于历史较高水平。作为现金管理工具，货币市场基金的周转率一直非常高，近十年来的平均水平为793%（见图2-3-30）。

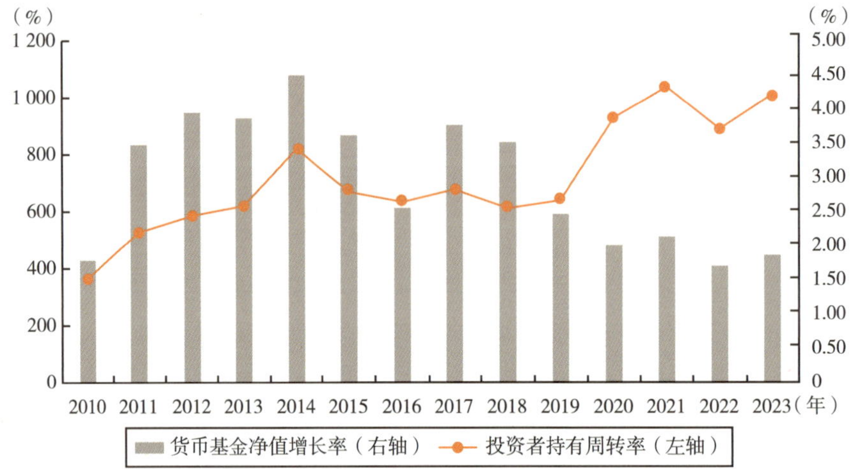

图 2-3-30　2010—2023 年投资者持有货币市场基金的年度周转率

资料来源：中国银河证券基金研究中心。

（四）货币市场基金的持有人结构

2023年底，个人投资者持有货币市场基金占比73%，较上年度上升9个百分点，机构投资者持有货币市场基金占比27%。2023年个人投资者持有的货币市场基金资产规模增加1.5万亿元，机构持有的货币市场基金资产规模下降6 000亿元。过去十年的数据显示，货币市场基金的规模在2015年和2017年出现显著的跃升，从持有人结构看，2015年是机构投资者主导，机构持有规模增加2.15万亿元；而2017年则是个人投资者主导，个人持有规模增加2.21万亿元。2015年以来，机构持有的货币市场基金规模相对稳定在3万亿元左右，个人持有的货币市场基金规模从1.6万亿元持续攀升到8万亿元以上（见图2-3-31）。

2023年底，货币市场基金持有人户数合计17.89亿户，户均持有资产0.63万元，与上年度基本持平。2010年以来数据显示，2013年以前，货币市场基金的持有人户数不超过300万户，2013年爆发式增长到4 696万户，此后逐年大幅增长，成为最为投资者广泛持有的基金类别（见图2-3-32）。

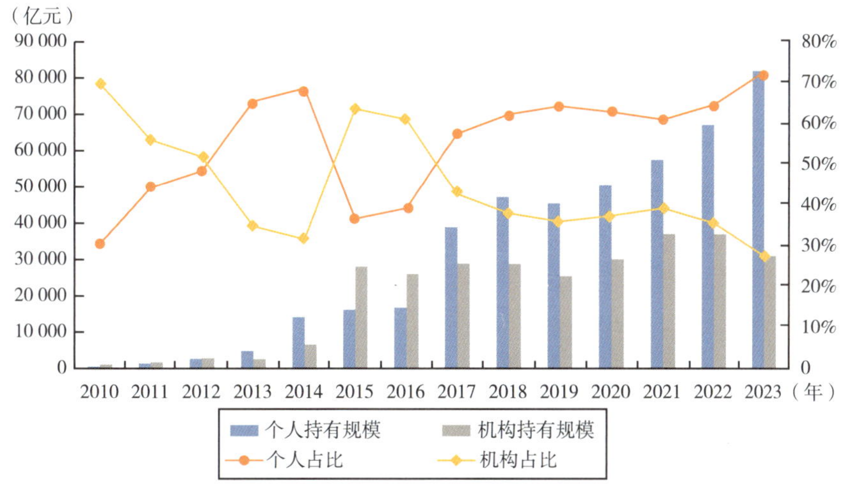

图 3-3-31　2010—2023 年货币市场基金的持有人结构

资料来源：中国银河证券基金研究中心。

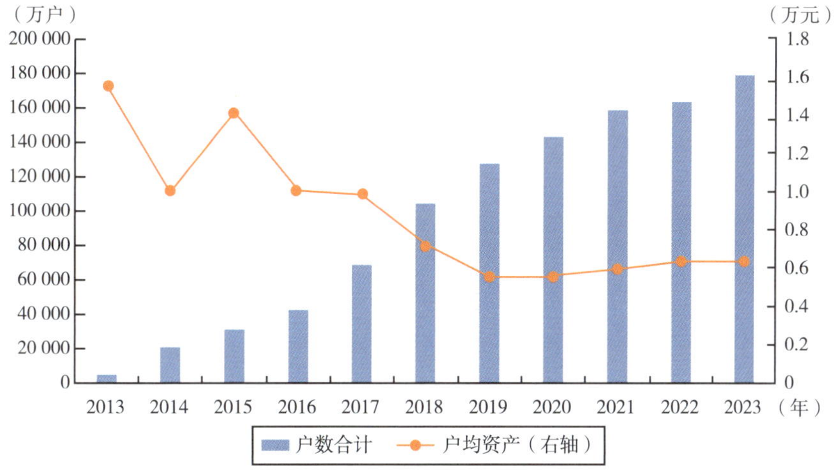

图 2-3-32　2013—2023 年货币市场基金持有人户数及户均资产

资料来源：中国银河证券基金研究中心。

五、QDII基金

（一）QDII基金数量与规模

从基金数量上看，QDII股票基金、QDII混合基金、QDII债券基金、QDII其他基金（主要是黄金、商品和房地产信托基金）的数量占比分别是65.2%、19.9%、8.7%、6.2%。从基金规模上看，QDII股票基金、QDII混合基金、QDII债券基金、QDII其他基金（主要是黄金、商品和房地产信托基金）的数量占比分别是84.9%、10.0%、4.4%、0.6%（见图2-3-33）。

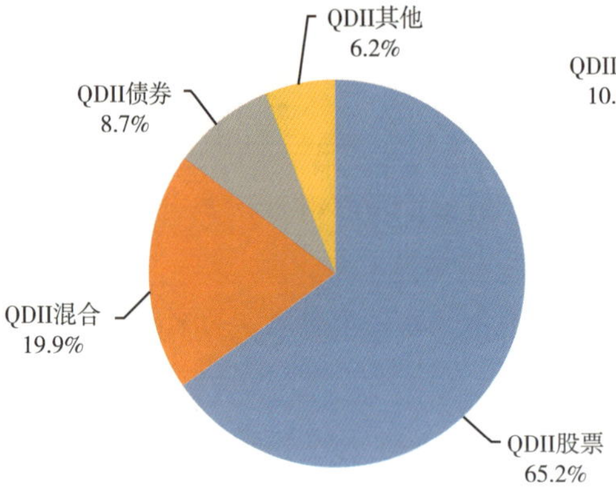

（a）2023年底各类QDII基金数量占比

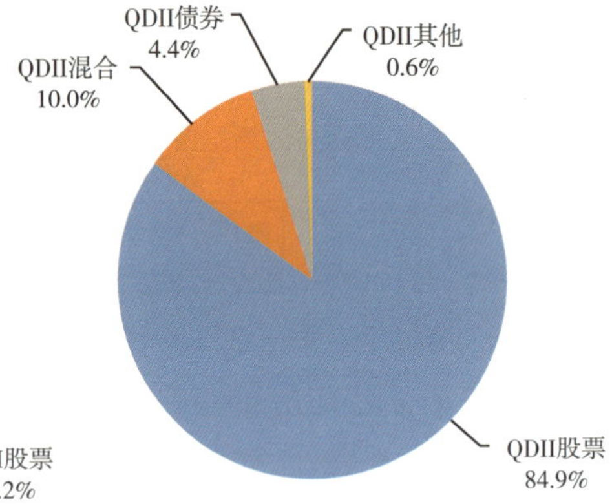

（b）2023年底各类QDII基金规模占比

图 2-3-33 2023 年底 QDII 数量、规模占比

资料来源：中国银河证券基金研究中心。

（二）QDII的资产配置

2023年底，QDII基金持有的权益投资市值3 025亿元，占总资产比71.4%；基金投资市值747亿元，占总资产比17.6%；固定收益投资市值182亿元，占总资产比4.3%；银行存款222亿元，占总资产比5.2%；其他资产61亿元，占总资产比1.4%。与上年度相比，主要是基金投资的比例上升3个百分点，固定收益投资上升2个百分点，权益投资和银行存款的比例有所下降（见图2-3-34）。

2023年底，QDII基金持有的权益投资市值较上年度增加520亿元，增幅21%，达到3 025亿元，创历史新高。QDII基金持有的固定收益投资市值较上年度增加103亿元，增长129%。QDII基金持有的基金投资市值较上年度增加265亿元，增长55%（见图2-3-35）。

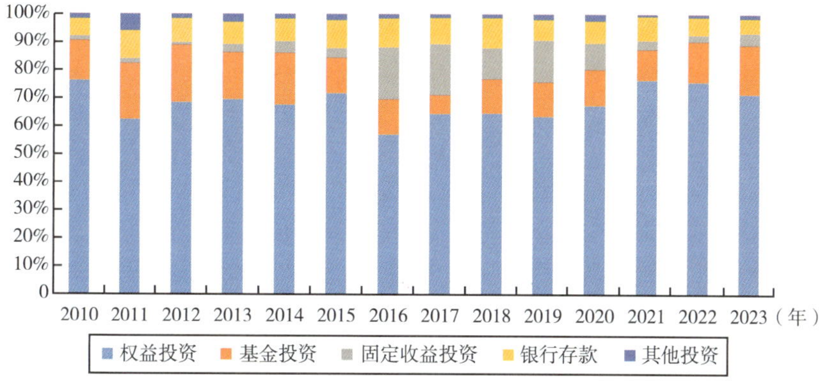

图 2-3-34　2010—2023 年 QDII 基金的资产配置

资料来源：中国银河证券基金研究中心。

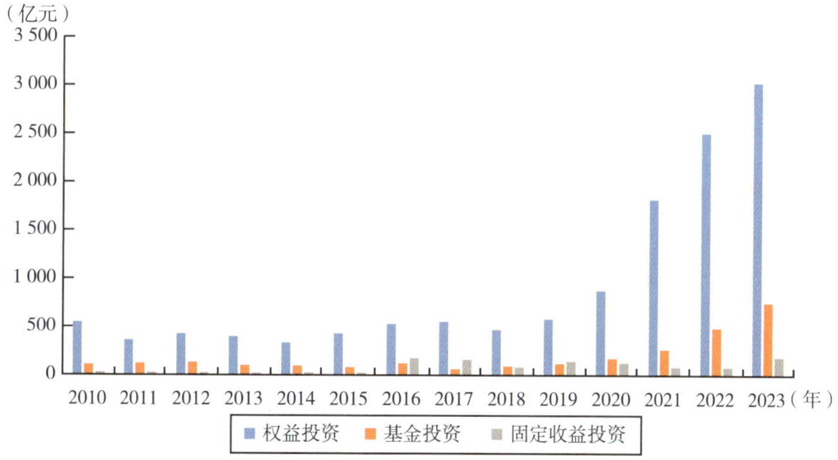

图 2-3-35　2010—2023 年 QDII 基金主要资产类别持有的市值

资料来源：中国银河证券基金研究中心。

（三）QDII基金的周转率

2023年度，投资者持有QDII基金的年度周转率为59%。历史数据显示，投资者持有QDII基金的年度周转率走势与混合基金基本一致，也就是说投资者持有QDII基金的周转率与国内股市行情、混合基金业绩非常相关，而与QDII基金本身的业绩关系不大。QDII基金与混合基金一样大部分都是权益资产，个人投资者占比也与混合基金相当，两者的周转率走势高度一致，可能是情绪传导所致。

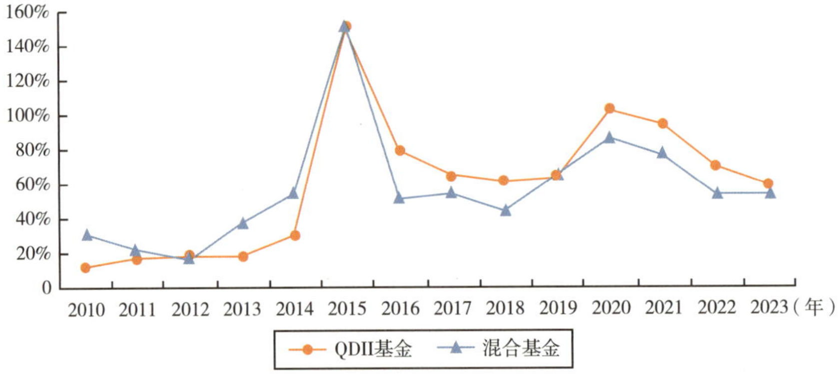

图 2-3-36 2010—2023 年投资者持有 QDII 基金的年度周转率

资料来源：中国银河证券基金研究中心。

（四）QDII基金的持有人结构

2023年底，个人投资者持有QDII基金的规模占比68%，机构投资者持有QDII基金的规模占比32%，较上年提高3个百分点。自2007年QDII基金诞生以来，起初几乎全部由个人投资者持有，2015年开始，机构持有的资产规模开始大幅上升，个人投资者的占比相对下降，但依然占据主导地位（见图2-3-37）。

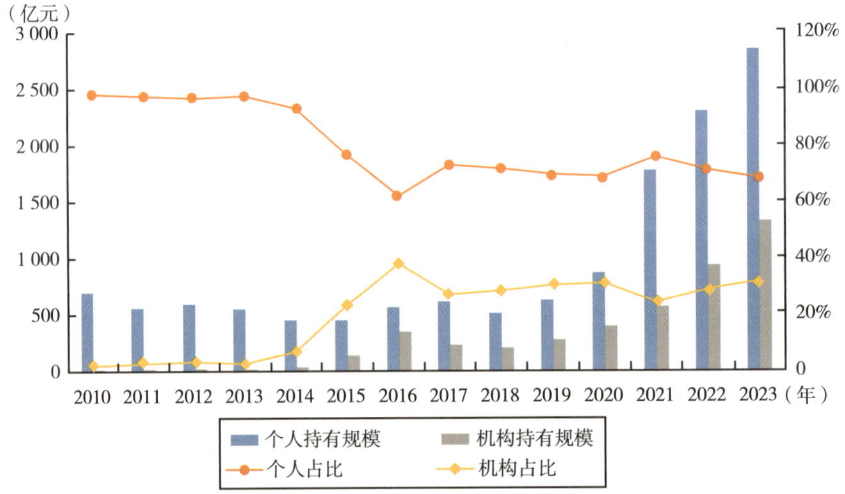

图 2-3-37 2010—2023 年 QDII 基金的持有人结构

资料来源：中国银河证券基金研究中心。

2023年底，QDII基金的持有人户数合计1 775万户，户均持有资产2.4万元。

与上个年度比较，持有人户数略有下降，户均资产有所提升。过去十年的数据显示，QDII基金的持有人户数先是逐年下降，于2015年见底，再逐步回升创新高（见图2-3-38）。

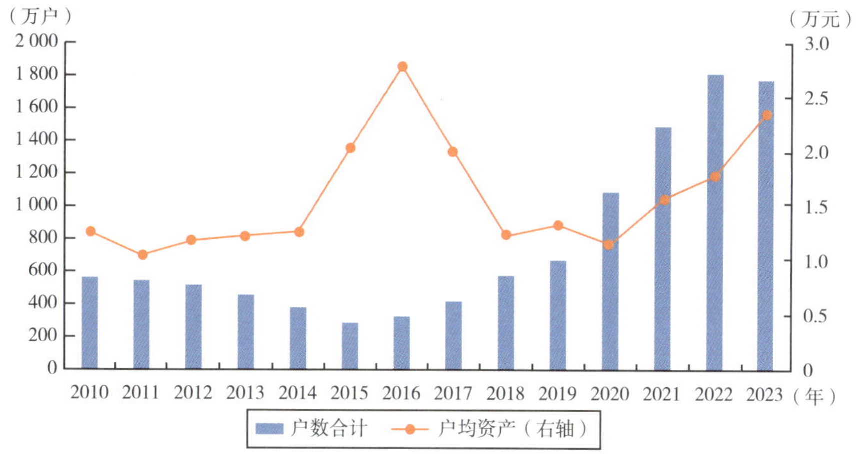

图2-3-38　2010—2023年QDII基金持有人户数及户均资产

资料来源：中国银河证券基金研究中心。

六、基金中基金（FOF）

（一）FOF的基金数量与规模

从基金数量上看，养老目标日期FOF、养老目标风险FOF、其他混合型FOF、股票型FOF、债券型FOF的数量占比分别是24.8%、29.6%、40.6%、1.7%、3.3%。

从基金规模上看，养老目标日期FOF、养老目标风险FOF、其他混合型FOF、股票型FOF、债券型FOF的规模占比分别是14.1%、31.9%、50.5%、0.6%、2.9%（见图2-3-39）。

（二）FOF的资产配置

2023年底，FOF的基金投资市值1 379亿元，占比88.2%；权益投资市值43亿元，占比2.7%；固定收益投资71亿元，占比4.5%；银行存款46亿元，占比2.9%；其他资产26亿元，占比1.6%（见图2-3-40）。与上年度相比，银行存款的比例下降了1.1个百分点，基金投资的比例上升了1.2个百分点。

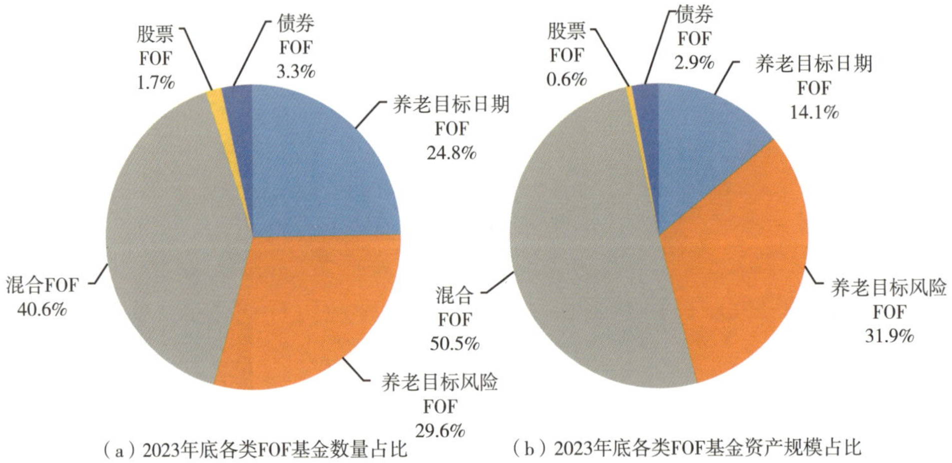

图 2-3-39　2023 年底各类 FOF 数量、规模占比

资料来源：中国银河证券基金研究中心。

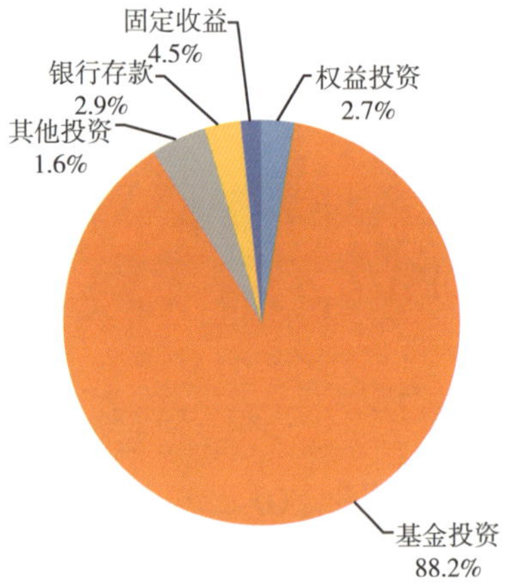

图 2-3-40　2023 年底 FOF 的资产配置

资料来源：中国银河证券基金研究中心。

（三）FOF的周转率

2023年度，投资者持有FOF的年度周转率22%，是所有基金类别中周转率最低的，这是因为2018年9月以来大量发行的FOF很多都是持有期基金，持有期限分别为1年期、3年期和5年期不等（见图2-3-41）。

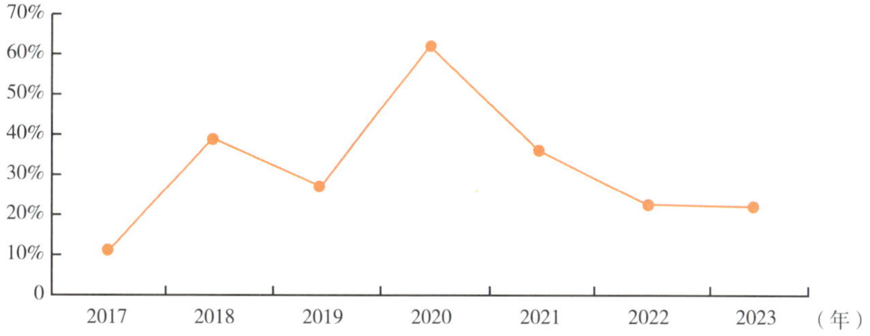

图 2-3-41　2017—2023 年投资者持有 FOF 的年度周转率

资料来源：中国银河证券基金研究中心。

（四）FOF的持有人结构

2023年底，个人投资者持有FOF的规模占比为91%，机构投资者持有FOF的规模占比为9%，较上年度增加1个百分点。自2017年FOF起步发展以来，个人投资者一直占据主导地位（见图2-3-42）。

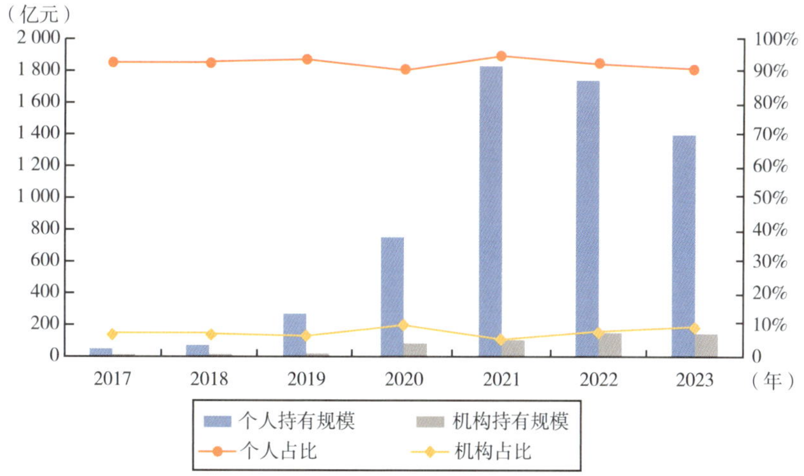

图 2-3-42　2017—2023 年 FOF 的持有人结构

资料来源：中国银河证券基金研究中心。

2023年底，FOF的持有人户数合计1 295万户，较上年度增加了160万户，增长14%，户均持有资产1.2万元，较上年度大幅下降。得益于个人养老金投资公募基金业务落地，在股、混基金持有人户数持平甚至略有下降的2022年和2023年，FOF持有人户数显著提升（见图2-3-43）。

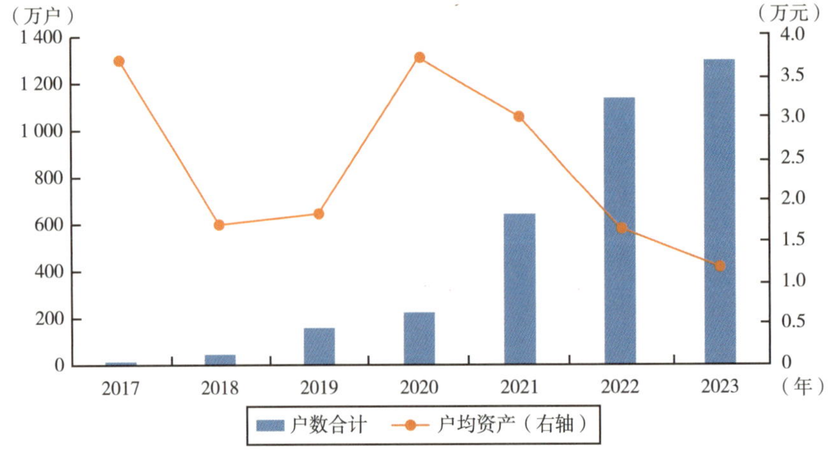

图 2-3-43　2017—2023 年 FOF 持有人户数与户均资产

资料来源：中国银河证券基金研究中心。

第四节　公募基金销售及基金费率

一、基金销售业务概况

（一）基金销售认/申购及赎回情况

1.认/申购情况

2023年度，基金销售认/申购金额中，商业银行渠道占比最高，为43.54%，且自2017以来占比连续提升；其次为独立基金销售机构渠道（以下简称独销渠道），占比32.05%，该渠道自展业以来占比连续提升；再次为直销渠道，占比14.29%，且自2017年以来占比连续下降；证券公司渠道占比为9.65%，较上年有所下降（见图2-4-1）。

从各基金类型看，2023年度股票基金认/申购金额中，证券公司渠道占比最高，为61.92%，其次为独销渠道，占比21.12%；混合基金认/申购金额中，商业银行渠道占比最高，为32.76%，其次为独销渠道，占比31.20%；债券基金认/申购金额中，直销渠道占比最高，为43.71%，其次为独销渠道，占比28.21%；货币市场基金认/申购金额中，商业银行渠道占比最高，为46.62%，其次为独销渠道，占比32.48%；QDII基金认/申购金额中，证券公司渠道占比最高，为47.38%，其次为独销渠道，占比34.77%（见图2-4-2）。

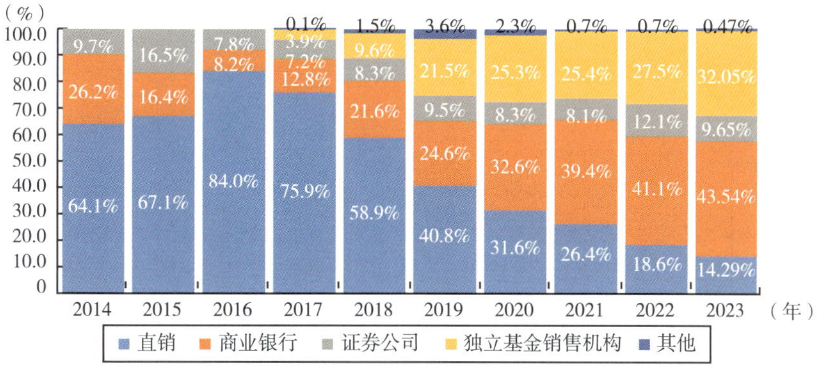

图 2-4-1　基金认/申购渠道占比情况

资料来源：中国证券投资基金业协会。

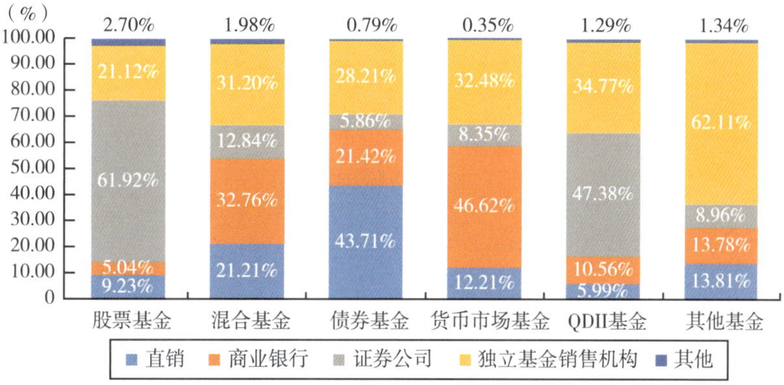

图 2-4-2　2023 年度各类型基金认 / 申购渠道占比情况

资料来源：中国证券投资基金业协会。

2.赎回情况

2023年度基金赎回金额中，商业银行渠道占比最高，为44.64%，较上年有所提高；其次为独销渠道，占比28.16%，较上年有所提高；再次为直销渠道，占比16.99%，较上年有所下降；证券公司渠道占比为9.80%，较上年有所下降。

从各基金类型看，股票基金赎回金额中，证券公司占比最高，为58.78%，其次为独销渠道，占比24.71%；混合基金赎回金额中，商业银行渠道占比最高，为37.31%，其次为独销渠道，占比26.36%；债券基金赎回金额中，直销渠道占比最高，为46.24%，其次为独销渠道，占比26.20%；货币市场基金赎回金额中，商业银行渠道占比最高，为47.38%，其次为独销渠道，占比28.23%；QDII基金赎回金额中，独销渠道占比最高，为47.53%，其次为证券公司渠道，占比为29.97%（见图2-4-3）。

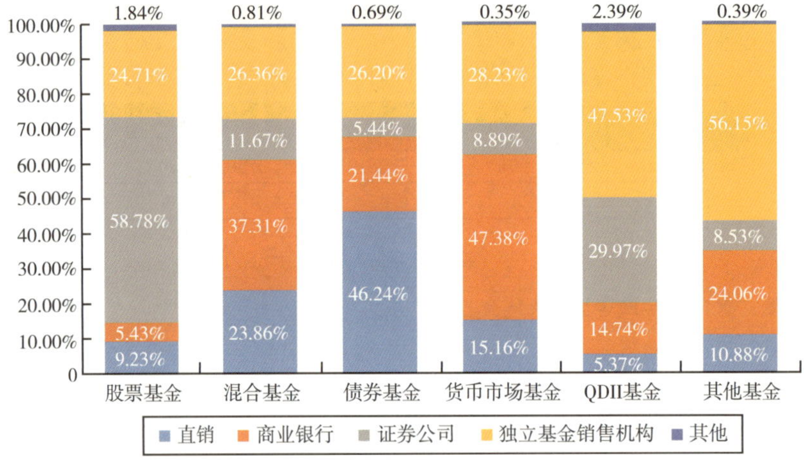

图 2-4-3　各类型基金赎回渠道占比情况

资料来源：中国证券投资基金业协会。

（二）基金销售保有规模情况

截至2023年末，直销渠道保有规模占比最高，为36.65%，但呈现逐年下降趋势；其次为商业银行渠道，占比26.13%，较上年基本持平；再次为独销渠道，占比25.76%，该渠道自展业以来保有规模占比连续提升；证券公司渠道保有规模占比为10.78%，较上年略有提升（见图2-4-4）。

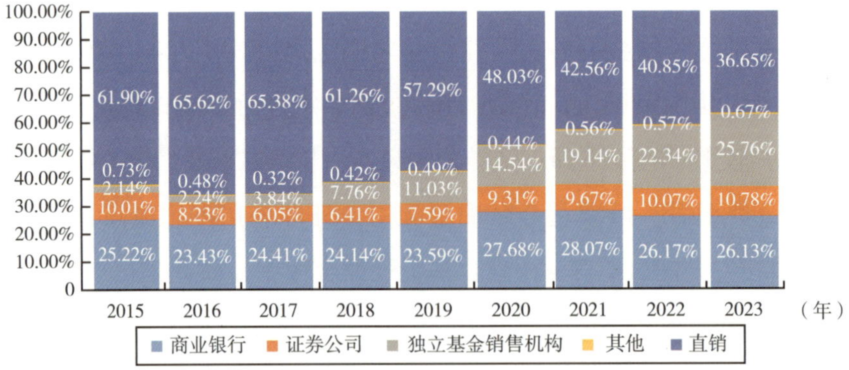

图 2-4-4　各渠道基金销售保有规模占比情况

资料来源：中国证券投资基金业协会。

1.股票基金

截至2023年末，股票基金保有规模中，证券公司渠道占比最高，为56.70%，呈现上升趋势；其次为独销渠道，占比16.71%，较上年略有下降；商业银行渠道和直销渠道占比分别为13.65%和10.15%，均呈现下降趋势（见图2-4-5）。

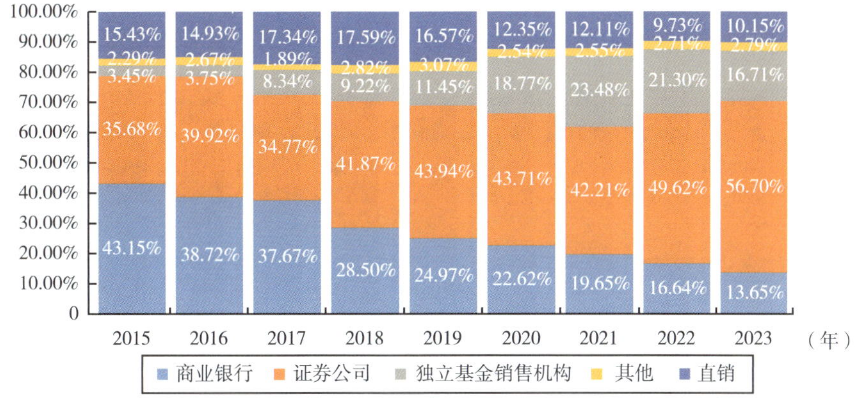

图 2-4-5　各渠道股票基金销售保有规模占比情况

资料来源：中国证券投资基金业协会。

2.混合基金

截至2023年末，混合基金保有规模中，商业银行渠道占比最高，为49.11%，较上年略有下降；其次为独销渠道，占比22.17%，呈现上升趋势；再次为直销渠道，占比16.24%，呈现下降趋势；证券公司渠道占比为10.92%，较上年基本持平（见图2-4-6）。

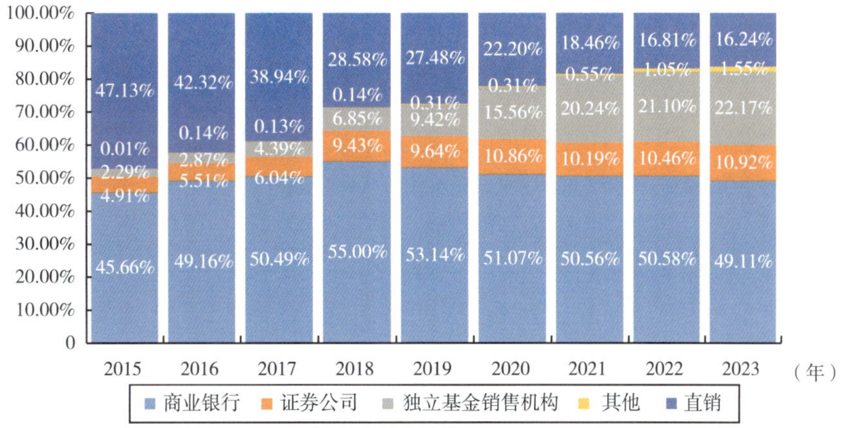

图 2-4-6　各渠道混合基金销售保有规模占比情况

资料来源：中国证券投资基金业协会。

3. 债券基金

截至2023年末，债券基金保有规模中，直销渠道占比最高，为66.29%，呈现下降趋势；其次为商业银行渠道，占比15.58%，较上年有一定幅度提升；再次为独销渠道，占比15.22%，较上年有所提升；证券公司渠道占比较小，为2.60%（见图2-4-7）。

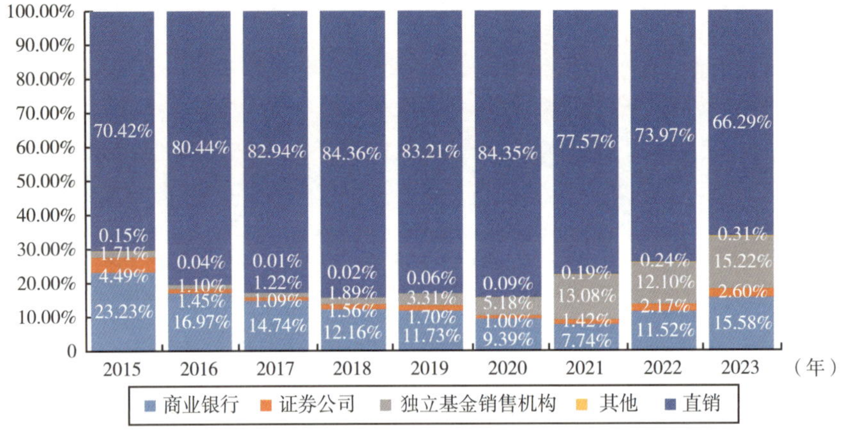

图 2-4-7 各渠道债券基金销售保有规模占比情况

资料来源：中国证券投资基金业协会。

4. 货币市场基金

截至2023年末，货币市场基金保有规模中，独销渠道占比最高，为37.39%，较上年有一定幅度提升；其次为商业银行渠道，占比29.72%，较上年有所提升；再次为直销渠道，占比28.62%，呈现下降趋势；证券公司渠道占比为4.18%，较上年略有下降（见图2-4-8）。

5. 基金中基金

截至2023年末，基金中基金保有规模中，商业银行渠道占比最高，为75.65%，较上年基本持平；其次为直销渠道，占比9.11%，较上年有所提升；再次为独销渠道，占比8.91%，较上年基本持平；证券公司渠道占比为6.28%，较上年有所下降（见图2-4-9）。

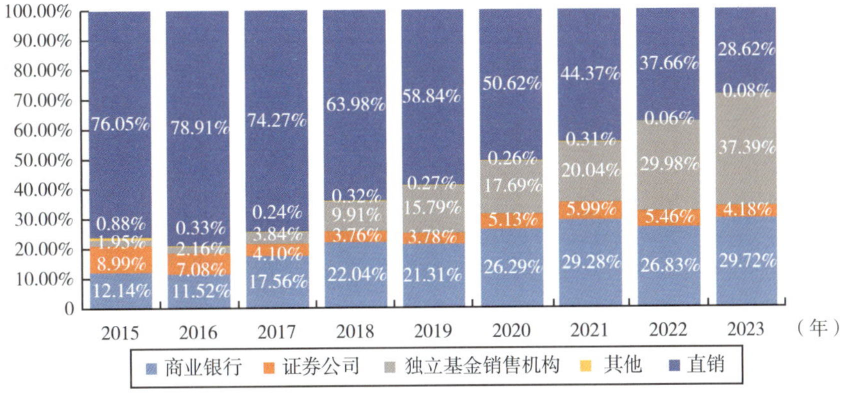

图 2-4-8　各渠道货币市场基金销售保有规模占比情况

资料来源：中国证券投资基金业协会。

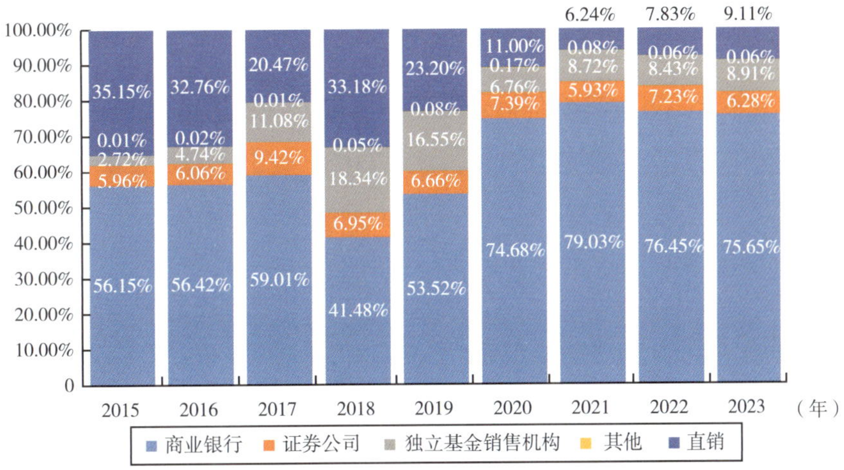

图 2-4-9　各渠道基金中基金销售保有规模占比情况

资料来源：中国证券投资基金业协会。

6. QDII基金

截至2023年末，QDII基金保有规模中，证券公司渠道占比最高，为61.74%，呈现上升趋势；其次为独销渠道，占比17.27%，较上年有所下降；再次为商业银行渠道，占比12.15%，呈现下降趋势；直销渠道占比为8.09%，较上年有所上升（见图2-4-10）。

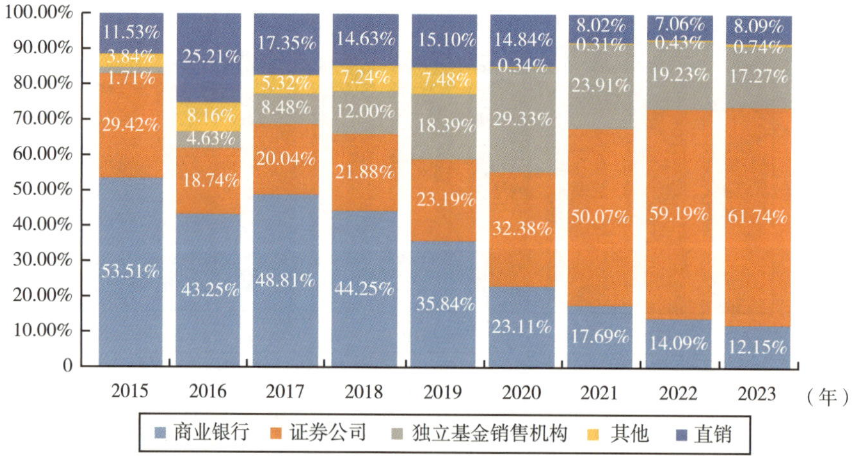

图 2–4–10　各渠道 QDII 基金销售保有规模占比情况

资料来源：中国证券投资基金业协会。

7. 其他基金

截至2023年末，其他基金保有规模中，证券公司渠道占比最高，为83.66%，较上年大幅提升；其次为独销渠道，占比7.11%，较上年有所下降；再次为直销渠道，占比4.71%，较上年有一定程度下降（见图2–4–11）。

图 2–4–11　各渠道其他基金销售保有规模占比情况

资料来源：中国证券投资基金业协会。

（三）基金销售收入结构

2023年度基金销售收入中，销售服务费占比最高，为71.74%，较上年有较大幅度提升；其次为申购费，占比12.32%，较上年有所下降；再次为赎回费，占比10.93%，较上年有一定程度下降；认购费收入占比为4.07%，较上年有较大幅度下降（见图2-4-12）。

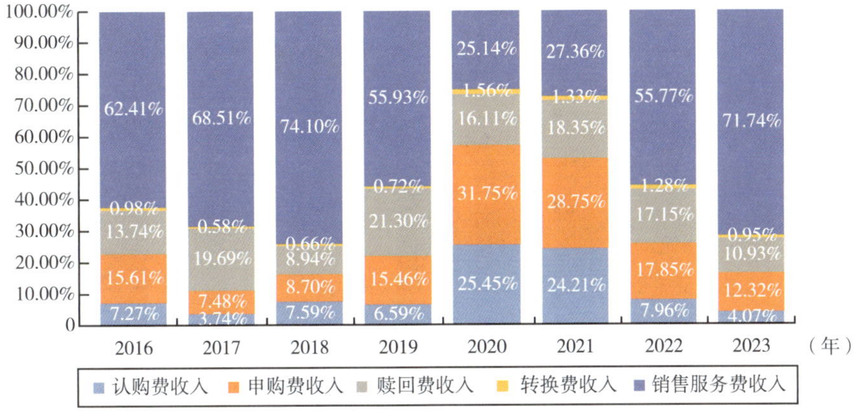

图 2-4-12　销售收入结构

资料来源：中国证券投资基金业协会。

1.商业银行

2023年度商业银行渠道销售收入中，销售服务费占比最高，为69.03%，较上年大幅提升；其次为申购费，占比18.60%，较上年有所下降；再次为认购费，占比7.92%，较上年大幅下降；赎回费占比为3.94%，较上年有所下降（见图2-4-13）。

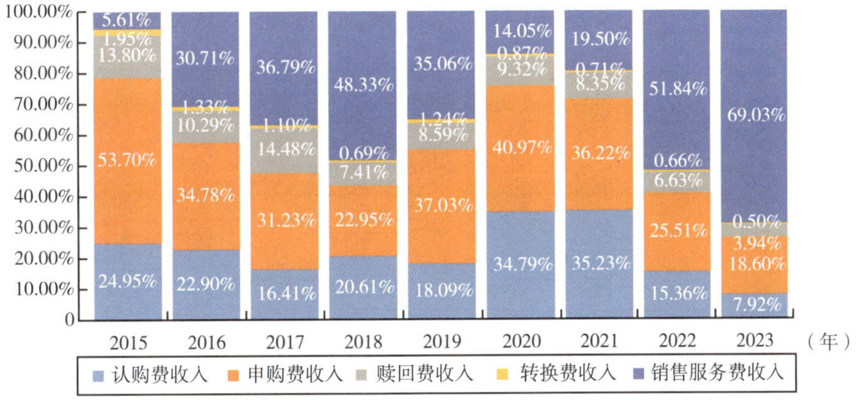

图 2-4-13　商业银行销售收入结构

资料来源：中国证券投资基金业协会。

2.证券公司

2023年度证券公司渠道销售收入中，销售服务费占比最高，为61.90%，较上年大幅提升；其次为申购费，占比23.50%，较上年略有下降；再次为认购费，占比9.57%，较上年有较大幅度下降；赎回费收入占比为4.82%，较上年有所下降（见图2-4-14）。

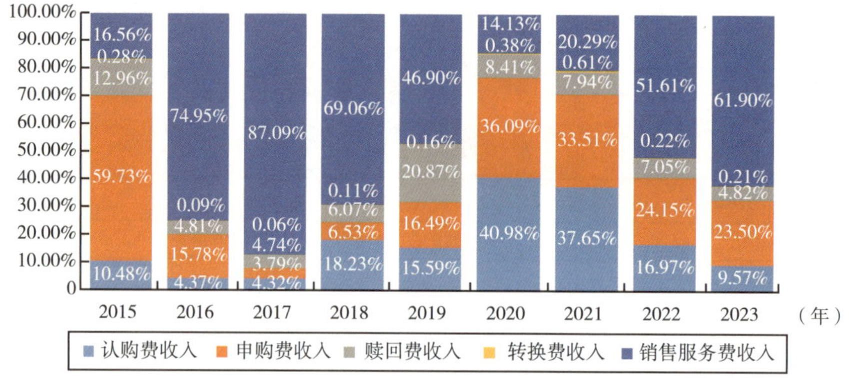

图 2-4-14　证券公司销售收入结构

资料来源：中国证券投资基金业协会。

3.独立基金销售机构

2023年度独销渠道销售收入中，销售服务费占比最高，为80.25%，较上年大幅提升；其次为赎回费，占比11.21%，较上年大幅下降；再次为申购费，占比8.03%，较上年有所下降；认购费收入占比仅为0.26%（见图2-4-15）。

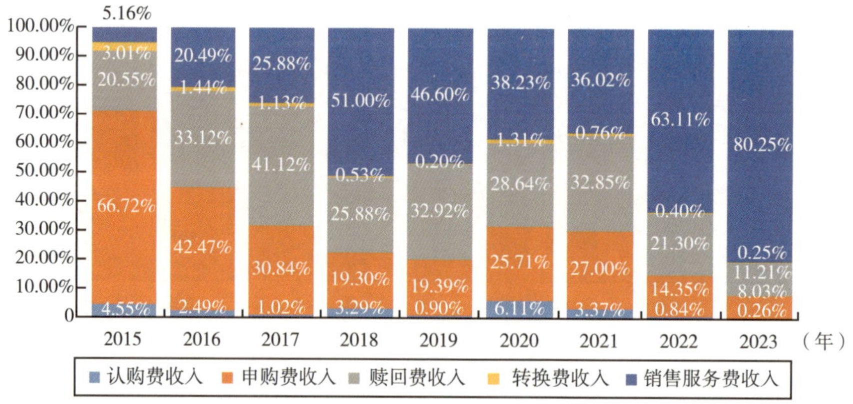

图 2-4-15　独销销售收入结构

资料来源：中国证券投资基金业协会。

4.直销

2023年度直销渠道销售收入中，销售服务费占比最高，为66.96%，较上年大幅提升；其次为赎回费，占比26.44%，较上年有所下降；再次为转换费，占比3.28%，较上年基本持平；认购费占比仅为0.85%（见图2-4-16）。

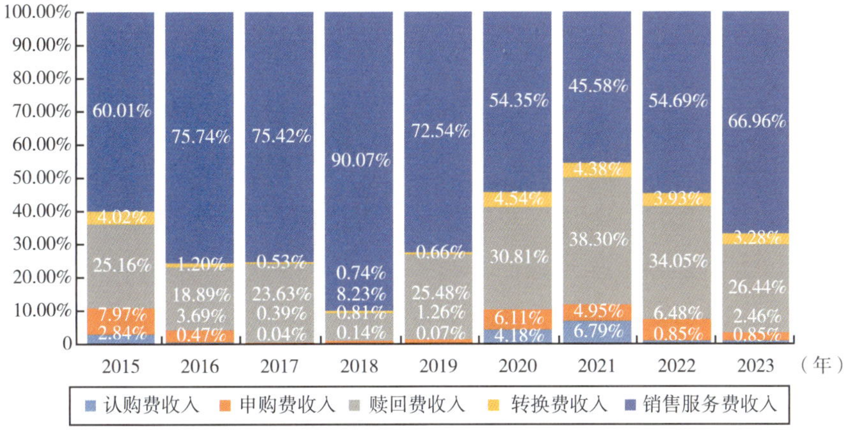

图2-4-16　直销销售收入结构

资料来源：中国证券投资基金业协会。

5.其他

2023年度其他渠道销售收入中，销售服务费占比最高，为49.91%，较上年大幅提升；其次为赎回费，占比26.35%，较上年略有下降；再次为申购费，占比17.92%，较上年有所下降；认购费收入占比仅为0.14%（见图2-4-17）。

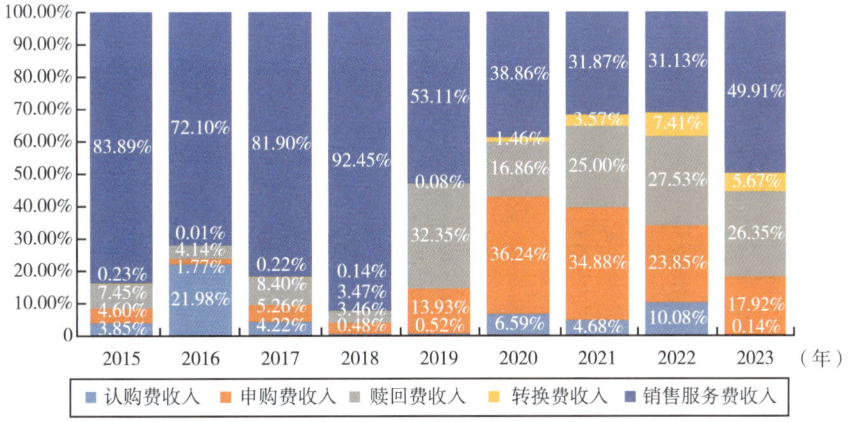

图2-4-17　其他渠道销售收入结构

资料来源：中国证券投资基金业协会。

二、基金销售费率

从可追溯的数据来看，近年来随着基金市场分工的精细化程度提升、互联网信息技术应用的渗透度增加等因素，同时叠加2023年7月《公募基金行业费率改革工作方案》的发布，公募基金由投资者负担的费率总额大体呈现下行趋势、部分类型费率维持在2002年水平。

（一）认购费率

2023年，不同类型基金成立规模加权平均认购费率中（基金合同约定的最高认购费率，以下简称新发产品平均认购费率），债券基金、FOF以及QDII基金新发产品平均认购费率有所下降，分别下降至0.45%、0.83%以及0.84%；股票基金、混合基金与其他基金新发产品平均认购费率基本维持在上年水平，分别为0.84%、1.11%以及0.57%。收取认购费的基金中，新发产品平均认购费率最高的为混合基金，其次为股票基金、QDII基金、FOF（见图2-4-18）。

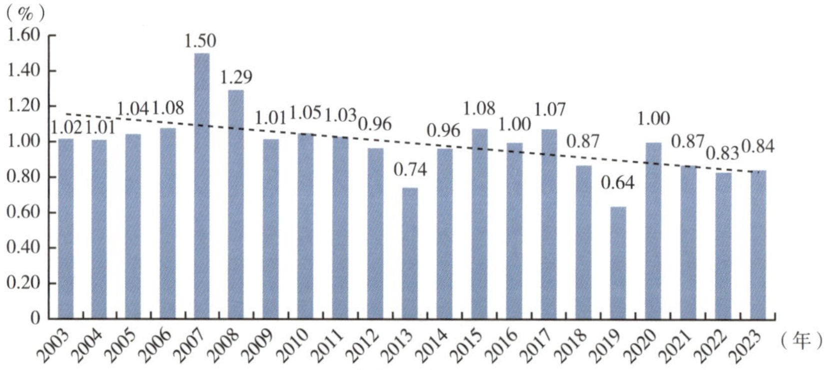

（a）股票基金

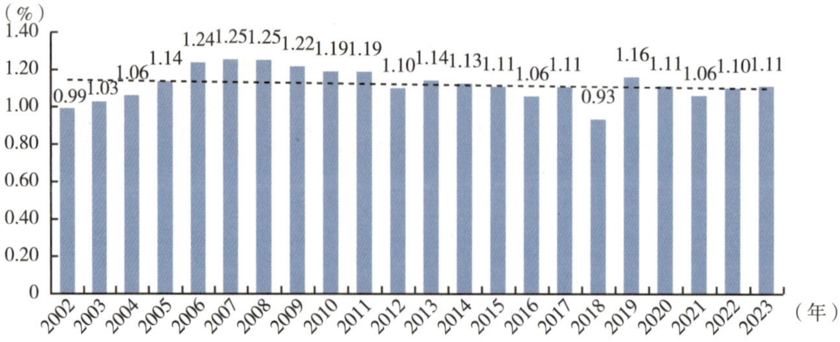

（b）混合基金

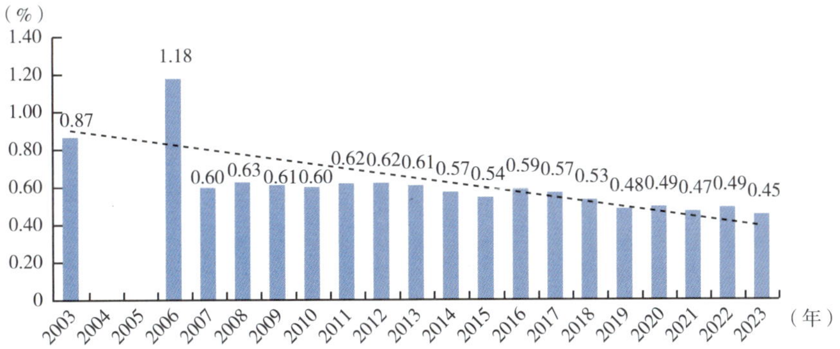

（c）债券基金

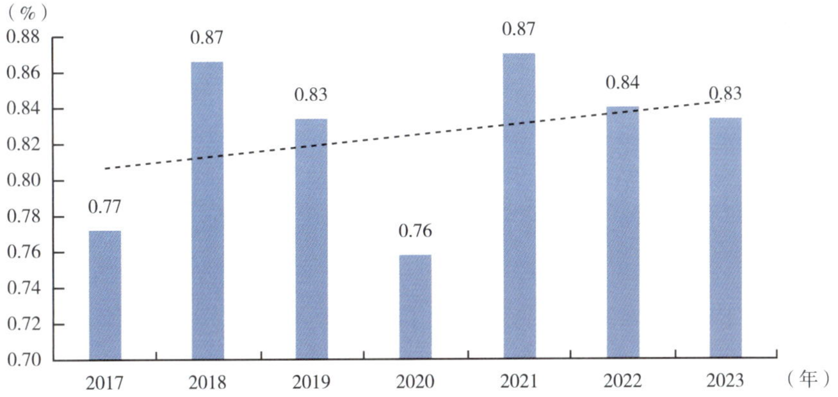

（d）FOF

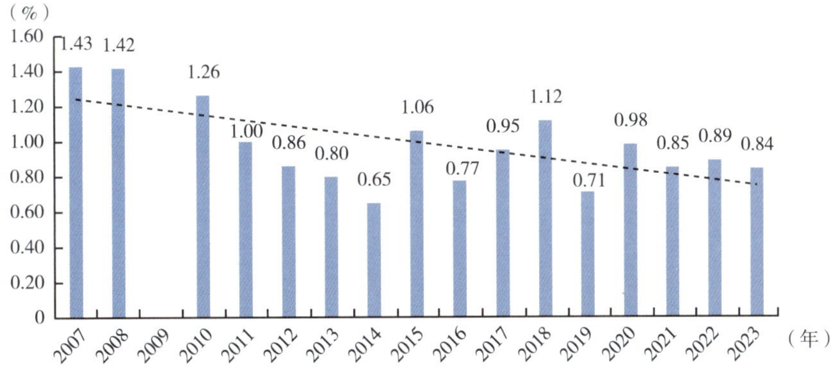

（e）QDII

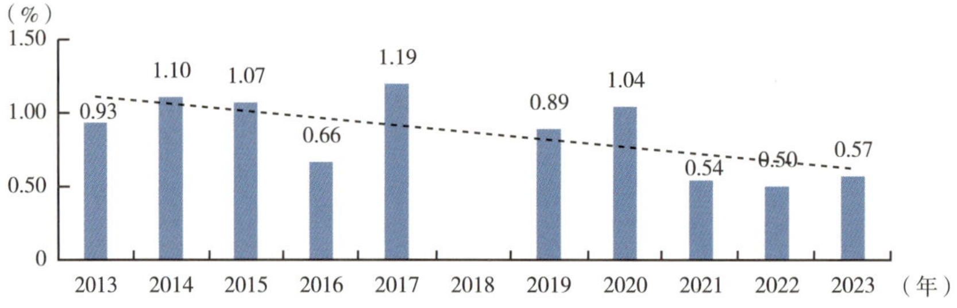

（f）其他

图 2-4-18　各类型基金平均认购费率

注1：如当年无新成立产品，且当年新成立产品中无收取该项费用的产品，则对应年度无相关数据，图中以空白列示，下同。

注2：部分年份满足统计要求的样本数量较少，或存在异常值导致平均费率水平过高/过低，下同。

资料来源：上海证券基金评价研究中心，Wind。

（二）申购费率

2023年，股票基金、债券基金以及QDII基金成立规模加权平均申购费率（基金合同约定的最高申购费率，以下简称新发产品平均申购费率）较上年分别降至1.22%、0.58%以及1.08%；混合基金、FOF以及其他基金基本维持在去年水平，分别为1.38%、1.03%以及1.10%。收取申购费的基金中，混合基金新发产品平均申购费率最高，其次为股票基金（见图2-4-19）。

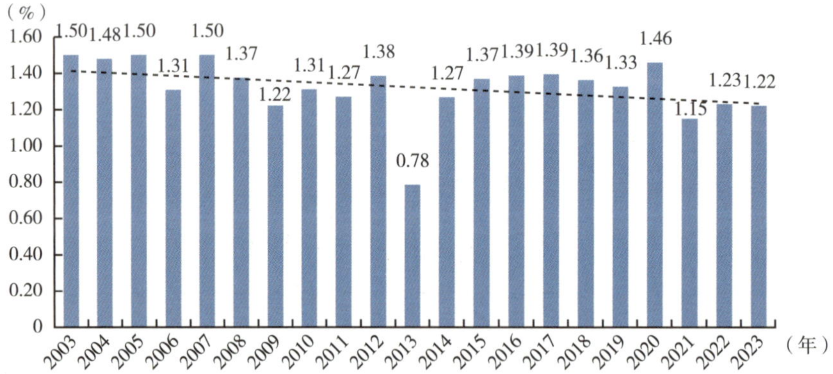

（a）股票基金

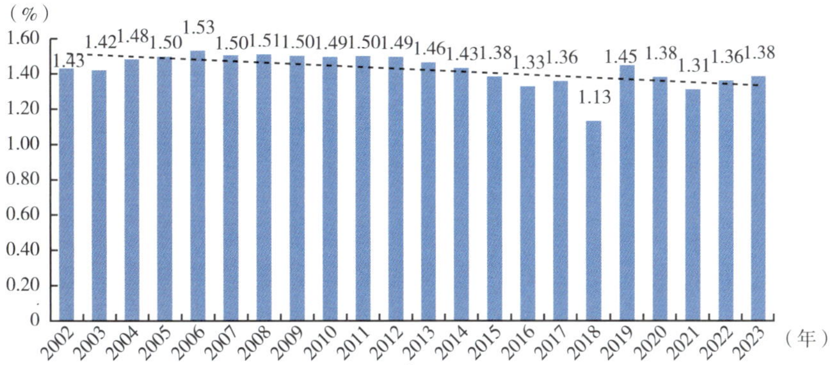

（b）混合基金

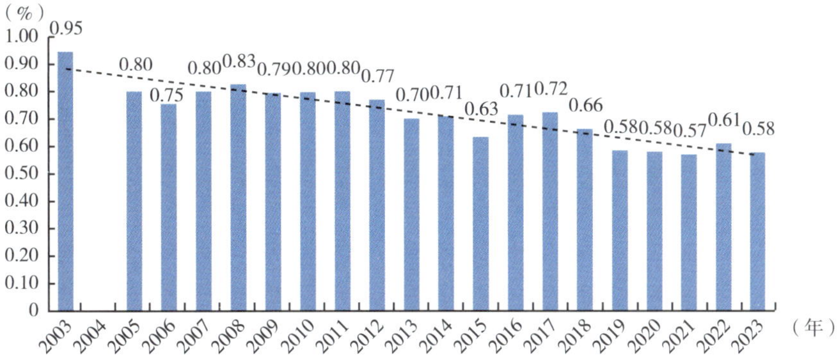

（c）债券基金

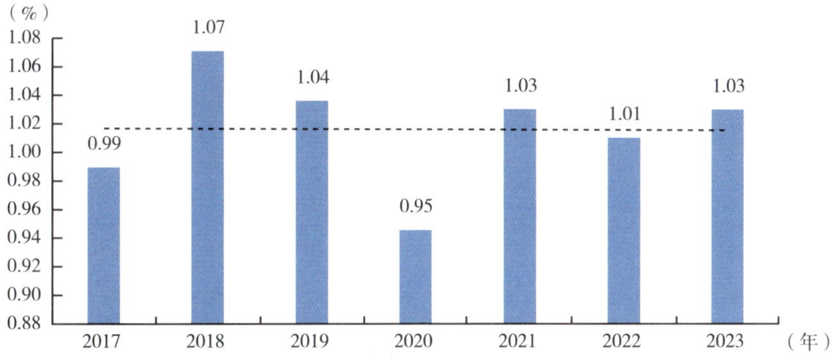

（d）FOF

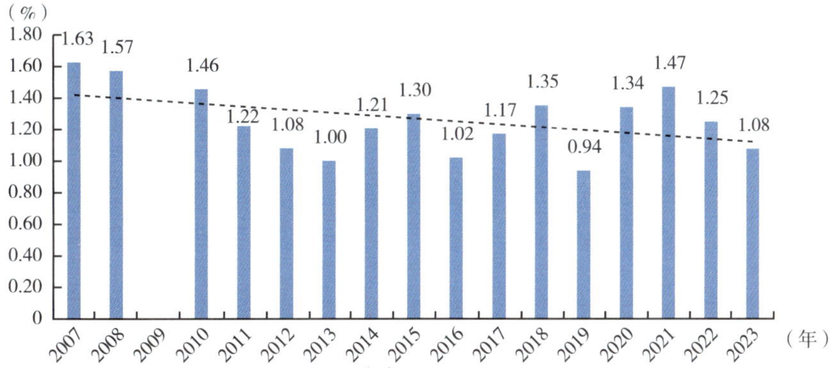

（e）QDII

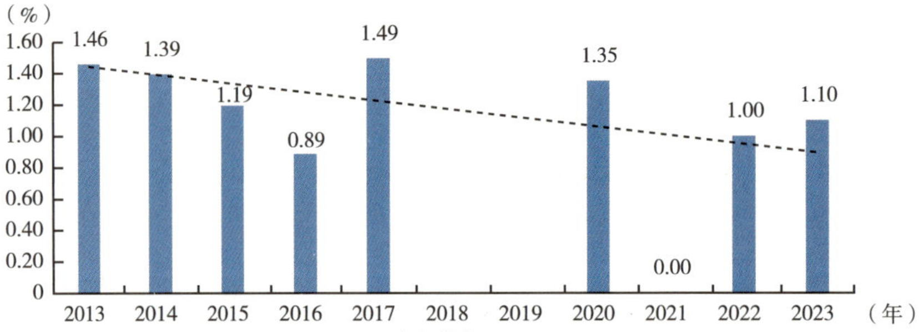

(f)其他

图 2-4-19　各类型基金平均申购费率

资料来源：上海证券基金评价研究中心，Wind。

(三)赎回费率

设置赎回费的目的主要是鼓励投资者长期持有以获取长期收益，当投资者持有基金份额的时限足够长时，基金赎回费率会逐步降低直至为零，而持有时间过短的投资者将缴纳较高的赎回费。同时，作为对其他基金持有人的补偿，赎回费将全部或部分计入基金财产。

2023年，除FOF成立规模加权平均赎回费率(基金合同约定的最高赎回费率，以下简称新发产品平均赎回费率)有所下降至1.27%，其余类型基金新发产品平均赎回费率维持在上年水平，均为1.50%(见图2-4-20)。

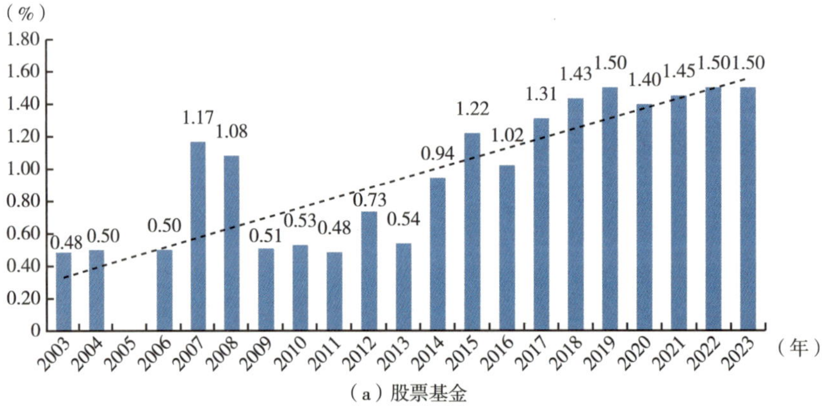

(a)股票基金

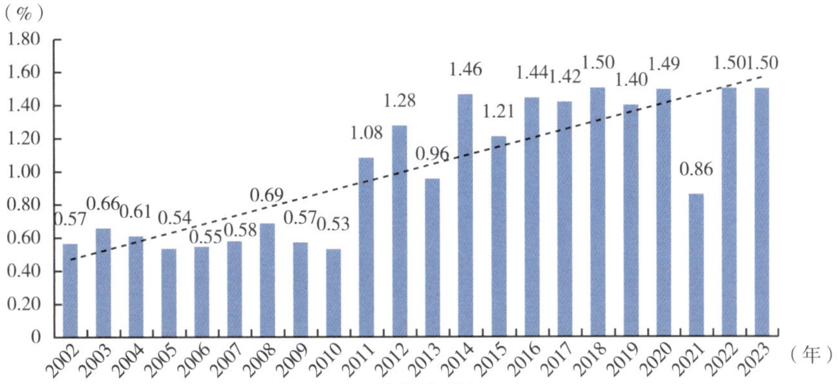

（b）混合基金

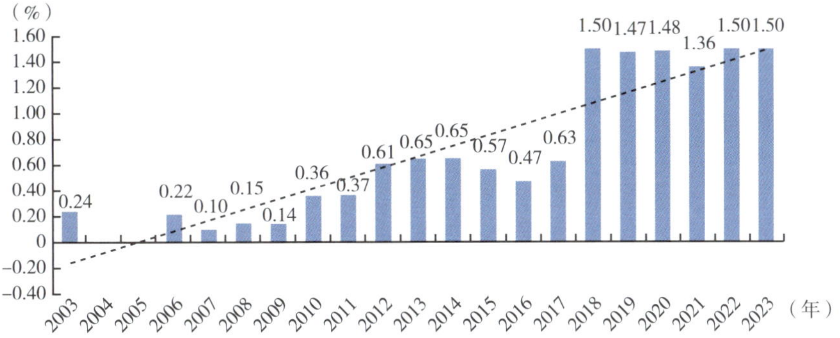

（c）债券基金

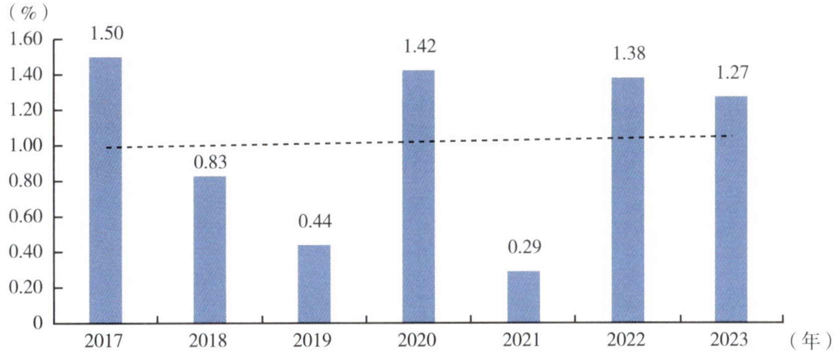

（d）FOF

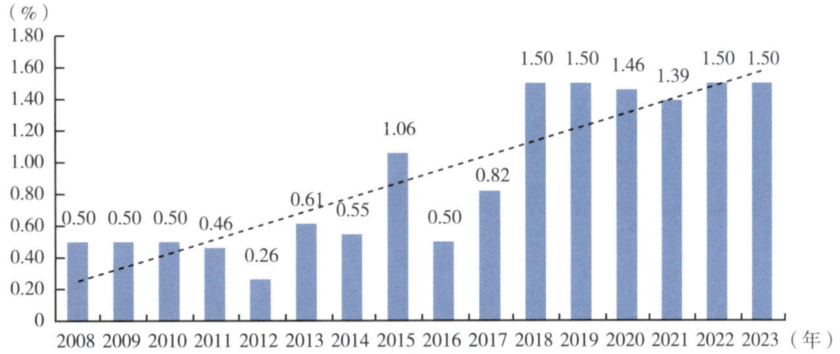

（e）QDII

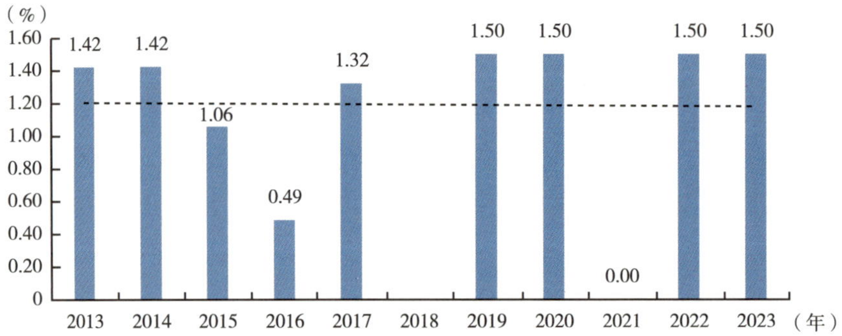

（f）其他

图 2-4-20　各类型基金平均赎回费率

资料来源：上海证券基金评价研究中心，Wind。

（四）销售服务费率

销售服务费是指基金管理人根据基金合同的约定及相关法律法规的规定，从开放式基金财产中计提的一定比例的费用，用于支付销售机构佣金、基金营销费用以及基金份额持有人服务费等。

2023年，货币基金成立规模加权平均销售服务费率（以下简称新发产品平均销售服务费率）有所下降至0.16%；混合基金及QDII基金新发产品平均销售服务费率小幅上升至0.38%以及0.29%；其余类型基金新发产品平均销售服务费率均维持在上年水平。收取销售服务费的基金中，FOF新发产品平均销售服务费率最高，其次为混合基金（见图2-4-21）。

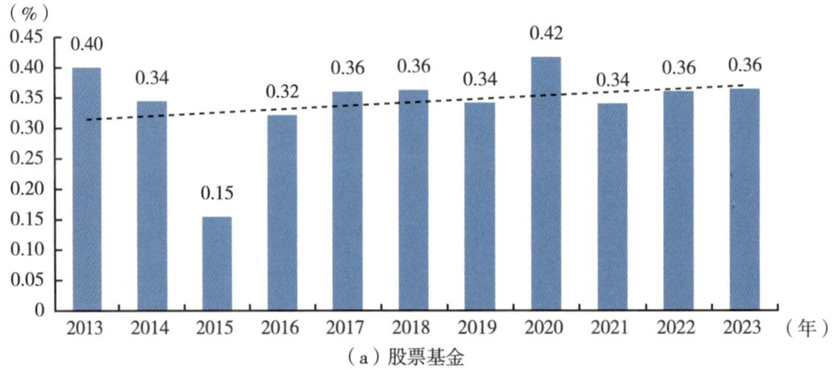

（a）股票基金

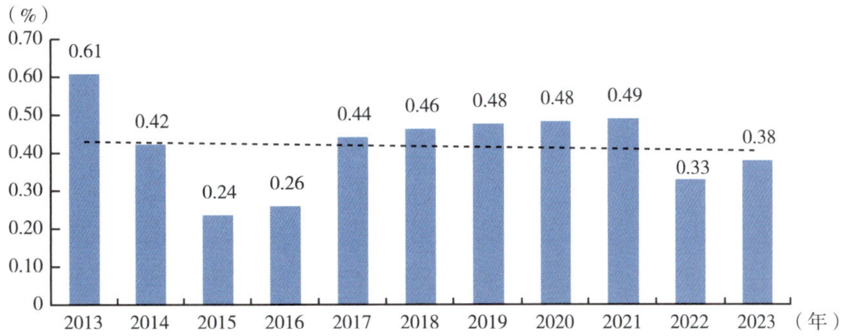

（b）混合基金

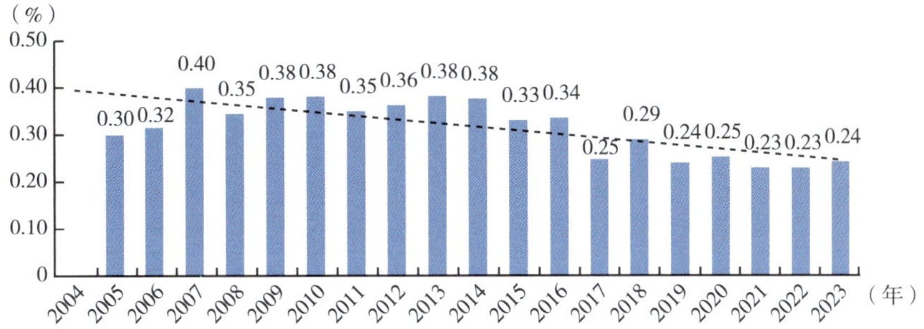

（c）债券基金

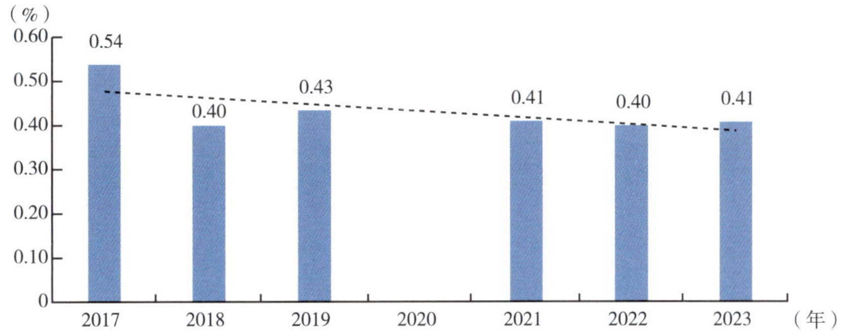

（d）FOF

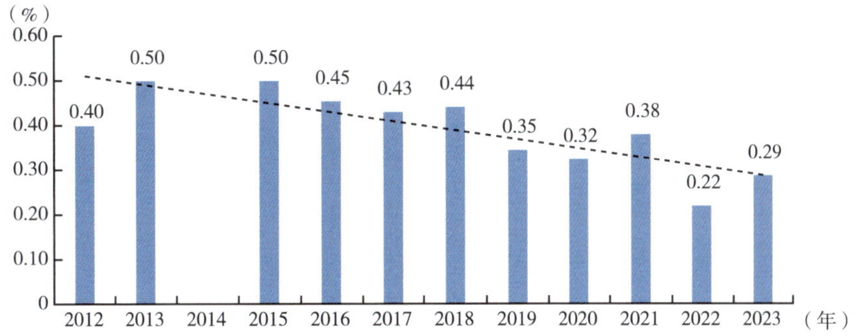

（e）QDII

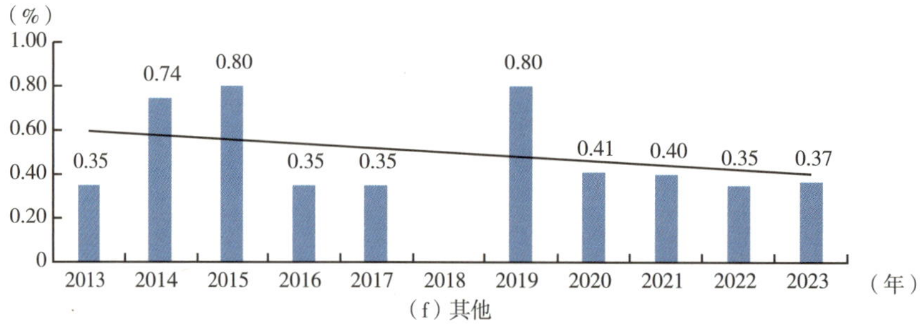

（f）其他

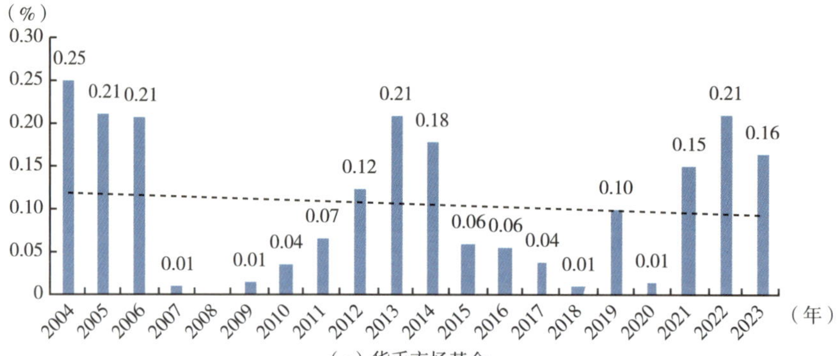

（g）货币市场基金

图 2-4-21　各类型基金平均销售服务费率

资料来源：上海证券基金评价研究中心，Wind。

三、基金管理费率与托管费率

（一）管理费率

2023年7月7日，监管发布《公募基金行业费率改革工作方案》（以下简称费率改革工作方案），拟在两年内采取15项举措全面优化公募基金费率模式，稳步降低公募基金行业综合费率水平。为避免费率“陡升陡降”，本次费率改革按照“管理费用（第一阶段）——交易费用（第二阶段）——销售费用（第二阶段）”的实施路径分阶段推进费率改革。截至2023年底，共有5 593只存量基金（以基金份额统计）下调了管理费率。此外，为配合落实费率改革工作方案，2023年8月25日证监会注册公募行业首批20只实施浮动管理费率试点产品，截至2023年底总计新发了24只浮动管理费基金（以主份额基金统计）。

2023年，混合基金、债券基金、FOF以及其他基金成立规模加权平均管理费率（以下简称新发产品平均管理费率）较上年均有所下降，分别降至0.79%、0.29%、0.70%以及0.15%；股票基金新发产品平均管理费率与上年基本持平，为0.57%；QDII基金新发产品平均管理费率小幅上升至0.71%；2023年度未有成立的货币基金。

QDII基金新发产品平均管理费率的上升与近两年发行的产品类型结构不同有关。按产品数量统计，2022年发行被动指数类QDII基金84%，主动管理类QDII基金16%；2023年的发行结构中被动指数类QDII基金下降至68%，主动管理类QDII基金上升至32%。从数据上来看，主动管理类QDII基金费率一般在0.8%~1.8%之间，而被动指数类QDII基金费率一般在0.4%~0.8%之间。由于2023年发行了更多的主动管理类QDII基金，导致新发QDII基金平均管理费率有所小幅提升（见图2-4-22）。

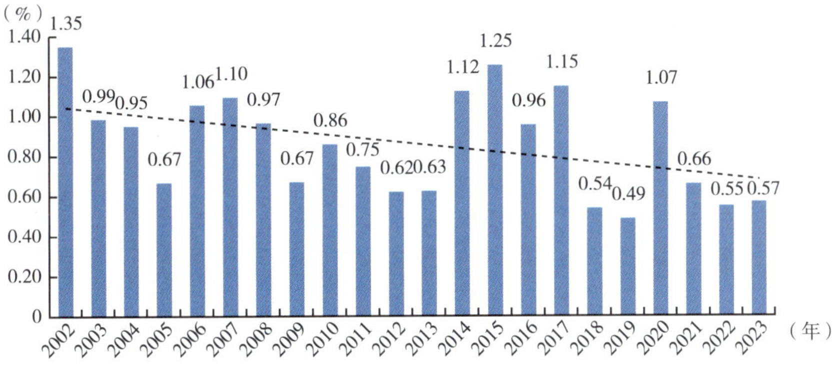

（a）股票基金

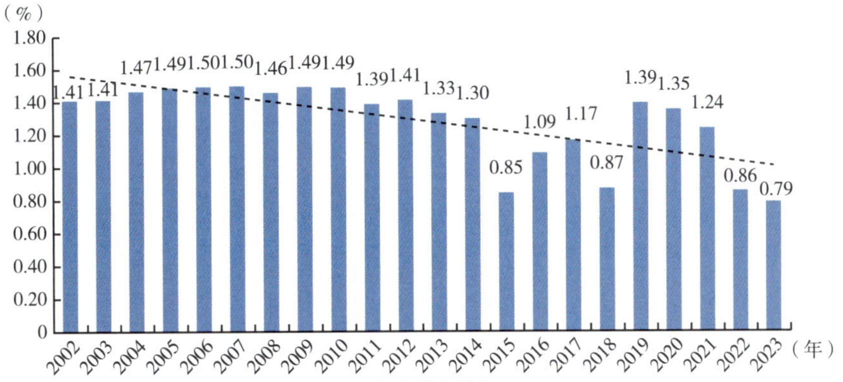

（b）混合基金

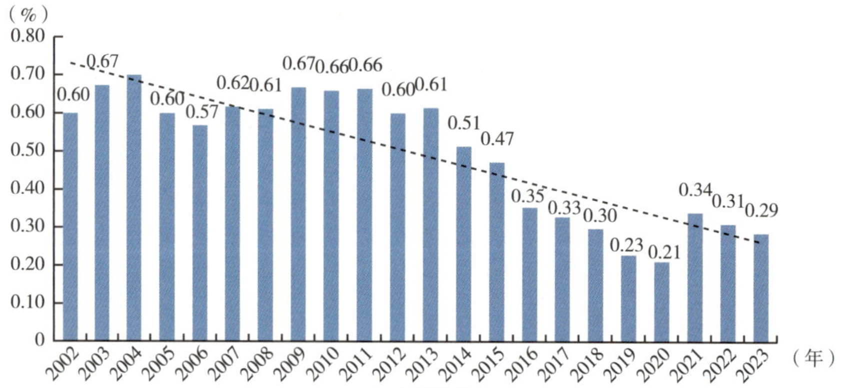

（c）债券基金

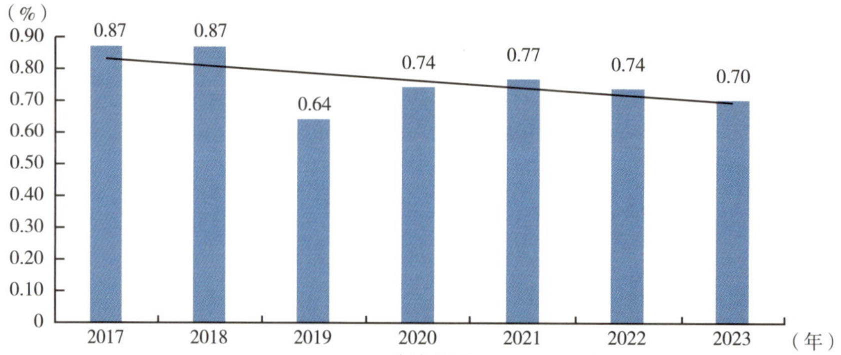

（d）FOF

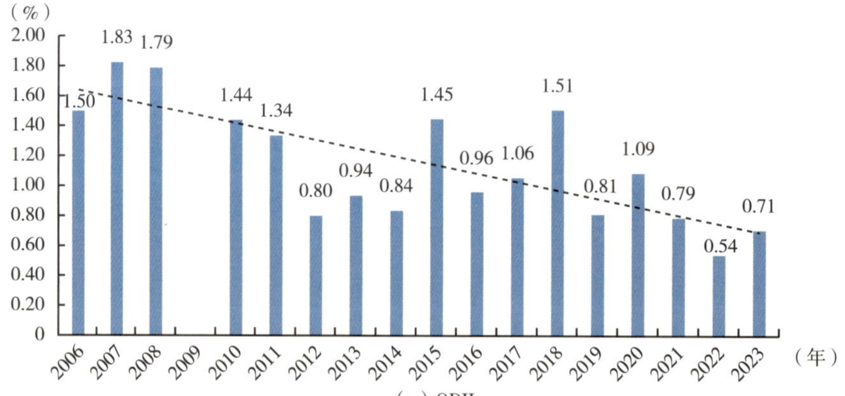

（e）QDII

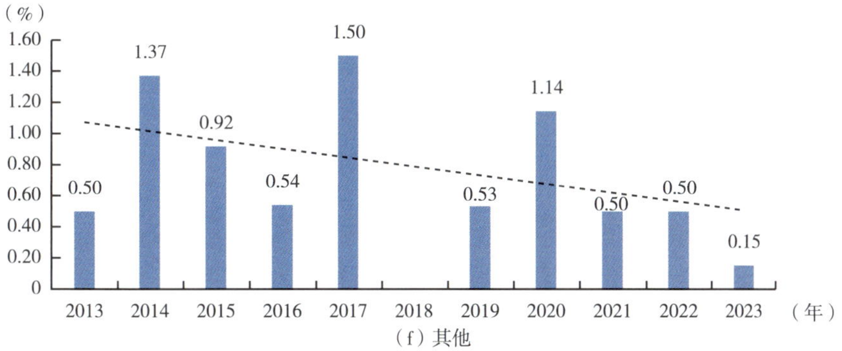

（f）其他

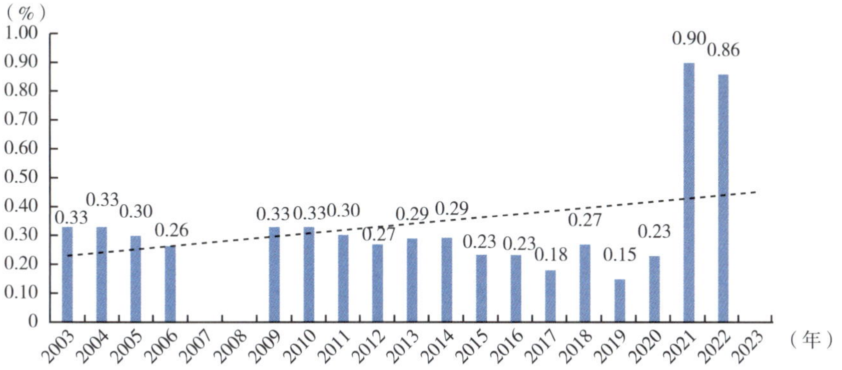

（g）货币市场基金

图 2-4-22　各类型基金平均管理费率

资料来源：上海证券基金评价研究中心，Wind。

（二）托管费率

2023年，混合基金、债券基金以及FOF成立规模加权平均托管费率（以下简称新发产品平均托管费率）有所下降，分别降至0.15%、0.08%以及0.14%；股票基金以及其他基金的新发产品平均托管费率基本维持在上年水平，分别为0.11%以及0.01%；QDII基金新发产品平均托管费率小幅上升至0.18%。

与管理费率情况类似，QDII基金新发产品平均托管率的上升同样与近两年发行的产品类型结构不同有关。从数据上来看，主动管理类QDII基金费率一般在0.2%~0.35%之间，而被动指数类QDII基金费率一般在0.15%左右。由于2023年发行了更多的主动管理类QDII基金，导致新发QDII基金平均托管费率有所上升。

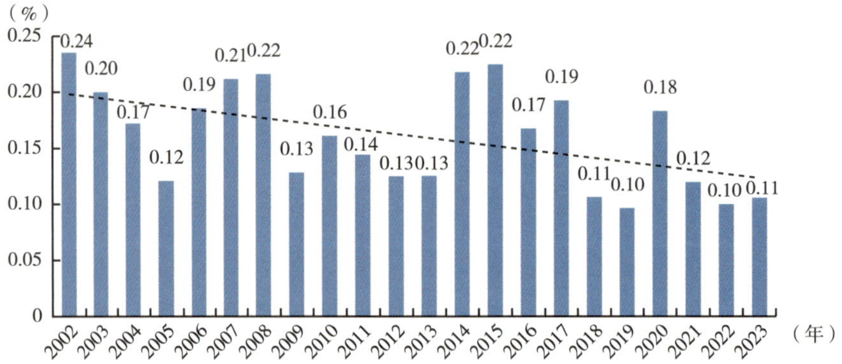

（a）股票基金

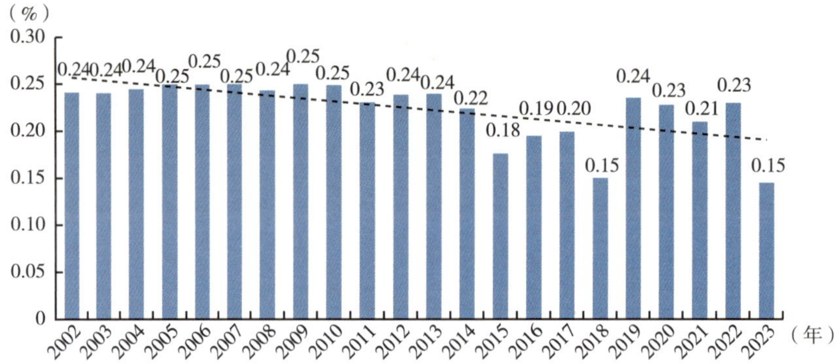

（b）混合基金

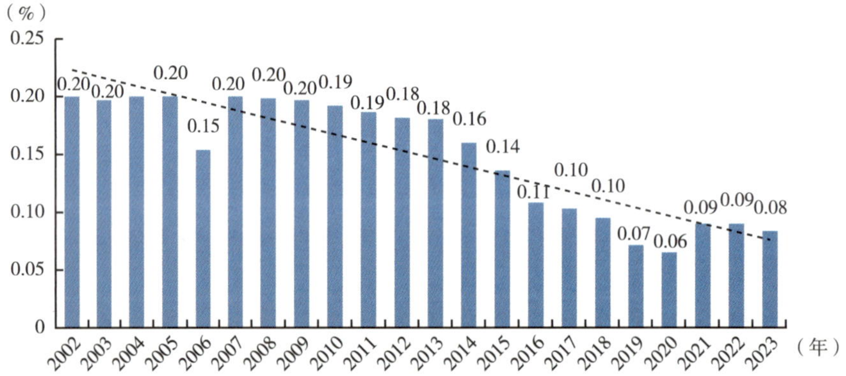

（c）债券基金

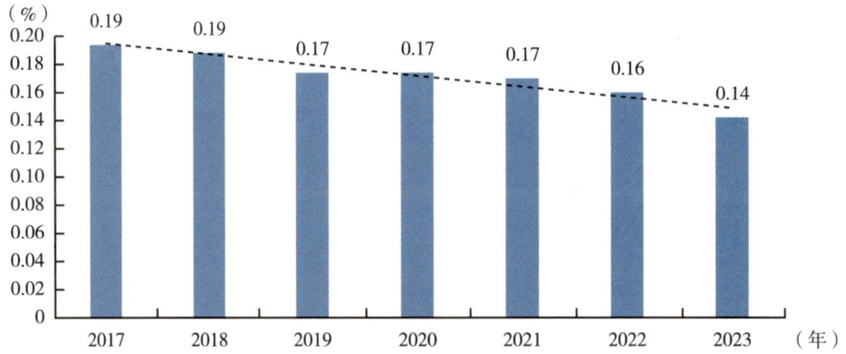

（d）FOF

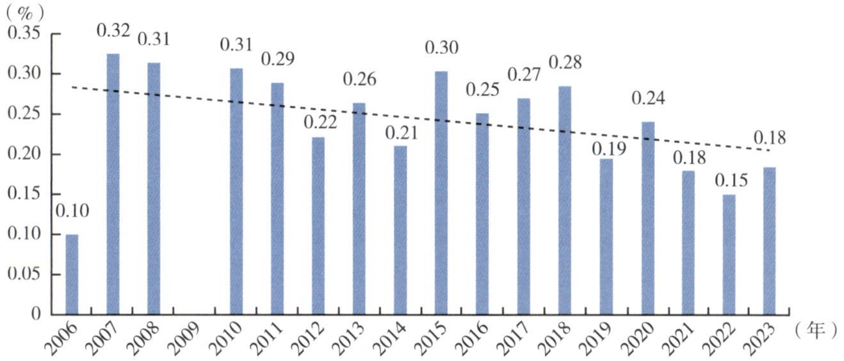

（e）QDII

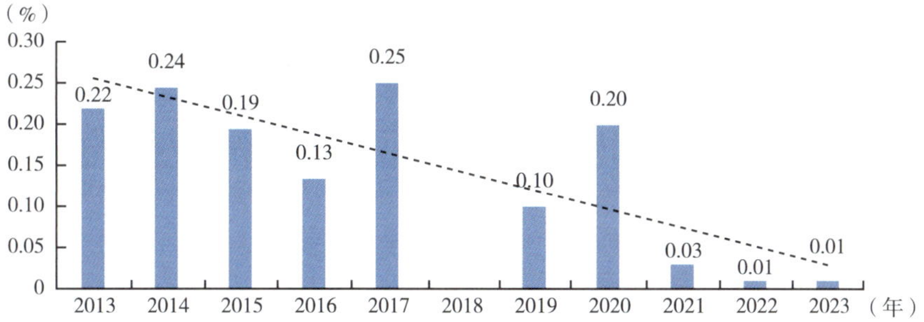

（f）其他

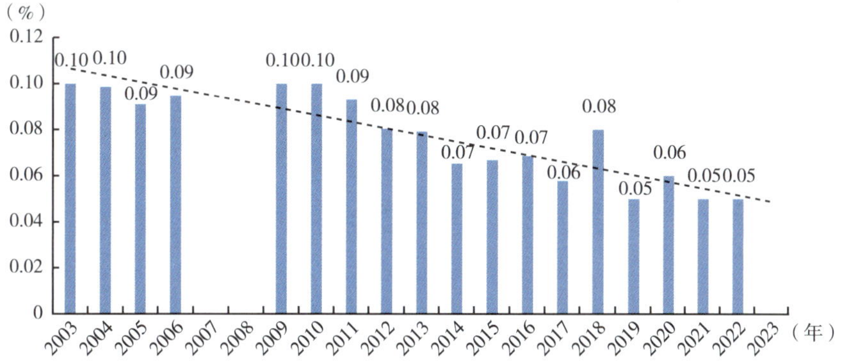

（g）货币基金

图 2-4-23　各类型基金平均托管费率

资料来源：上海证券基金评价研究中心，Wind。

第三章
我国境内养老金投资管理

第一节　我国养老金投资运营情况概览

一、养老金投资运营规模

截至2022年末，我国养老金总规模约14.80万亿元，较2021年增长7.65%，养老金总规模约占我国同期GDP的12.28%[①]。其中，基本养老保险基金（以下简称基本养老金）结余规模6.99万亿元，较2021年增长9.19%；全国社会保障基金（以下简称社保基金）资产总额为2.88万亿元，较2021年降低4.51%；企业年金和职业年金规模合计4.98万亿元，较2021年增长12.44%；个人养老金在36个先行城市（地区）启动实施，总缴费金额142亿元。基本养老金在养老金总规模中占比为47.21%，相较2021年上升0.67%。我国多层次养老保障体系结构仍不平衡，较为依赖第一支柱。

投资方面，2022年末我国已开展投资运营的养老金（含直接投资或受托直投、委托投资）约9.67万亿元，投资规模较2021年增长6.19%，约占养老金总规模的65.36%。投资运营已实现收益约2.64万亿元，占养老金总资产的17.86%，养老金投资作用逐步显现。

① 根据国家统计局统计，2022年我国GDP总量为120.47万亿元。

具体来看，社保基金、企业年金和职业年金已实现全部市场化投资运营。基本养老金自2016年底开始启动市场化投资运营，截至2022年末，投资规模达1.85万亿元，所有省份均启动实施基本养老金委托投资工作（见表3-1-1）。

表 3-1-1　　2022 年末我国养老金规模情况统计

类别	规模（亿元）	投资规模（亿元）	委托投资规模（亿元）	当年收益率（%）	年均收益率[1]（%）	已实现投资收益（亿元）	投资规模占养老金规模（%）	投资收益占养老金规模（%）
社保基金	28 835[2]	28 835[3]	19 252	–5.07[4]	7.66	16 576	100.00	57.48
基本养老金	69 851	18 454[5]	9 893	0.33	5.44	2 671	26.42	3.82
企业年金	28 718	28 323	27 840	–1.83	6.58	7 185[6]	98.63	25.02
职业年金	21 100	21 100	—	—	5.29	—[7]	100.00	—
个人养老金	142	—	—	—	—	—	—	—
总计	147 967[8]	96 712	56 985	—	—	26 431	65.36	17.86

注：（1）自成立以来按年统计收益率的几何平均。社保基金为2000—2022年，基本养老金为2017—2022年，企业年金为2007—2022年。

（2）（3）此处引用的是《全国社会保障基金理事会社保基金年度报告（2022年度）》中的“2022年末社保基金资产总额”，该口径包含了负债余额，此处使用该口径是为与本表格中“委托投资规模”的数据口径保持一致。

（4）扣除非经常性损益后的投资收益率为–4.53%。

（5）此处引用的是《全国社会保障基金理事会基本养老保险基金受托运营年度报告（2022年度）》中“2022年末基本养老保险基金资产总额”，该口径包含了负债余额，此处使用该口径是为与本表格中“委托投资规模”的数据口径保持一致。

（6）2012年后的企业年金投资收益是据人力资源和社会保障部年报数据披露，2012年之前采用“规模 × 当年的加权平均收益率”的方式进行估算。

（7）2022年职业年金未披露当年投资收益额。

（8）为避免重复计算，规模和投资规模已剔除社保受托管理的做实个人账户资金679.59亿元。

资料来源：人力资源和社会保障部官网，全国社会保障基金理事会官网。

二、养老金投资管理机构及市场占比

截至2022年末，从各行业管理的养老金规模[①]看，公募基金、保险、券商分别占比57.35%、33.58%、8.42%，从管理养老金资产规模占比情况看，基金行业是我国养老金投资主力军。

社保基金自成立以来至2022年末取得了7.66%的年均收益率，累计投资收益1.66万亿元，投资收益占社保基金总规模比例达57.48%。18家社保基金投管人中16家为基金管理公司，基金管理公司管理规模占社保基金委托投资规模的70.67%，助力社保基金获取了优异的长期业绩。

企业年金方面，基金行业市场份额占比先降后升，从2011年的43.5%下降至2019年的35.79%的低点后，2022年末回升至39.54%，同期保险业市场份额占比从46.3%上升为51.8%，上升5.5个百分点（见表3-1-2）。

表 3-1-2　2022 年末不同行业投资管理社保基金（境内外）和企业年金规模情况

行业类别	社保基金（亿元）	占社保基金委托投资（境内外）比例（%）	企业年金（亿元）	占企业年金委托投资比例（%）	投资管理总规模（亿元）	行业占比（%）
基金[(1)]	13 606	70.67[(2)]	11 008	39.54	24 614	57.35
保险			14 413	51.77	14 413	33.58
券商	1 471	7.64[(3)]	2 145	7.70	3 616	8.42
专业养老金管理机构[(4)]			274	0.99	274	0.64
总计	15 077	—	27 840	100.00	42 917	100.00

注：（1）为公募基金受托管理规模，不包含社保委托投资的私募基金规模。

（2）为占2022年社保委托投资总规模（境内外）19 252亿元的比重。

（3）为占2022年社保委托投资总规模（境内外）19 252亿元的比重。

（4）为建信养老金管理有限责任公司。

资料来源：人力资源和社会保障部官网，全国社会保障基金理事会官网，中国证券投资基金业协会。

① 含社保基金境内投资与境外投资、企业年金，基本养老金和职业年金由于无法获取各行业细分数据，因此未包含在内。

三、养老金投资收益

（一）全国社会保障基金投资收益

1.历年收益率

截至2022年末，社保基金在已公布投资业绩的22年间取得了7.66%的年均收益率。社保基金在22年之中有19年获得正收益，正收益最高的两年发生在2007年与2006年，分别为43.19%和29.01%；在2008年、2018年、2022年取得负收益，分别为-6.79%、-2.28%和-5.07%（见图3-1-1）。

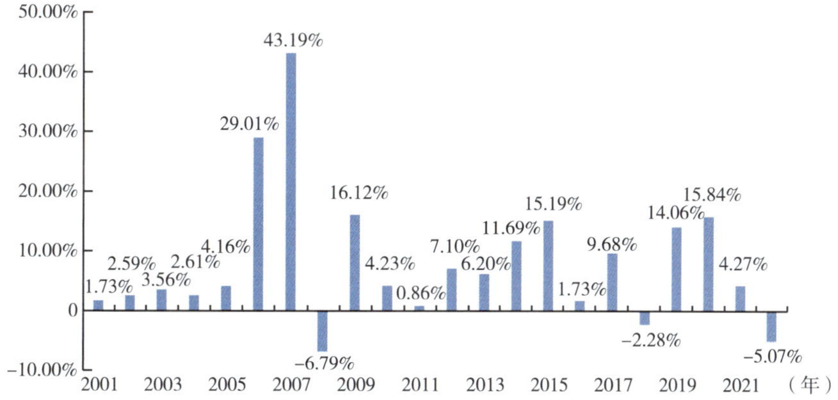

图3-1-1　社保基金历年投资收益率

资料来源：全国社会保障基金理事会官网。

2.历年累计收益占权益总额比例

截至2022年末，社保基金权益总额为26 016.15亿元，累计投资收益额为16 575.54亿元，累计收益额占权益总额比例为63.71%。2022年，社保基金投资收益额-1 380.90亿元。

社保基金累计投资收益额占权益总额比例在2001年至2007年间呈上升趋势，该数值于2008年大幅下降至31.15%，又在随后11年中逐步上升，于2021年达到峰值66.50%。社保基金累计收益额于2008年单年下降655.20亿元，投资收益额占权益总额比例在2008年大幅下降，主要有两方面原因：一是2008年投资亏损，收益率为-6.79%，亏损393.72亿元；二是2008年首次执行新会计准则，调减以前年度收益261.48亿元①（见图3-1-2）。

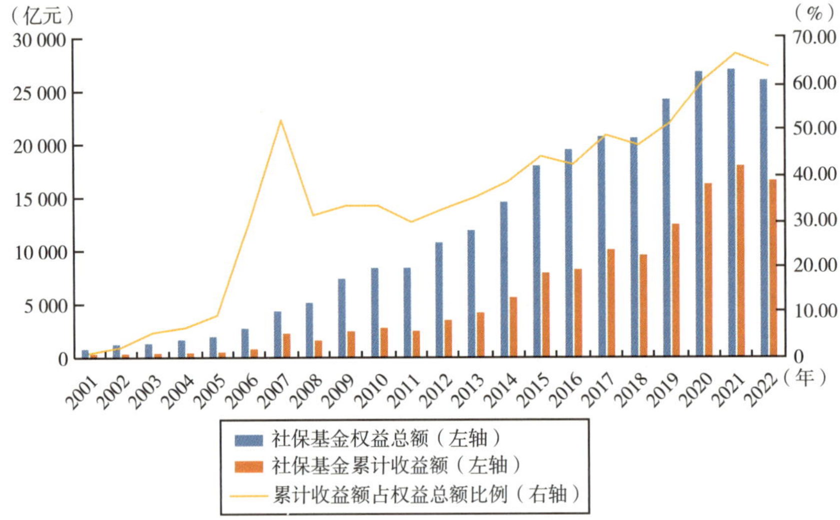

图 3-1-2　社保基金历年累计收益占权益总额比例情况

资料来源：全国社会保障基金理事会官网。

（二）企业年金投资收益

1.历年收益率

截至2023年，企业年金公布投资业绩以来，17年间取得了6.26%的年均收益率。企业年金在17年之中有14年获得正收益，当年加权平均收益率超10%的两年发生在2007年与2020年，分别为41.00%和10.31%；在2008年、2011年和2022年取得负收益，分别为-1.83%、-0.78%和-1.83%（见图3-1-3）。

2.历年累计收益占积累基金比例

截至2023年末，企业年金积累基金为31 873.96亿元，累计收益额为7 510.42亿元②，累计收益额占积累基金比例为23.56%，较2021年末下降1.45%。

从整体趋势看，企业年金累计收益占积累基金比例逐步升高，从2007年的4.17%提高至2023年的23.56%，显示出持续投资对资产长期增值的贡献。可以看到，累计收益占积累基金比例在上升的过程中有三次比较明显的回落，发生在

① 摘自全国社会保障基金理事会官网披露的“社保基金历年收益情况表”。

② 2012年后的企业年金投资收益是人社部年报数据披露，2012年之前是用规模 × 当年的加权平均收益率估算。

2008年、2011年和2022年，2008年从4.17%回落至2.38%，2011年从9.01%回落至6.36%，2022年从29.02%回落至25.02%。2008年、2011年和2022年正是企业年金投资发生亏损的三年（见图3-1-4）。

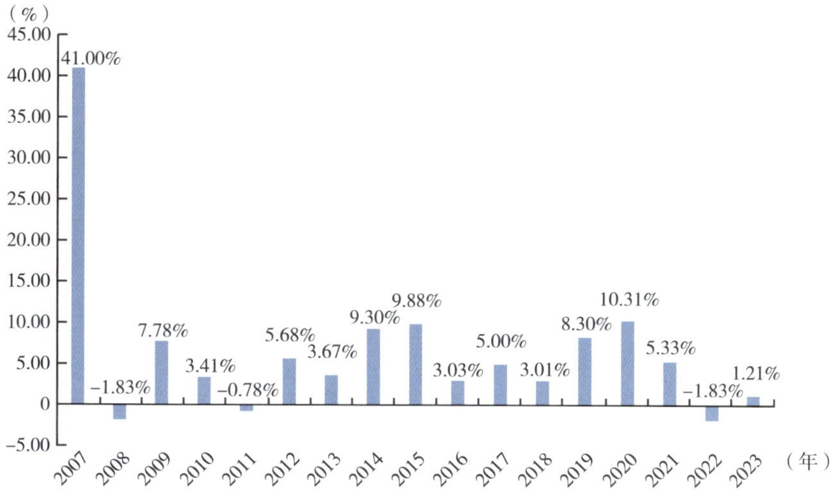

图 3-1-3 企业年金历年投资收益率

注：历年投资收益率由每年加权平均收益率组成，计算方法详见人社部公布的企业年金2023年年报。

资料来源：人力资源和社会保障部官网。

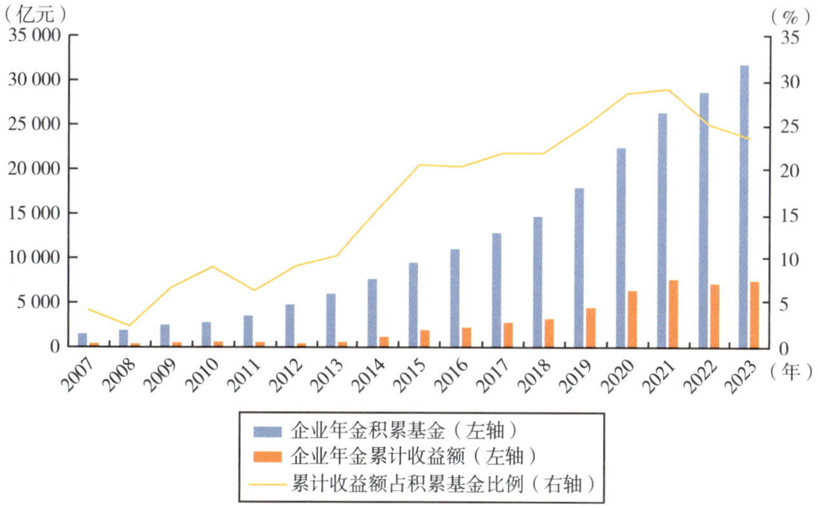

图 3-1-4 企业年金历年累计收益占积累基金比例情况

资料来源：人力资源和社会保障部官网。

第二节　公募基金行业管理养老金情况

一、公募基金行业管理养老金规模情况

截至2023年末，公募基金行业管理包括社保基金、基本养老金、企业年金、职业年金、个人养老金和其他境外养老金在内的各类养老金资产合计4.90万亿元，较2022年末增加6 299亿元，增长14.76%。

具体来看，基金行业管理基本养老金、企业年金、职业年金规模实现稳健增长，资产增幅均在10%以上（见表3-2-1）。

表 3-2-1　　公募基金行业管理养老金规模情况

类别	2022年（亿元）	2023年（亿元）	较2022年规模增量（亿元）	较2022年规模增长百分比（%）
社保基金	13 606	13 791	185	1.36
基本养老金	7 537	9 678	2 141	28.40
企业年金	11 111	12 716	1 605	14.45
职业年金	10 324	12 712	2 388	23.13
个人养老金	20	58	38	190.27
其他境外养老金（作为投顾）	65	7	-58	-89.75
总计	42 663	48 962	6 299	14.76

资料来源：中国证券投资基金业协会。

二、养老目标基金

（一）总体情况

养老目标基金是指以追求养老资产的长期稳健增值为目的，鼓励投资者长期持有，采用成熟的资产配置策略，合理控制投资组合波动风险的公开

募集证券投资基金，是公募基金行业为服务个人投资者养老投资推出的一类产品。

中国证监会于2018年上半年发布《养老目标证券投资基金指引（试行）》，首只养老目标基金产品于2018年9月成立。截至2023年末，共有61家基金公司发行的260只养老目标基金成立运作；总规模705.58亿元，持有人户数为544.38万户[①]，规模较2022年下降了20.00%，户数较2022年增长了20.14%（见表3-2-2）。

表3-2-2　养老目标基金基本情况

类别	2022年	2023年	较2022年增量	较2022年增长百分比（%）
养老目标基金的管理人数量（家）	54	61	7	12.96
养老目标基金产品数量（只）	204	260	56	27.45
养老目标基金总规模（亿元）	881.97	705.58	-176.39	-20.00
养老目标基金持有人户数（户）	4 531 382	5 443 836	912 454	20.14

资料来源：Wind，中国证券投资基金业协会。

（二）采用目标日期策略的养老目标基金

1.基本情况

截至2023年末，采用目标日期策略的养老目标基金（以下简称目标日期基金）总共有118只，较2022年末增加29只，增幅为32.58%；规模为215.90亿元，较2022年末增加18.78亿元，增幅为9.53%；持有人户数为214.85万户，较2022年末增加42.91万户，增幅为24.95%（见表3-2-3）。

① 已披露年报的基金持有人户数采用年报披露数据计算，未披露年报的基金持有人户数采用认购户数计算。

表 3-2-3　　目标日期基金基本情况

类别	2022年	2023年	较2022年增量	较2022年增长百分比（%）
目标日期基金的管理人数量（家）	40	44	4	10.00
目标日期基金产品数量（只）	89	118	29	32.58
目标日期基金总规模（亿元）	197.13	215.90	18.78	9.53
目标日期基金持有人户数（户）	1 719 465	2 148 524	429 059	24.95

资料来源：Wind资讯，中国证券投资基金业协会。

2. 目标日期分布情况

目标日期策略是指随着所设定目标日期的临近，逐步降低权益类资产的配置比例，增加非权益类资产的配置比例。截至2023年末，44家已发行目标日期基金的管理人中，布局8只目标日期基金的管理人有1家，布局7只目标日期基金的管理人有1家，布局6只目标日期基金的管理人有4家，布局5只目标日期基金的管理人有4家，布局4只目标日期基金的管理人有4家，布局3只目标日期基金的基金公司有3家，布局2只目标日期基金的基金公司有7家，布局1只目标日期基金的基金公司有20家。

其中，布局数量前四的目标日期为2040年、2045年、2035年、2050年，分别有26只、26只、23只、15只产品布局（见表3-2-4）。

表 3-2-4　　2023 年末目标日期分布情况

目标日期（年）	2025	2030	2033	2035	2038	2040	2043	2045	2050	2055	2060	总计
产品数量（只）	4	9	1	23	1	26	1	26	15	8	4	118

资料来源：Wind资讯，中国证券投资基金业协会。

3. 目标日期基金资产组合情况

截至2023年末，披露年报的113只目标日期基金总资产合计217.41亿元；其中，持有基金市值为186.15亿元，占基金总资产的85.62%；持有股票市值为

7.47亿元，占基金总资产的3.44%；持有债券市值为11.01亿元，占基金总资产的5.06%；持有银行存款市值为7.78亿元，占基金总资产的3.58%；持有其他资产市值5.01亿元，占基金总资产的2.30%（见图3-2-1）。

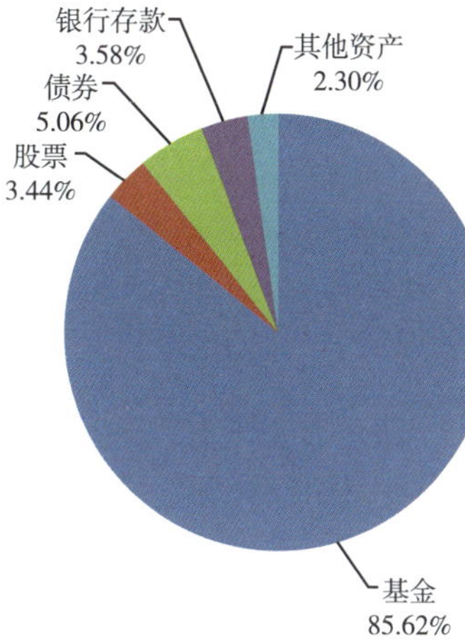

图 3-2-1　2023 年末目标日期基金资产组合情况

资料来源：Wind资讯。

（三）采用目标风险策略的养老目标基金

1.基本情况

截至2023年末，采用目标风险策略的养老目标基金（以下简称目标风险基金）总共有142只，较2022年增加27只，增幅为23.48%；规模为489.67亿元，较2022年减少195.17亿元，降幅为-28.50%；持有人户数为329.53万户，较2022年增加48.34万户，增幅为17.19%（见表3-2-5）。

表 3-2-5　目标风险基金基本情况

类别	2022年	2023年	较2022年增量	较2022年增长百分比（%）
目标风险基金的管理人数量（家）	47	56	9	19.15
目标风险基金产品数量（只）	115	142	27	23.48

续表

类别	2022年	2023年	较2022年增量	较2022年增长百分比（%）
目标风险基金总规模（亿元）	684.84	489.67	–195.17	–28.50
目标风险基金持有人户数（户）	2 811 917	3 295 312	483 395	17.19

资料来源：Wind资讯，中国证券投资基金业协会。

2. 目标风险分布情况

目标风险策略是指根据特定的风险偏好设定权益类资产、非权益类资产的恒定配置比例，或使用广泛认可的方法界定组合风险（如波动率），并采取有效措施控制基金组合风险。在实践中，目标风险分为稳健/保守、平衡/均衡、积极/进取三档，对应低、中、高组合风险。

截至2023年末，56家发行了目标风险基金的管理人中，布局8只目标风险基金的管理人有1家，布局5只目标风险基金的管理人有6家，布局4只目标风险基金的管理人有7家，布局3只目标风险基金的管理人有10家，布局2只目标风险基金的管理人有14家，布局1只目标风险基金的管理人有18家。其中，82只产品选择了稳健/保守目标风险，占比57.75%；46只产品选择了平衡/均衡目标风险，占比32.39%；14只产品选择积极/进取目标风险，占比9.86%（见表3–2–6）。

表 3–2–6　　2023 年末目标风险分布情况

目标风险	稳健/保守	平衡/均衡	积极/进取	总计
产品数量（只）	82	46	14	142

资料来源：Wind资讯，中国证券投资基金业协会。

3. 目标风险基金资产组合情况

截至2023年末，披露年报的137只目标风险基金总资产合计493.37亿元；其中，持有基金市值为437.01亿元，占基金总资产的88.58%；持有股票市值为12.71亿元，占基金总资产的2.58%；持有债券市值为22.81亿元，占基金总资产的4.62%；持有银行存款市值为13.79亿元，占基金总资产的2.79%；持有其他资产市值7.06亿元，占基金总资产的1.43%（见图3-2-2）。

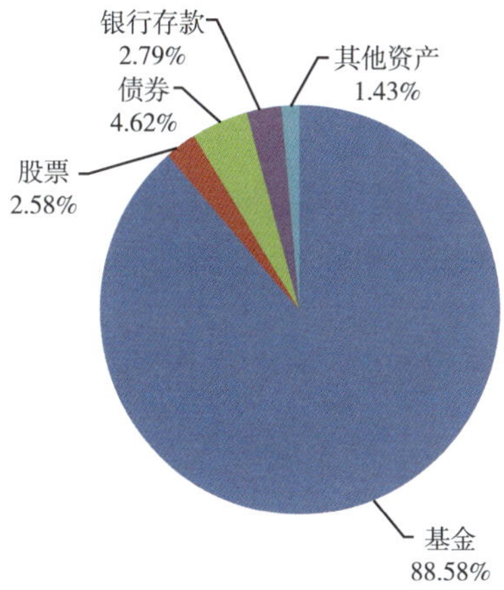

图 3-2-2　2023 年末目标风险基金资产组合情况

资料来源：Wind资讯。

三、个人养老金基金

根据中国证监会发布的《个人养老金投资公开募集证券投资基金业务管理暂行规定》，个人养老金基金应当针对个人养老金投资公募基金业务设立单独的份额类别（Y类份额）。增设Y类份额，有利于与其他非个人养老金账户资金相区分，个人投资者在购买Y类份额时可享有税收优惠，未来随着个人养老金基金的发展壮大，设立单独份额也有利于进行统筹管理。

与普通公募基金相比，个人养老金基金的Y类份额在费率上具有一定优势，不得收取销售服务费，可以豁免申购限制和申购费等销售费用（法定应当收取并计入基金资产的费用除外），可以对管理费和托管费实施一定的费率优惠。长远来看，个人养老金基金实施费率优惠，可以降低个人投资者的实际投资成本，有助于提升其个人养老金的投资回报，同时吸引更多投资者参与个人养老金基金投资，进一步推动第三支柱个人养老金的稳步发展。

2022年11月18日，中国证监会公布了首批个人养老金基金名录和个人养老金基金销售机构名录，标志着个人养老金投资公募基金业务正式落地，基金行业开始迈入服务个人养老金事业发展的新阶段。首批个人养老金基金为129只养老目标基金，包括50只养老目标日期基金和79只养老目标风险基金，涉及40家基金管理人。首批个人养老金基金均对Y类份额的管理费、托管费实施了五折优惠。

截至2023年末，共有52家基金公司发行的180只养老目标基金Y类份额成立运作。根据产品公开披露的年报信息，Y类份额总规模58.22亿元。其中，养老目标日期基金66只，Y份额规模为35.17亿元；养老目标风险基金114只，Y份额规模为23.05亿元。

第四章
证券期货经营机构私募资产管理业务

第一节　总体情况

证券期货经营机构私募资产管理计划[①]（以下简称私募资管产品）净资产（以下简称规模）近10年先快速增长，2016年达顶峰后连续下降。截至2023年末，存续产品3.36万只，较上年末增长4.58%；规模降至12.41万亿元[②]，较上年末下降13.28%（见图4-1-1）。

2023年私募资管产品备案[③]9 872只，同比增长2.92%；备案规模[④]5 768.71亿元，同比下降11.60%（见图4-1-2）。

2023年，私募资管产品延续净流出状态，全年净流出1.05万亿元，其中固定

① 证券期货经营机构私募资产管理计划包括证券公司及其资管子公司（简称证券公司）私募资管计划、基金管理公司（简称基金公司）私募资管计划、基金子公司私募资管计划、期货公司及其资管子公司（简称期货公司）私募资管计划、证券公司私募子公司（简称私募子公司）私募基金、基金管理公司私募子公司私募基金等。

② 存续规模中，证券公司与基金公司私募子公司的私募基金指存续产品期末实缴规模，其余指存续产品期末净资产规模。

③ 某时间段内备案产品指在中国证券投资基金业协会AMBERS系统备案通过日期在该时间段内的产品。根据《证券期货经营机构私募资产管理业务管理办法》要求，证券期货经营机构私募资产管理计划应于成立后5个工作日内在基金业协会进行备案，故产品备案时间与成立时间存在时间差。年度备案统计基于官网已公布月度统计的加总。

④ 备案规模指产品备案时填报的募集规模或初始规模，证券公司与基金公司私募子公司私募基金备案规模指备案时填报的实缴规模。备案规模仅衡量产品备案时点资金到账情况。

收益类产品贡献68%。资金来源结构变化最大的是银行理财资金，2023年末占比为39.21%，同比下降6.96个百分点。债类资产[①]是私募资管产品最大配置类别，截至2023年末占65.29%。

图 4-1-1　私募资管产品数量与存续规模趋势

关于历史数据起点问题的说明：我们尽可能进行历史追溯，但受条件所限，本部分私募资管产品增量统计（如备案统计）追溯至2019年；对于存量统计，不同分类的统计起点有差异，如总体数据自2013年起，按产品类型分类数据自2015年起，按投资类型分类数据自2019年起等。

资料来源：中国证券投资基金业协会。

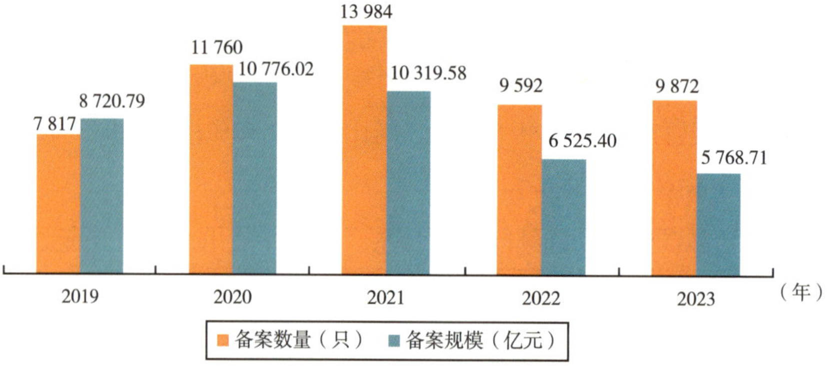

图 4-1-2　私募资管产品备案数量与备案规模情况

资料来源：中国证券投资基金业协会。

一、产品备案情况

2023年私募资管产品备案数量较上年小幅回升，增量主要由证券公司贡献。全年备案9 872只，比上年增加280只，增长2.92%。

① 债类资产具体范围见图4-1-17的注解。

从管理人类型分布看，证券公司备案5 958只，占60.35%，同比增加1 102只，增幅22.69%；基金公司备案2 282只，占23.12%，同比减少564只，降幅19.82%；期货公司备案809只，占8.19%，同比减少49只，下降5.71%；基金子公司备案552只[①]，占5.59%，同比减少260只，下降32.02%；私募子公司备案271只，占2.75%，同比增加51只，增长23.18%（见图4-1-3）。

按产品类型看，集合资产管理计划（以下简称集合产品）[②]备案4 858只，占49.21%，同比多备293只，增长6.42%；单一资产管理计划（以下简称单一产品）备案5 014只，占50.79%，同比少13只，下降0.26%（见图4-1-4）。

按投资类型看，权益类产品[③]备案994只，占10.07%，同比多备57只，增长6.08%；固定收益类产品（以下简称固收类产品）备案5 146只，占52.13%，同比多653只，增长14.53%；期货和衍生品类产品备案630只，占6.38%，同比少11只，下降1.72%；混合类产品备案3 102只，占31.42%，同比少419只，下降11.90%（见图4-1-5）。

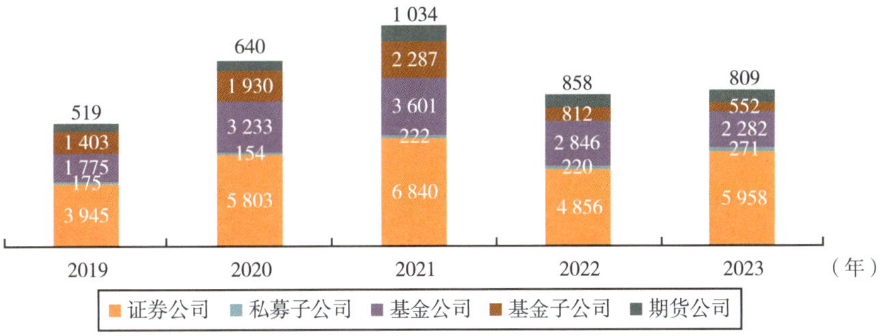

图 4-1-3　按管理人类型分私募资管产品备案数量（只）

注：基金公司私募子公司产品纳入基金子公司统计中。

资料来源：中国证券投资基金业协会。

---

① 包括基金公司私募子公司当年备案的产品。

② 证券公司与基金公司私募子公司的私募基金大多为有限合伙形式，为简便起见，在总体统计中，统一纳入集合资产管理计划。

③ 证券公司与基金公司私募子公司的私募基金主要为股权类基金，为简便起见，在总体统计中，统一纳入权益类产品。

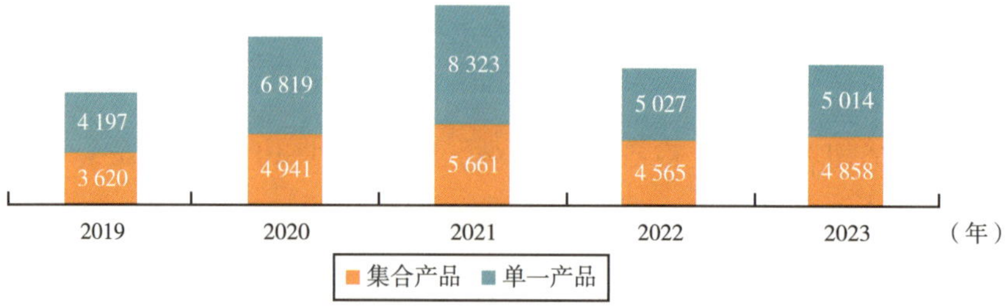

图 4-1-4　按产品类型分私募资管产品备案数量（只）

资料来源：中国证券投资基金业协会。

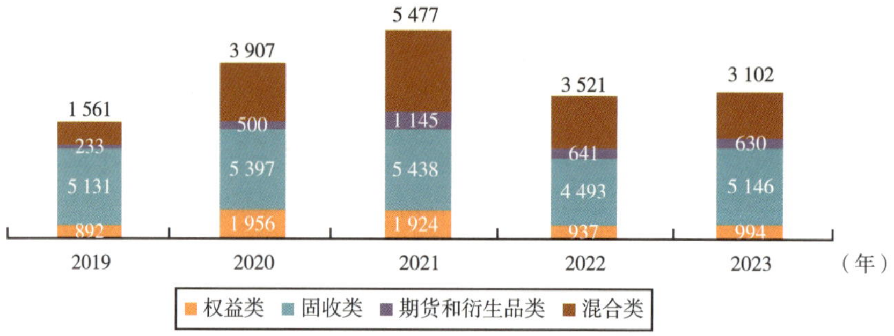

图 4-1-5　按投资类型分私募资管产品备案数量（只）

资料来源：中国证券投资基金业协会。

2023年私募资管产品备案规模共5 768.71亿元，比上年减少756.69亿元，下降11.60%，降幅最大的是基金公司私募资管产品，降幅达41.82%。

从管理人类型分布看，证券公司备案规模3 024.48亿元，占52.43%，同比增加510.20亿元，增幅20.29%；基金公司备案规模1 696.79亿元，占29.41%，同比减少1 219.68亿元，降幅41.82%；基金子公司备案规模540.51亿元①，占9.37%，同比减少59.70亿元，下降9.95%；私募子公司备案规模370.23亿元，占6.42%，同比增加60.20亿元，增长19.42%；期货公司备案规模136.70亿元，占2.37%，同比减少47.70亿元，下降25.87%（见图4-1-6）。

按产品类型看，集合产品备案规模3 802.14亿元，占65.91%，同比减少231.24亿元，下降5.73%；单一产品备案规模1 966.57亿元，占34.09%，同比减少525.45亿元，下降21.09%（见图4-1-7）。

① 包括基金公司私募子公司当年备案的产品。

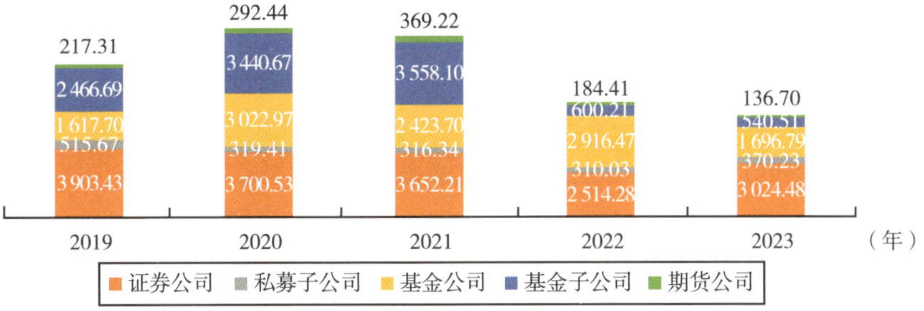

图 4-1-6　按管理人类型分私募资管产品备案规模（亿元）

资料来源：中国证券投资基金业协会。

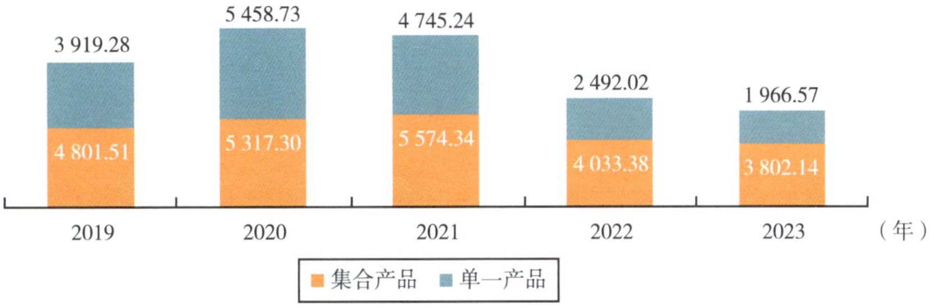

图 4-1-7　按产品类型分私募资管产品备案规模（亿元）

资料来源：中国证券投资基金业协会。

按投资类型看，权益类产品备案规模564.51亿元，占9.79%，同比减少117.50亿元，下降17.23%；固收类产品备案规模4 046.37亿元，占70.14%，同比减少72.50亿元，下降1.76%；期货和衍生品类产品备案规模252.63亿元，占4.38%，同比减少6.25亿元，下降2.41%；混合类产品备案规模905.19亿元，占15.69%，同比减少560.44亿元，下降38.24%（见图4-1-8）。

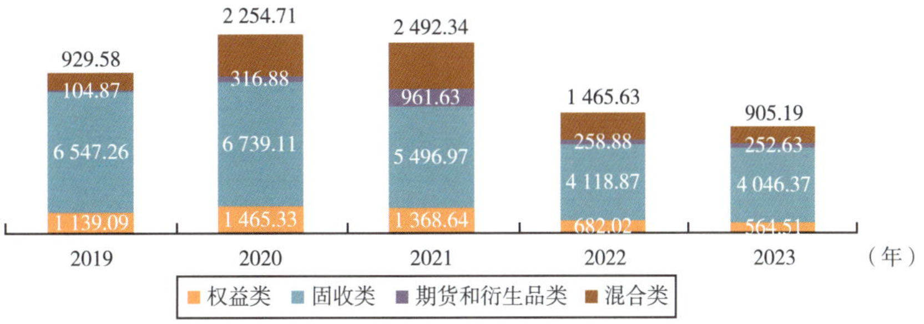

图 4-1-8　按投资类型分私募资管产品备案规模（亿元）

资料来源：中国证券投资基金业协会。

二、产品存续情况

截至2023年末，私募资管产品存续数量33 555只，较2022年末增加1 471只，增长4.58%。

从管理人类型分布看，证券公司管理产品18 752只，占55.88%，同比增加1 584只，增长9.23%；基金公司管理产品8 299只，占24.73%，同比增加173只，增长2.13%；基金子公司管理产品2 993只[①]，占8.92%，同比减少528只，下降15.00%；期货公司管理产品2 117只，占6.31%，同比增加94只，增长4.65%；私募子公司管理产品1 394只，占4.15%，同比增加148只，增长11.88%（见图4-1-9）。

按产品类型看，存续集合产品16 310只，占48.61%，同比增加1 818只，增长12.54%；存续单一产品17 245只，占51.39%，同比减少347只，下降1.97%（见图4-1-10）。

按投资类型看，存续权益类产品5 582只，占16.64%，同比减少132只，下降2.31%；固收类产品14 851只，占44.26%，同比增加985只，增长7.10%；期货和衍生品类产品1 459只，占4.35%，同比增加63只，增长4.51%；混合类产品11 663只，占34.76%，同比增加555只，增长5.00%（见图4-1-11）。

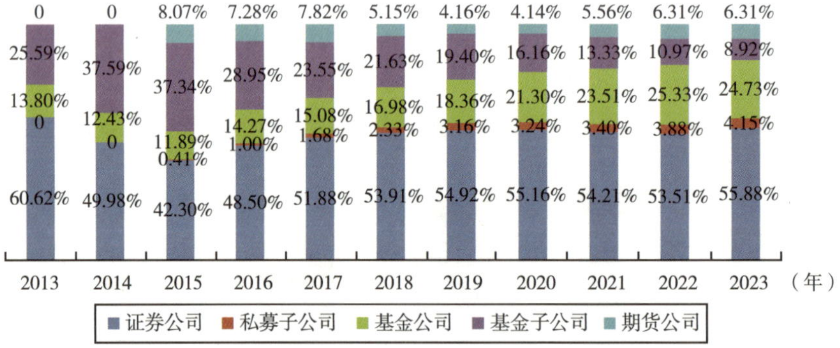

图 4-1-9　按管理人类型分私募资管产品存续数量分布

资料来源：中国证券投资基金业协会。

① 包括基金公司私募子公司存续的56只产品。

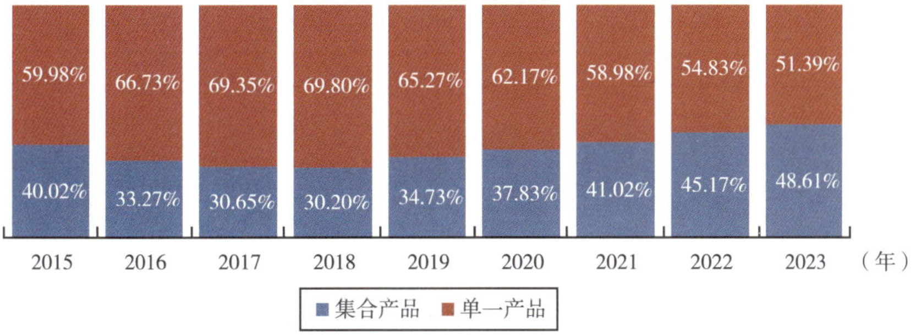

图 4-1-10　按产品类型分私募资管产品存续数量分布

资料来源：中国证券投资基金业协会。

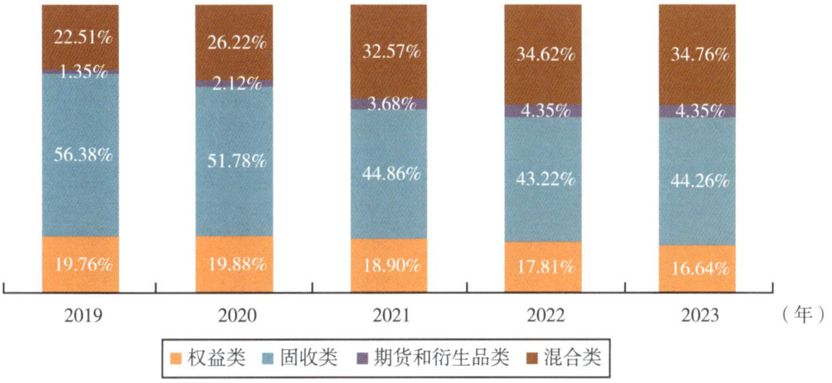

图 4-1-11　按投资类型分私募资管产品存续数量分布

资料来源：中国证券投资基金业协会。

截至2023年末，私募资管产品存续规模124 086.29亿元，较2022年末减少18 994.61亿元，下降13.28%。

从管理人类型分布看，证券公司管理产品存续规模53 045.85亿元，占42.75%，同比减少9 798.25亿元，降幅15.59%；基金公司管理产品47 710.22亿元，占38.45%，同比减少4 280.86亿元，下降8.23%；基金子公司管理产品14 379.86亿元[①]，占11.59%，同比减少4 823.10亿元，下降25.12%；私募子公司管理产品6 204.79亿元，占5.00%，同比增加309.07亿元，增长5.24%；期货公司管理产品2 745.57亿元，占2.21%，同比减少401.48亿元，下降12.76%（见图4-1-12）。

① 包括基金公司私募子公司存续的56只产品，存续规模114.25亿元。

按产品类型看，集合产品存续规模58 225.42亿元，占46.92%，同比减少9 687.98亿元，下降14.27%；单一产品存续规模65 860.87亿元，占53.08%，同比减少9 306.63亿元，下降12.38%（见图4-1-13）。

按投资类型看，权益类产品存续规模18 630.12亿元，占15.01%，同比减少2 163.28亿元，下降10.40%；固收类产品存续规模91 605.24亿元，占73.82%，同比减少14 130.15亿元，下降13.36%；期货和衍生品类产品存续规模929.72亿元，仅占0.75%，同比减少165.76亿元，下降15.13%；混合类产品存续规模12 921.21亿元，占10.41%，同比减少2 535.42亿元，下降16.40%（见图4-1-14）。

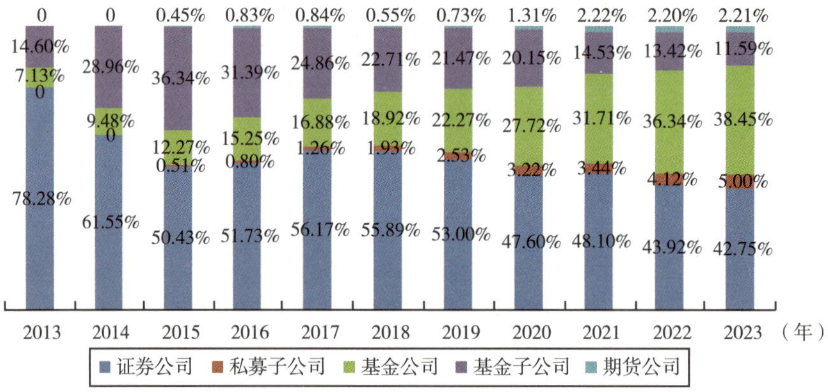

图 4-1-12　按管理人类型分私募资管产品存续规模分布

资料来源：中国证券投资基金业协会。

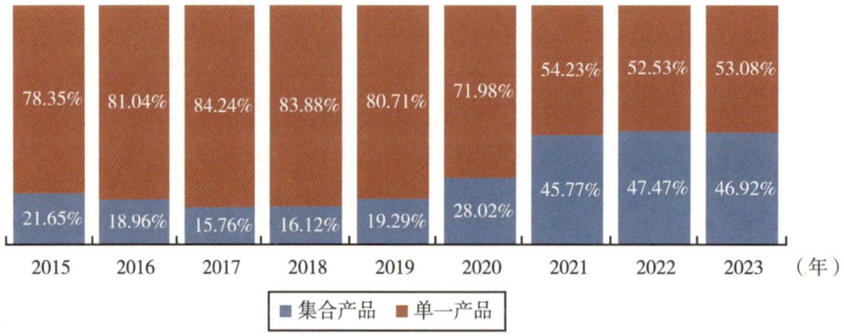

图 4-1-13　按产品类型分私募资管产品存续规模分布

资料来源：中国证券投资基金业协会。

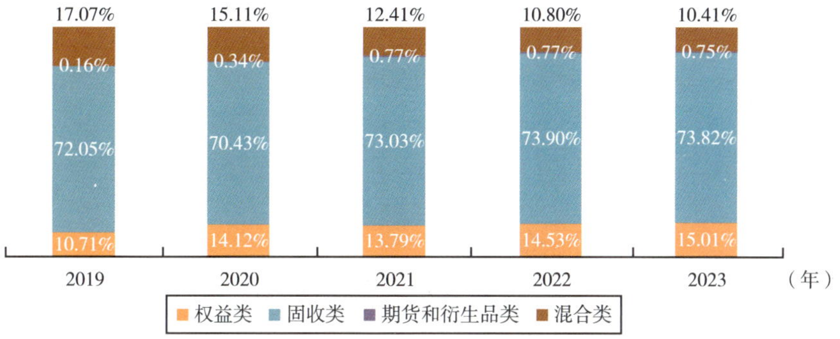

图 4-1-14　按投资类型分私募资管产品存续规模分布

资料来源：中国证券投资基金业协会。

三、资金净流动（认申赎）情况

2023年私募资管产品资金净流出1.05万亿元。其中，权益类产品净流出1 524亿元，固收类产品净流出7 095亿元，期货和衍生品类产品净流入73亿元，混合类产品净流出1 923亿元（见图4-1-15）。

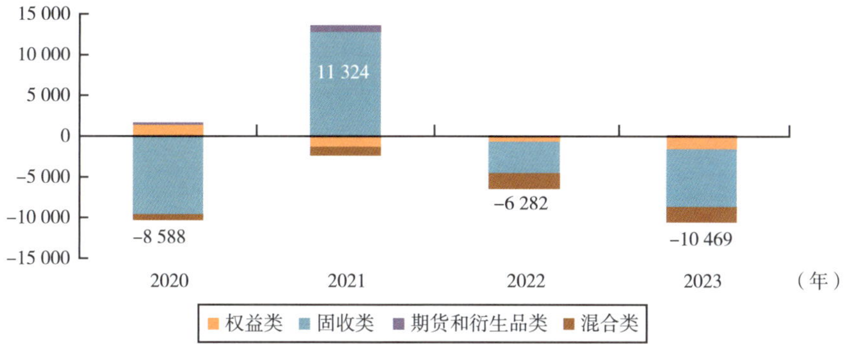

图 4-1-15　私募资管产品资金净流动情况（亿元）

资料来源：中国证券投资基金业协会。

四、资金来源（投资者出资）情况

2023年私募资管产品资金来源结构主要变化有：银行理财资金比例同比下降

6.96个百分点，企业（不含银行）资金比例增加3.68个百分点（见图4-1-16）。此外，保险、财政、社会基金等长期资金占比持续提升，2023年升至6.28%，同比增加0.75个百分点。

图 4-1-16　私募资管产品资金来源分布变化情况

注：各类产品（不含银行理财）包括公募基金、私募资管产品、私募基金、信托计划、保险资管等。

资料来源：中国证券投资基金业协会。

五、资产配置情况

私募资管产品主要投向债类资产、股类资产及各类产品（含公募基金），截至2023年末，债类资产占比达65.29%，股类资产占比为11.14%，投向各类产品占比为9.22%（见图4-1-17）。

进一步细化债类资产，近5年，利率债、信用债配置比例有明显提升，同业存单配置比例近3年相对稳定，其他债权资产配置比例明显缩减（见图4-1-18）。

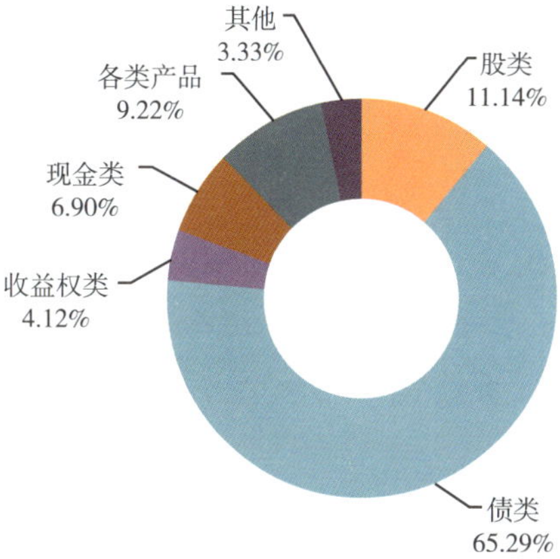

图 4-1-17　2023 年末私募资管资产配置分布

注：因境外投资占比较小，资产分类以境内资产为主，其中债类资产包括境内债券（利率债、信用债、资产支持证券及其他）、境内债权（同业存单、其他债权），股类资产包括境内未上市股权、股票，收益权类包括买入返售类资产、股票质押资产及各类资产收益权，各类产品包括公募基金、私募资管产品、私募基金、银行理财、信托计划、保险资管等，现金类主要为银行存款。

资料来源：中国证券投资基金业协会。

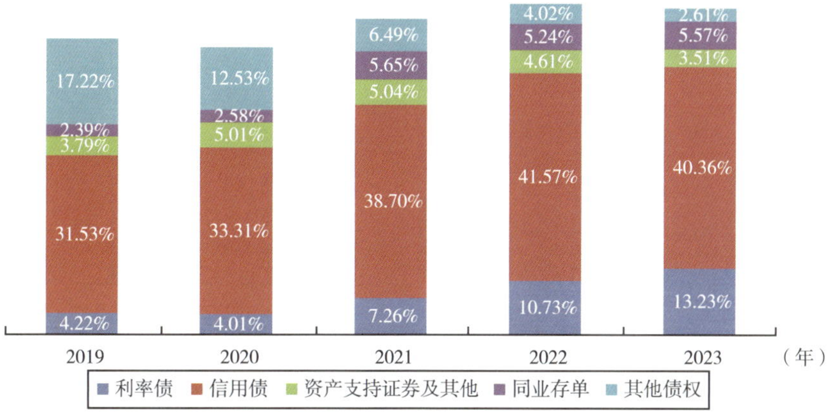

图 4-1-18　私募资管产品债类资产配置分布变化情况

注：图中占比为占资产总计的比例，因四舍五入原因 2023 年分项比例之和与图 4-1-17 中债类比例存在差异。

资料来源：中国证券投资基金业协会。

第二节　基金管理公司私募资产管理业务

一、产品备案情况

2023年，基金公司备案私募资管产品2 282只，比上年减少564只，下降19.82%。

按产品类型看，集合产品备案926只，占40.58%，同比减少236只，下降20.31%；单一产品备案1 356只，占59.42%，同比减少328只，下降19.48%（见图4-2-1）。

按投资类型看，权益类产品备案137只，占6.00%，同比减少116只，下降45.85%；固收类产品备案1 274只，占55.83%，同比多45只，增长3.66%；期货和衍生品类产品备案17只，占0.74%，同比少23只，下降57.50%；混合类产品备案854只，占37.42%，同比减少470只，下降35.50%（见图4-2-2）。

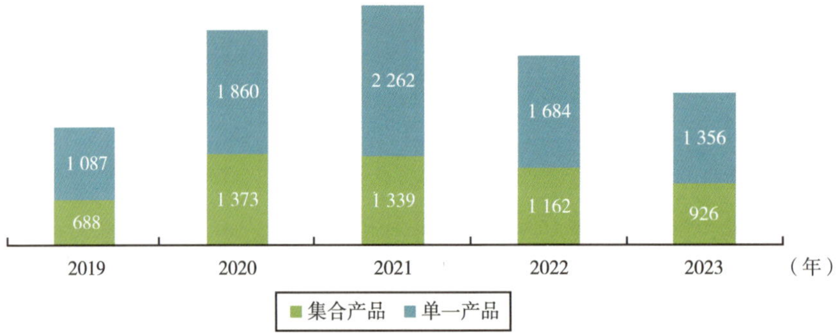

图 4-2-1　按产品类型分基金公司私募资管产品备案数量（只）

资料来源：中国证券投资基金业协会。

2023年基金公司私募资管产品备案规模共1 696.79亿元，比上年减少1 219.68亿元，下降41.82%。

按产品类型看，集合产品备案规模974.87亿元，占57.45%，同比减少672.33亿元，下降40.82%；单一产品备案规模721.92亿元，占42.55%，同比减少547.35亿元，下降43.12%（见图4-2-3）。

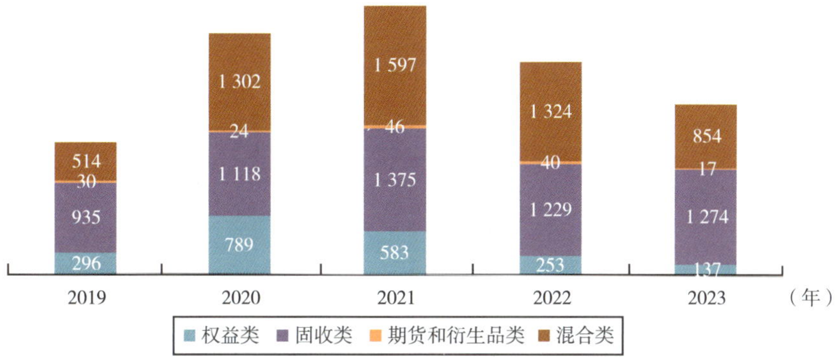

图 4-2-2 按投资类型分基金公司私募资管产品备案数量（只）

资料来源：中国证券投资基金业协会。

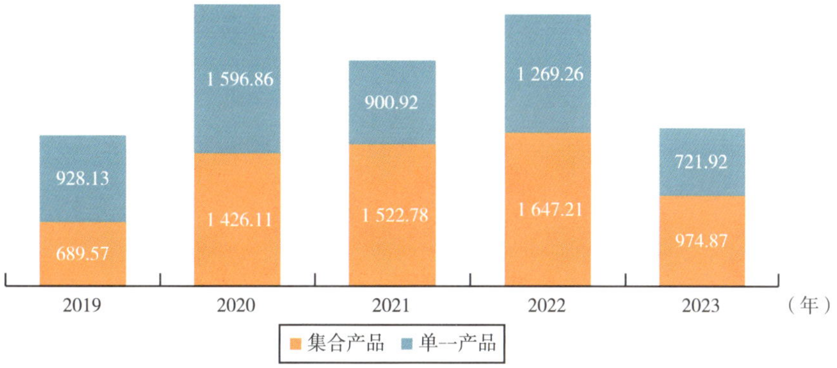

图 4-2-3 按产品类型分基金公司私募资管产品备案规模（亿元）

资料来源：中国证券投资基金业协会。

按投资类型看，权益类产品备案规模61.90亿元，占3.65%，同比减少122.24亿元，下降66.38%；固收类产品备案规模1 398.44亿元，占82.42%，同比减少591.67亿元，下降29.73%；期货和衍生品类产品备案规模5.14亿元，占0.30%，同比减少5.99亿元，下降53.85%；混合类产品备案规模231.32亿元，占13.63%，同比减少499.79亿元，下降68.36%（见图4-2-4）。

二、产品存续情况

截至2023年末，管理私募资管产品规模非零的基金公司有128家，较2022年末增加1家，存续产品8 299只，管理资产规模47 710.22亿元[①]，同比减少

① 不含基金管理公司管理的养老金，本节以下同。

4 280.86亿元，降幅8.23%。

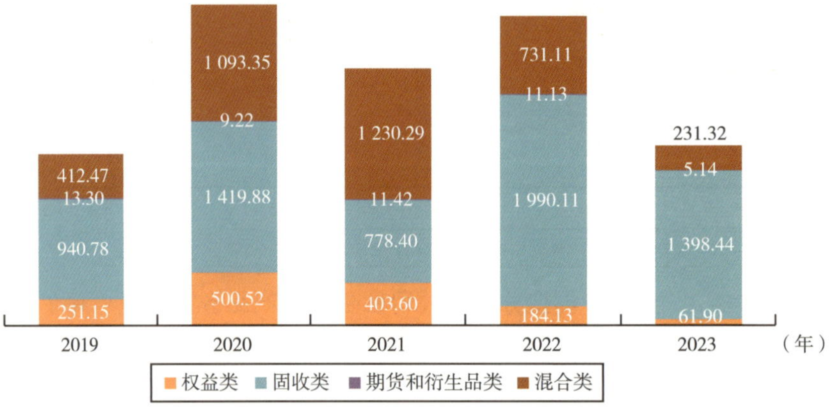

图 4-2-4　按投资类型分基金公司私募资管产品备案规模（亿元）

资料来源：中国证券投资基金业协会。

2023年，集合产品与单一产品存续数量各有不同程度的增长，以投资类型分，固收类产品与混合类产品存续数量增长，而权益类与期货和衍生品类存续数量均有所下降。相关资料见图4-2-5、图4-2-6。

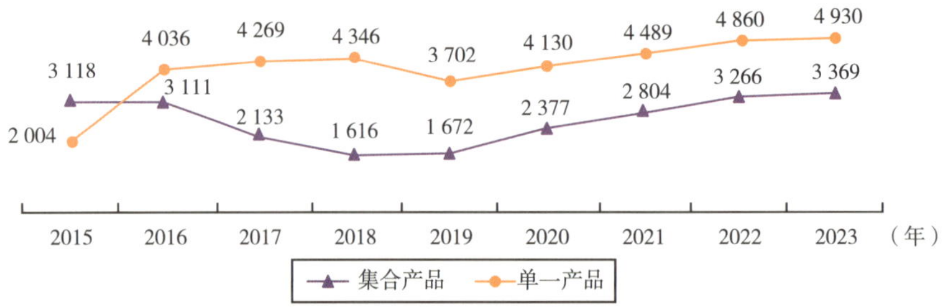

图 4-2-5　按产品类型分基金公司私募资管产品存续数量（只）

资料来源：中国证券投资基金业协会。

2023年，各类型产品存续规模均出现不同程度下降。截至年末，集合产品存续规模18 653.45亿元，占39.10%，同比减少3 485.19亿元，下降15.74%；单一产品存续规模29 056.78亿元，占60.90%，同比减少795.66亿元，下降2.67%（见图4-2-7）。

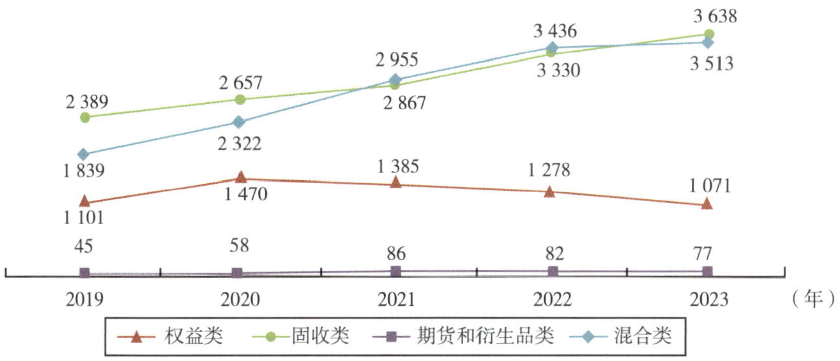

图 4-2-6　按投资类型分基金公司私募资管产品存续数量（只）

资料来源：中国证券投资基金业协会。

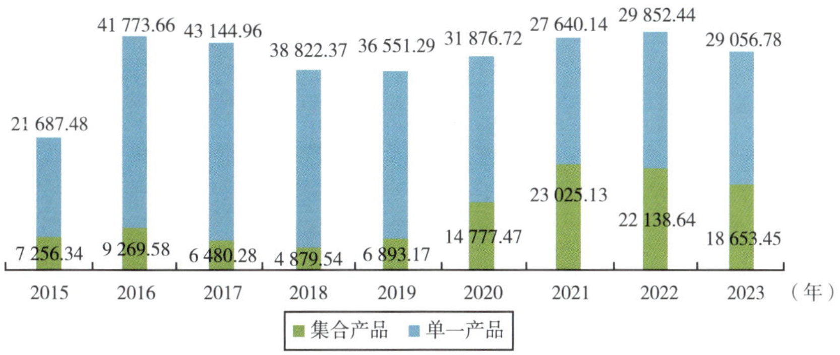

图 4-2-7　按产品类型分基金公司私募资管产品存续规模（亿元）

资料来源：中国证券投资基金业协会。

按投资类型分，权益类产品存续5 120.39亿元，占10.73%，同比减少1 468.70亿元，下降22.29%；固收类产品存续36 611.27亿元，占76.74%，同比减少1 361.72亿元，下降3.59%；期货和衍生品类产品存续61.33亿元，占0.13%，同比减少31.21亿元，下降33.73%；混合类产品存续5 917.23亿元，占12.40%，同比减少1 419.22亿元，下降19.34%（见图4-2-8）。

三、资金净流动（认申赎）情况

2023年，基金公司私募资管产品净流出700亿元。其中，权益类产品净流出738亿元，固收类产品净流入1 539亿元，期货和衍生品类产品净流出12亿元，混合类产品净流出1 489亿元（见图4-2-9）。

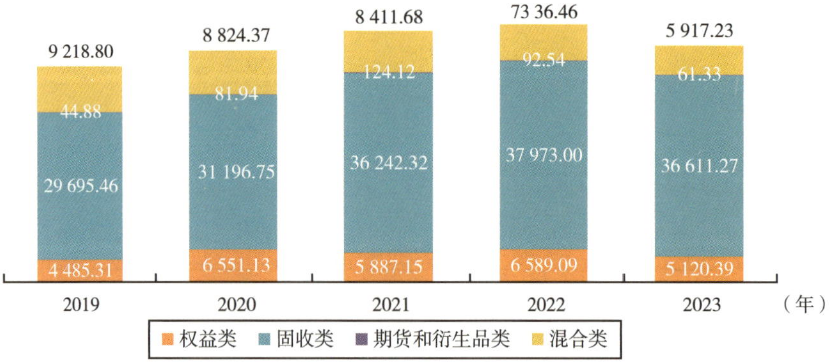

图 4-2-8　按投资类型分基金公司私募资管产品存续规模（亿元）

资料来源：中国证券投资基金业协会。

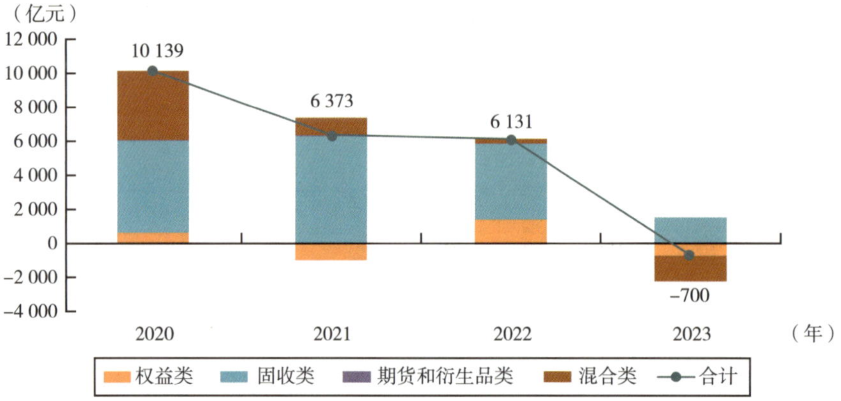

图 4-2-9　基金公司各类型私募资管产品资金流动情况

资料来源：中国证券投资基金业协会。

以认申购资金与赎回资金分别占平均存续规模比例观测产品资金流入率、流出率情况，近几年数据来看，固收类产品资金流动率明显高于其他类别产品，而权益类产品流动率为各类产品中最低（见表4-2-1、表4-2-2）。

表 4-2-1　　基金公司私募资管产品年度资金流入率情况　　（单位：%）

时间	权益类	固收类	期货和衍生品类	混合类	合计
2020年	67.85	259.99	108.42	143.57	212.94
2021年	39.64	190.78	96.60	92.73	154.16
2022年	50.46	132.28	38.00	62.65	111.95
2023年	15.19	141.49	85.87	49.93	113.68

资料来源：中国证券投资基金业协会。

表 4-2-2　　基金公司私募资管产品年度资金流出率情况　　（单位：%）

时间	权益类	固收类	期货和衍生品类	混合类	合计
2020年	55.97	241.85	51.66	97.80	189.94
2021年	56.13	172.07	54.59	80.82	141.02
2022年	27.90	120.75	43.69	59.18	100.37
2023年	27.31	137.35	102.25	71.90	115.08

资料来源：中国证券投资基金业协会。

四、资金来源（投资者出资）情况

从基金公司私募资管产品出资结构看，银行理财资金占比连续下降，截至2023年末占比为37.50%，同比下降7.99个百分点；银行自有资金、保险公司、证券公司出资占比均连续提升，截至年末占比分别为25.10%、12.77%、6.13%，同比分别增加6.25个、1.67个、1.94个百分点（见表4-2-3）。

表 4-2-3　　基金公司私募资管产品资金分类占比情况　　（单位：%）

类型	2019年末	2020年末	2021年末	2022年末	2023年末
银行理财	48.65	49.93	48.67	45.49	37.50
银行自有	12.48	11.60	14.98	18.86	25.10
保险公司	6.60	7.66	9.81	11.10	12.77
证券公司	1.95	2.16	3.14	4.19	6.13
其他企业	5.15	7.02	7.71	6.26	5.85
信托计划	7.07	6.53	5.01	4.76	4.48
居民	2.95	4.35	4.51	3.75	3.41
私募资管产品	8.71	5.92	2.36	1.97	2.27
保险资管	1.91	1.49	1.42	1.79	1.16
私募基金	2.11	1.99	1.48	1.18	0.76
信托公司	1.79	0.97	0.55	0.39	0.44
其他	0.61	0.38	0.35	0.27	0.13

注：其他企业不含银行、保险公司、证券公司、信托公司。

资料来源：中国证券投资基金业协会。

五、资产配置情况

基金公司私募资管计划主要配置债类资产，近年债类资产配置比例连续提升，截至2023年末，债类资产占比达69.24%；股类资产与公募基金配置比例均有所下降，截至年末分别占11.14%、3.29%；现金类与境外投资比例连续增加，截至年末分别为8.37%、4.28%（见表4-2-4）。

表 4-2-4　基金公司私募资管产品各类资产占比情况　（单位：%）

类型	2019年末	2020年末	2021年末	2022年末	2023年末
债类	68.81	63.56	65.73	68.86	69.24
股类	14.17	15.84	13.51	12.53	11.14
现金类	4.33	5.44	4.94	6.29	8.37
境外投资	3.84	4.73	3.63	4.05	4.28
公募基金	3.59	5.36	6.40	3.78	3.29
买入返售资产	2.88	2.50	3.80	3.00	2.33
其他	2.39	2.59	1.99	1.49	1.35

注：债类资产包括境内债券（利率债、信用债、资产支持证券及其他）、境内债权（同业存单、其他债权），股类资产包括境内未上市股权、股票，现金类主要为银行存款。

资料来源：中国证券投资基金业协会。

进一步细化债类资产结构，近5年，基金公司私募资管产品对利率债的配置比例逐年提升，而对信用债的配置比例连续下降（见图4-2-10）。

六、集中度情况

基金公司私募资管业务行业集中度近年有下降趋势。截至年末规模前5的公司管理规模合计占37.18%，前10占比为50.87%，前20占比为67.45%，前30达到79.27%（见表4-2-5）。从规模分布看，2023年平均管理规模下降，而中位数有所回升（见表4-2-6）。

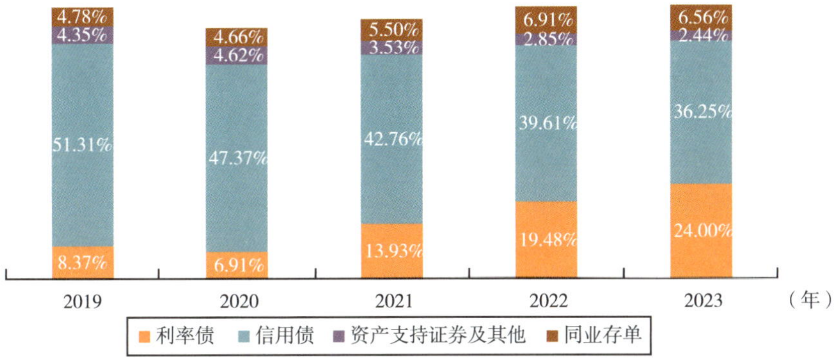

图 4-2-10　基金公司私募资管产品债类资产配置分布变化情况

注：图中占比为占资产总计的比例。

资料来源：中国证券投资基金业协会。

表 4-2-5　基金公司私募资管规模集中度情况　（单位：%）

	2019年	2020年	2021年	2022年	2023年
前5占比	34.50	37.12	37.47	35.16	37.18
前10占比	51.46	52.21	51.20	48.76	50.87
前20占比	69.22	70.23	69.21	67.78	67.45
前30占比	79.89	80.75	80.30	79.63	79.27

资料来源：中国证券投资基金业协会。

表 4-2-6　基金公司私募资管规模分布情况

	2019年	2020年	2021年	2022年	2023年
1/4分位数（亿元）	35.84	41.17	33.49	29.25	23.36
中位数（亿元）	116.64	124.71	106.99	103.55	112.23
3/4分位数（亿元）	395.20	353.07	403.48	454.27	440.46
非0机构数量（家）	117	119	125	127	128
平均管理规模（亿元）	371.32	395.38	408.59	412.63	375.67

资料来源：中国证券投资基金业协会。

第三节　基金子公司私募资产管理业务

一、产品备案情况

2023年，基金子公司[①]备案私募资管产品550只，比上年减少262只，下降32.27%。

按产品类型看，集合产品备案323只，占58.73%，同比减少110只，下降25.40%；单一产品备案227只，占41.27%，同比减少152只，下降40.11%（见图4-3-1）。

按投资类型看，权益类产品备案54只，占9.82%，同比减少42只，下降43.75%；固收类产品备案196只，占35.64%，同比减少92只，下降31.94%；期货和衍生品类产品备案159只，占28.91%，同比减少33只，下降17.19%；混合类产品备案141只，占25.64%，同比减少95只，下降40.25%（见图4-3-2）。

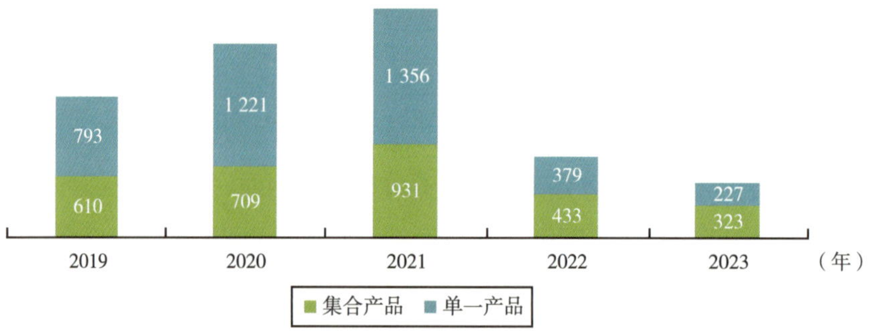

图 4-3-1　按产品类型分基金子公司私募资管产品备案数量（只）

资料来源：中国证券投资基金业协会。

2023年基金子公司私募资管产品备案规模共539.80亿元，比上年减少60.41亿元，下降10.06%。

按产品类型看，集合产品备案规模239.41亿元，占44.35%，同比减少92.99

① 本节基金子公司数据不含基金公司私募子公司。

亿元，下降27.98%；单一产品备案规模300.39亿元，占55.65%，同比增加32.59亿元，增长12.17%（见图4-3-3）。

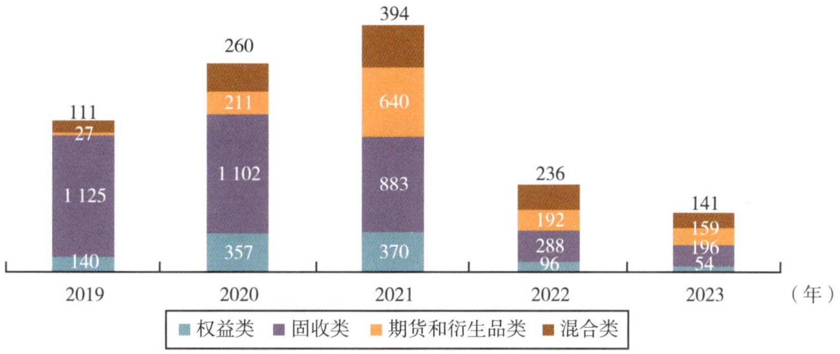

图 4-3-2 按投资类型分基金子公司私募资管产品备案数量（只）

资料来源：中国证券投资基金业协会。

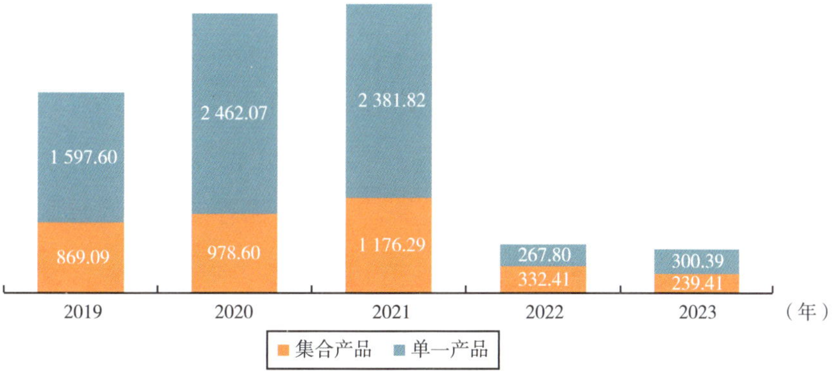

图 4-3-3 按产品类型分基金子公司私募资管产品备案规模（亿元）

资料来源：中国证券投资基金业协会。

按投资类型看，权益类产品备案规模12.83亿元，占2.38%，同比减少51亿元，下降79.90%；固收类产品备案规模316.09亿元，占58.56%，同比增加48.78亿元，增长18.25%；期货和衍生品类产品备案规模103.10亿元，占19.10%，同比减少16.57亿元，下降13.85%；混合类产品备案规模107.79亿元，占19.97%，同比减少41.61亿元，下降27.85%（见图4-3-4）。

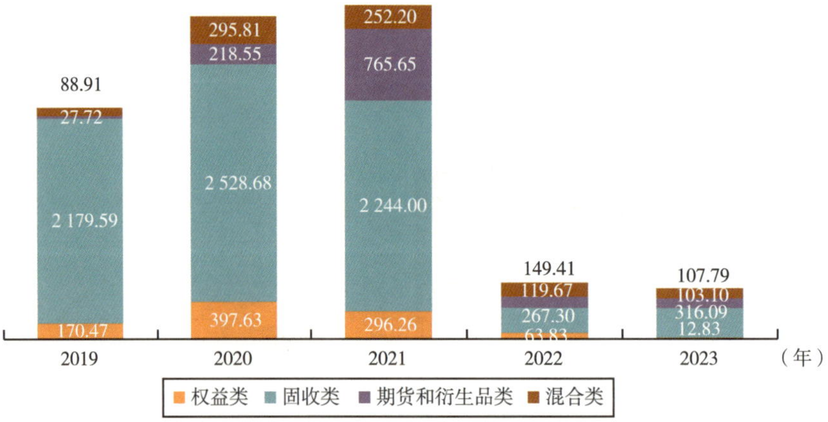

图 4-3-4　按投资类型分基金子公司私募资管产品备案规模（亿元）

资料来源：中国证券投资基金业协会。

二、产品存续情况

截至2023年末，管理私募资管产品规模非零的基金子公司有67家，较2022年末减少3家，存续产品2 937只，管理资产规模14 265.61亿元①，同比减少4 937.35亿元，降幅25.71%。

2023年，集合产品存续数量略有增加，单一产品存续数量有较大幅度下降（见图4-3-5）；以投资类型分，期货和衍生品类存续数量小幅增加，其他类型产品均出现较大幅度下降（见图4-3-6）。

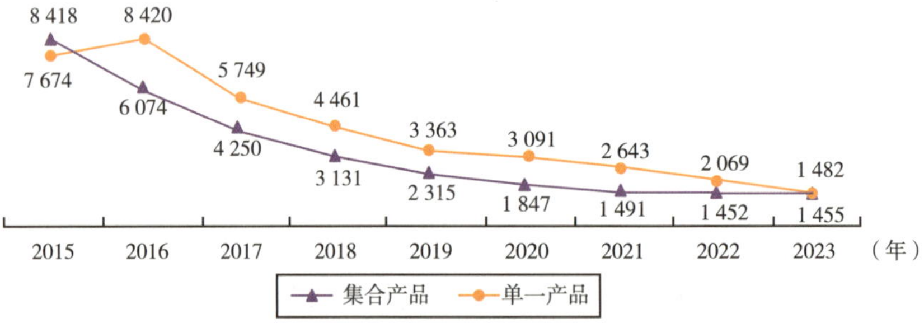

图 4-3-5　按产品类型分基金子公司私募资管产品存续数量（只）

资料来源：中国证券投资基金业协会。

① 不含基金公司私募子公司存续规模114.25亿元。

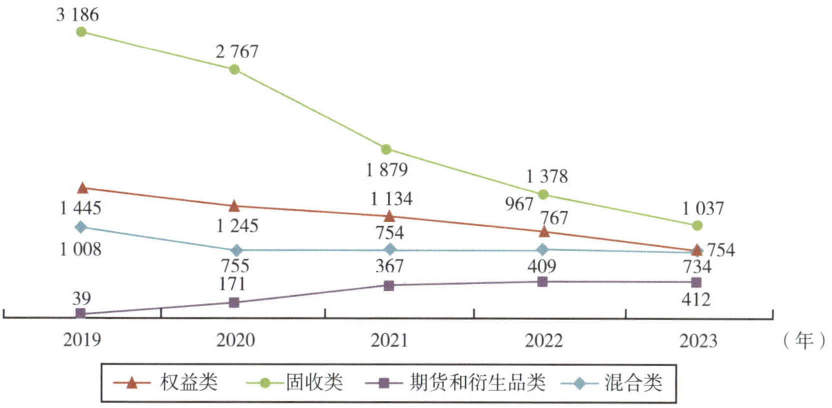

图 4-3-6　按投资类型分基金子公司私募资管产品存续数量（只）

资料来源：中国证券投资基金业协会。

2023年，各类型产品存续规模均出现较大幅度下降。截至年末，集合产品存续规模5 061.57亿元，占35.48%，同比减少485.20亿元，下降8.75%；单一产品存续规模9 204.04亿元，占64.52%，同比减少4 452.15亿元，下降32.60%（见图4-3-7）。

按投资类型分，权益类产品存续2 363.25亿元，占16.57%，同比减少518.51亿元，下降17.99%；固收类产品存续10 444.28亿元，占73.21%，同比减少4 103.63亿元，下降28.21%；期货和衍生品类产品存续287.66亿元，占2.02%，同比减少79.93亿元，下降21.75%；混合类产品存续1 170.42亿元，占8.20%，同比减少235.27亿元，下降16.74%（见图4-3-8）。

图 4-3-7　按产品类型分基金子公司私募资管产品存续规模（亿元）

资料来源：中国证券投资基金业协会。

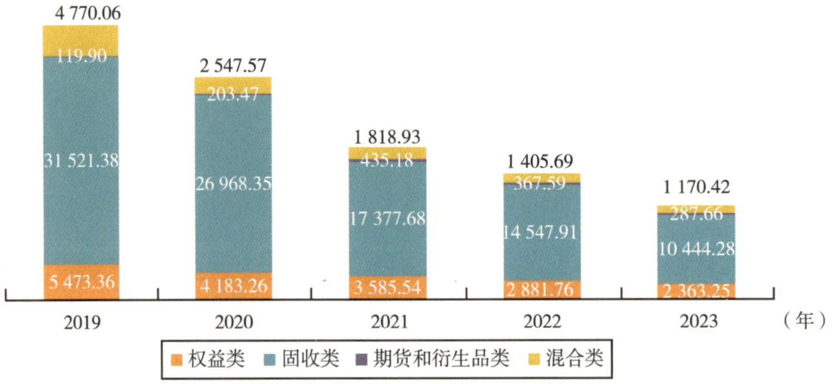

图 4-3-8　按投资类型分基金子公司私募资管产品存续规模（亿元）

资料来源：中国证券投资基金业协会。

三、资金净流动（认/申赎）情况

2023年，基金子公司私募资管产品净流出3 198亿元。其中，权益类产品净流出612亿元，固收类产品净流出2 460亿元，期货和衍生品类产品净流入65亿元，混合类产品净流出192亿元（见图4-3-9）。

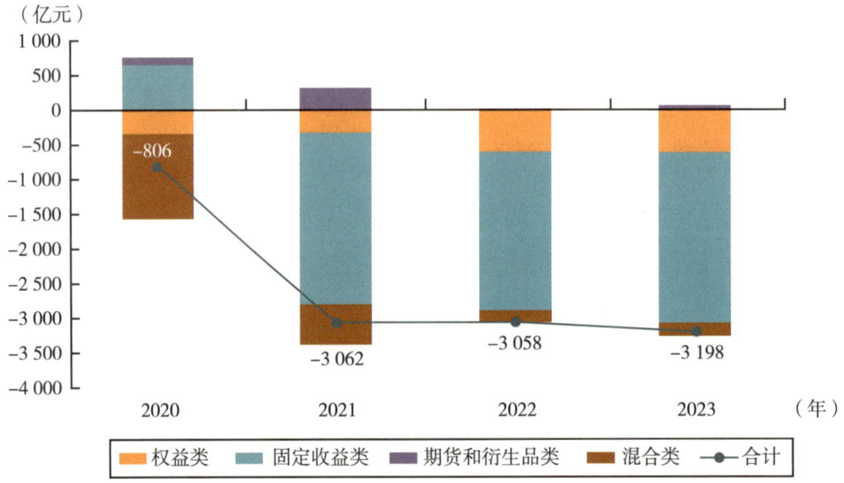

图 4-3-9　基金子公司各类型私募资管产品资金流动情况

资料来源：中国证券投资基金业协会。

以认/申购资金与赎回资金分别占平均存续规模比例观测产品资金流入率、流出率情况，2023年，固收类产品资金流动率明显高于其他类别产品，而权益类产品流动率为各类产品中最低（见表4-3-1、表4-3-2）。

表4-3-1　　基金子公司私募资管产品年度资金流入率情况　　（单位：%）

时间	权益类	固收类	期货和衍生品类	混合类	合计
2020年	52.36	76.22	213.56	89.90	75.20
2021年	36.38	104.30	237.68	116.31	97.50
2022年	17.38	78.69	50.50	100.49	70.74
2023年	10.68	196.15	56.82	60.60	153.31

资料来源：中国证券投资基金业协会。

表4-3-2　　基金子公司私募资管产品年度资金流出率情况　　（单位：%）

时间	权益类	固收类	期货和衍生品类	混合类	合计
2020年	59.52	73.99	141.03	121.63	77.32
2021年	44.47	115.24	153.53	145.05	108.04
2022年	36.15	92.75	49.64	110.68	84.91
2023年	33.75	216.08	37.67	75.65	172.56

资料来源：中国证券投资基金业协会。

四、资金来源（投资者出资）情况

从基金子公司私募资管产品出资结构看，银行理财资金占比近年有增长趋势，截至2023年末占比为54.96%，同比提升2.06百分点；居民资金占比保持增长，截至年末占比为8.67%，同比提升1.43个百分点；银行自有资金、其他企业、信托计划出资占比较上年有不同程度下降，截至年末占比分别为25.53%、3.80%、2.99%，同比分别下降3.61个、0.43个、0.44个百分点（见表4-3-3）。

表 4-3-3　　基金子公司私募资管产品资金分类占比情况　　（单位：%）

类型	2019年末	2020年末	2021年末	2022年末	2023年末
银行理财	50.39	49.91	49.27	52.90	54.96
银行自有	26.72	29.53	30.28	29.14	25.53
居民	5.08	5.74	6.89	7.24	8.67
其他企业	6.52	5.79	6.42	4.23	3.80
信托计划	3.29	2.62	3.21	3.44	2.99
证券公司	0.19	0.35	0.94	0.40	0.91
信托公司	0.84	0.72	0.63	0.50	0.87
私募资管产品	5.24	3.38	1.09	1.03	0.84
保险公司	0.22	0.56	0.36	0.42	0.58
私募基金	1.46	1.27	0.75	0.45	0.55
保险资管	0.02	0.02	0.03	0.03	0.02
其他	0.05	0.09	0.14	0.22	0.29

注：其他企业不含银行、保险公司、证券公司、信托公司。

资料来源：中国证券投资基金业协会。

五、资产配置情况

基金子公司私募资管产品主要配置债类资产、各类产品、现金类及股类资产，截至2023年末，债类资产占比为50.64%，各类产品占比为19.50%，股类资产占比为10.18%，均较上年有所提升（见表4-3-4）。

表 4-3-4　　基金子公司私募资管产品各类资产占比情况　　（单位：%）

类型	2019年末	2020年末	2021年末	2022年末	2023年末
债类	49.84	49.73	49.86	49.07	50.64
各类产品	28.47	24.63	20.31	18.01	19.50
现金类	3.53	2.37	4.52	12.77	10.39
股类	6.64	7.65	9.44	9.45	10.18

续表

类型	2019年末	2020年末	2021年末	2022年末	2023年末
收益权类	7.86	11.61	9.19	5.24	4.64
公募基金	2.59	2.64	4.11	3.34	2.33
其他	1.07	1.36	2.56	2.12	2.32

注：债类资产包括境内债券（利率债、信用债、资产支持证券及其他）、境内债权（同业存单、其他债权），各类产品包括私募资管产品、私募基金、银行理财、信托计划、保险资管等，现金类主要为银行存款，股类资产包括境内未上市股权、股票，收益权类包括各类资产收益权、买入返售资产、股票质押融资等。

资料来源：中国证券投资基金业协会。

进一步细化债类资产结构，近5年，基金子公司私募资管产品对信用债及同业存单的配置比例逐年提升，而其他债权资产比例连续下降（见图4–3–10）。

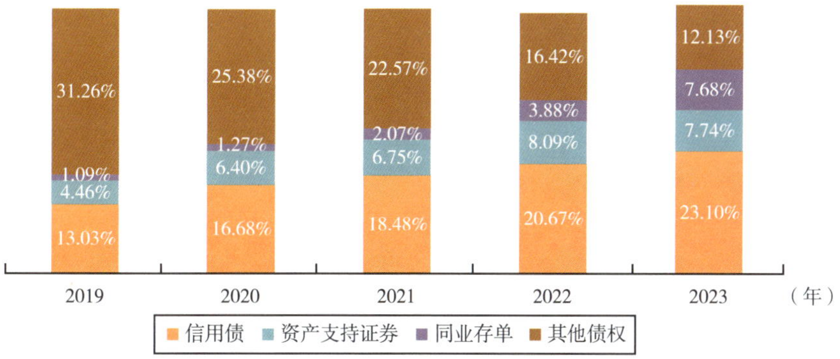

图4–3–10　基金子公司私募资管产品债类资产配置分布变化情况

注：图中占比为占资产总计的比例。

资料来源：中国证券投资基金业协会。

六、集中度情况

基金子公司私募资管业务行业集中度逐年提升。截至年末排位前5的公司管理规模合计占58.67%，前10占比为75.39%，前20占比为88%，前30达到94.69%（见表4–3–5）。从规模分布看，基金子公司平均管理规模、中位均保持下降趋势（见表4–3–6）。

表 4-3-5　　基金子公司私募资管规模集中度情况　　（单位：%）

	2019年末	2020年末	2021年末	2022年末	2023年末
前5占比	39.36	42.48	41.98	52.39	58.67
前10占比	57.09	61.36	64.00	71.84	75.39
前20占比	75.31	78.48	82.89	87.11	88.00
前30占比	86.35	88.84	91.26	93.85	94.69

资料来源：中国证券投资基金业协会。

表 4-3-6　　基金子公司私募资管规模分布情况

	2019年末	2020年末	2021年末	2022年末	2023年末
1/4分位数（亿元）	70.55	45.89	30.18	13.33	12.25
中位数（亿元）	201.87	183.70	111.69	72.14	58.74
3/4分位数（亿元）	608.48	474.28	280.97	173.85	141.19
非0机构数量（家）	78	76	71	70	67
平均管理规模（亿元）	536.98	446.09	326.95	274.33	212.92

资料来源：中国证券投资基金业协会。

第四节　证券公司私募资产管理业务

一、产品备案情况

2023年，证券公司备案私募资管产品5 958只，比上年增加1 102只，增长22.69%。

按产品类型看，集合产品备案2 825只，占47.42%，同比增加603只，增长27.14%；单一产品备案3 133只，占52.58%，同比增加499只，增长18.94%（见图4-4-1）。

按投资类型看，权益类产品备案484只，占8.12%，同比增加158只，增长48.47%；固收类产品备案3 381只，占56.75%，同比多762只，增长29.10%；期货和衍生品类产品备案217只，占3.64%，同比增加63只，增长40.91%；混合类产品备案1 876只，占31.49%，同比增加119只，增长6.77%（见图4-4-2）。

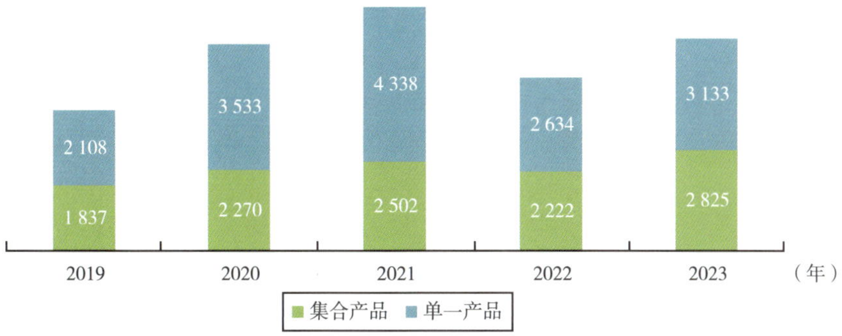

图4-4-1　按产品类型分证券公司私募资管产品备案数量（只）

资料来源：中国证券投资基金业协会。

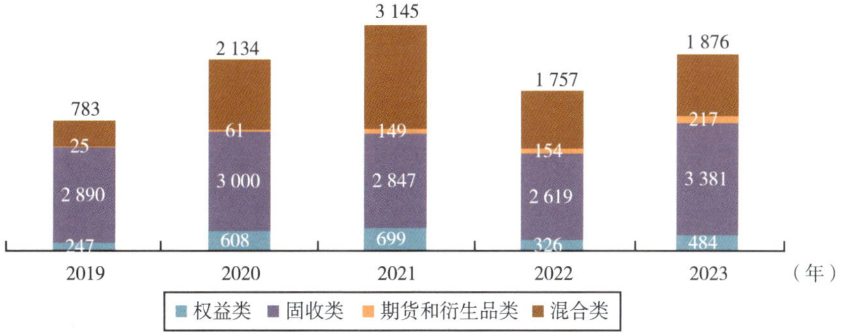

图4-4-2　按投资类型分证券公司私募资管产品备案数量（只）

资料来源：中国证券投资基金业协会。

2023年证券公司私募资管产品备案规模共3 024.48亿元，比上年增加510.20亿元，增长20.29%。

按产品类型看，集合产品备案规模2 131.64亿元，占70.48%，同比增加511.55亿元，增长31.58%；单一产品备案规模892.84亿元，占29.52%，同比减少1.34亿元，下降0.15%（见图4-4-3）。

按投资类型看，权益类产品备案规模109.51亿元，占3.62%，同比减少7.35亿元，下降6.29%；固收类产品备案规模2 278.46亿元，占75.33%，同比增加482.70亿元，增长26.88%；期货和衍生品类产品备案规模104.91亿元，占

3.47%，同比增加35.61亿元，增长51.39%；混合类产品备案规模531.61亿元，占17.58%，同比减少0.75亿元，下降0.14%（见图4-4-4）。

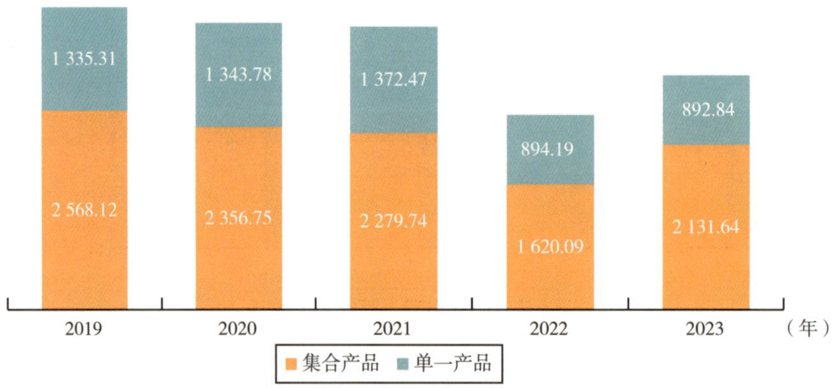

图 4-4-3　按产品类型分证券公司私募资管产品备案规模（亿元）

资料来源：中国证券投资基金业协会。

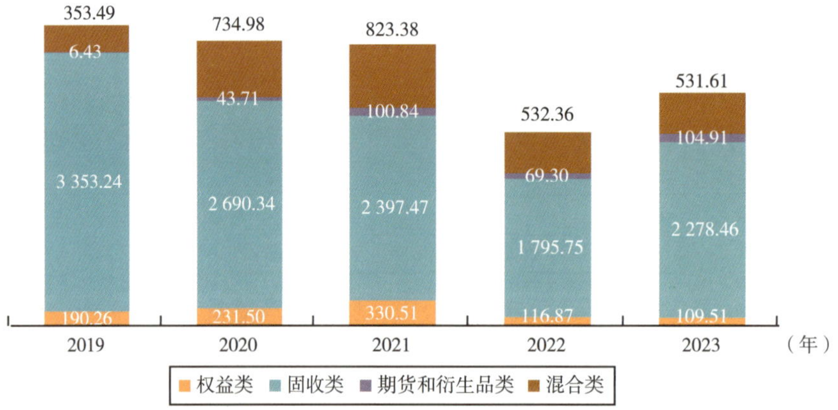

图 4-4-4　按投资类型分证券公司私募资管产品备案规模（亿元）

资料来源：中国证券投资基金业协会。

二、产品存续情况

截至2023年末，管理私募资管产品规模非零的证券公司有96家，较2022年末增加1家，存续产品18 752只，管理资产规模53 045.85亿元[①]，同比减少

① 不含证券公司管理的养老金，本节以下同。

9 798.25亿元，降幅15.59%。

2023年，集合产品存续数量有较大幅度增长，单一产品存续数量小幅增长（见图4-4-5）。以投资类型分，期货和衍生品类产品与固收类产品存续数量增幅较大，权益类与混合类产品存续数量小幅增长（见图4-4-6）。

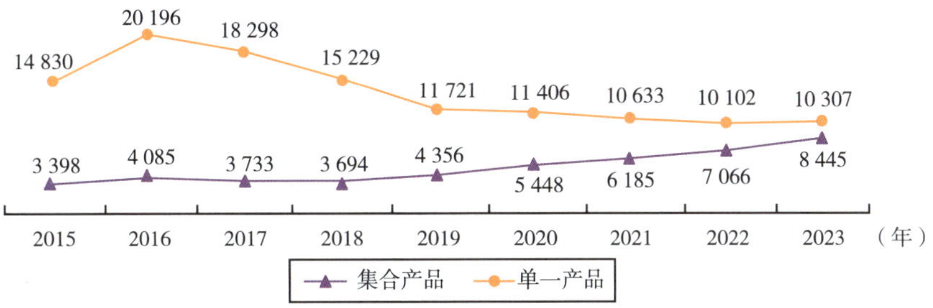

图 4-4-5　按产品类型分证券公司私募资管产品存续数量（只）

资料来源：中国证券投资基金业协会。

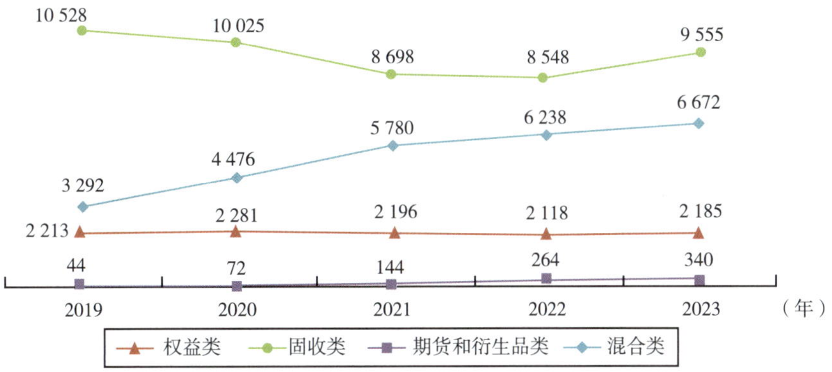

图 4-4-6　按投资类型分证券公司私募资管产品存续数量（只）

资料来源：中国证券投资基金业协会。

2023年，各类型产品存续规模均出现不同程度下降。截至年末，集合产品存续规模25 927.51亿元，占48.88%，同比减少5 868.01亿元，下降18.46%；单一产品存续规模27 118.34亿元，占51.15%，同比减少3 930.24亿元，下降12.66%（见图4-4-7）。按投资类型分，权益类产品存续4 735.39亿元，占8.93%，同比减少569.44亿元，下降10.73%；固收类产品存续42 693.94亿元，占80.48%，同比减少8 537.02亿元，下降16.66%；期货和衍生品类产品存续353.37亿元，占

0.67%，同比增加65.84亿元，增长22.90%；混合类产品存续5 263.14亿元，占9.92%，同比减少757.62亿元，下降12.58%（见图4-4-8）。

图 4-4-7　按产品类型分证券公司私募资管产品存续规模（亿元）

资料来源：中国证券投资基金业协会。

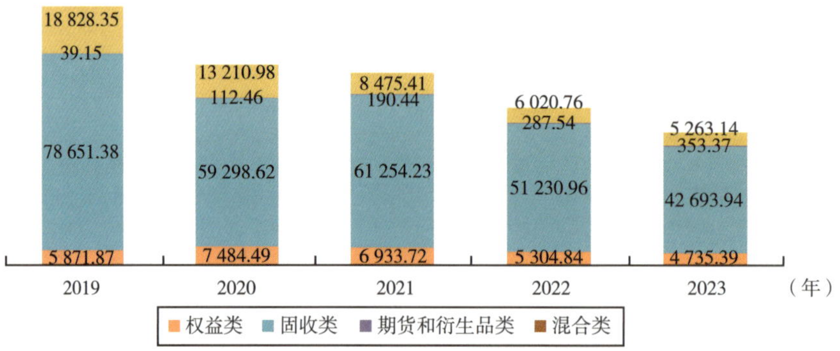

图 4-4-8　按投资类型分证券公司私募资管产品存续规模（亿元）

资料来源：中国证券投资基金业协会。

三、资金净流动（认/申赎）情况

2023年，证券公司私募资管产品净流出6 332亿元（见图4-4-9）。其中，权益类产品净流出158亿元，固收类产品净流出6 107亿元，期货和衍生品类产品净流入67亿元，混合类产品净流出135亿元。

以认/申购资金与赎回资金分别占平均存续规模比例观测产品资金流入率、流出率情况，近几年数据来看，固收类产品资金流动率明显高于其他类别产品，权益类产品流动率为各类产品中最低；近两年各类产品的资金流入率有所收缩；混合类产品流出率有较大幅度下降（见表4-4-1、表4-4-2）。

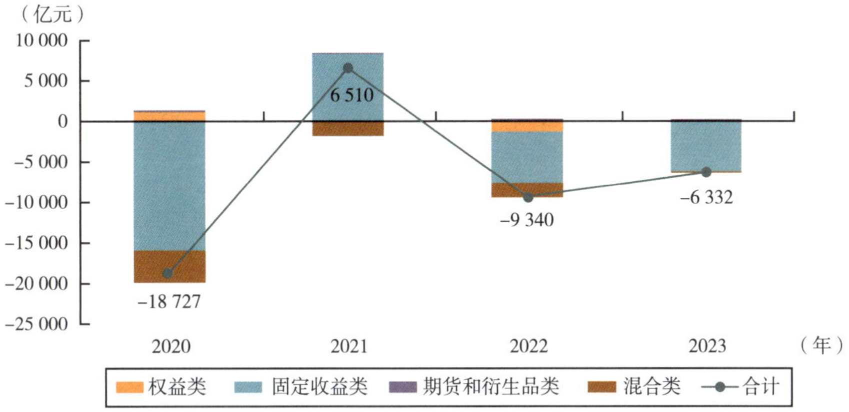

图 4-4-9　基金公司各类型私募资管产品资金流动情况

资料来源：中国证券投资基金业协会。

表 4-4-1　　证券公司私募资管产品年度资金流入率情况　　（单位：%）

时间	权益类	固收类	期货和衍生品类	混合类	合计
2020年	44.77	234.52	148.01	126.91	202.11
2021年	48.65	250.54	126.87	108.34	210.41
2022年	37.79	193.25	88.88	89.34	169.82
2023年	38.99	198.71	67.60	74.56	171.19

资料来源：中国证券投资基金业协会。

表 4-4-2　　证券公司私募资管产品年度资金流出率情况　　（单位：%）

时间	权益类	固收类	期货和衍生品类	混合类	合计
2020年	27.56	257.11	33.27	150.26	222.01
2021年	47.92	237.11	47.28	124.47	202.31
2022年	60.09	203.88	44.89	114.49	182.64
2023年	42.04	212.01	48.32	76.96	182.29

资料来源：中国证券投资基金业协会。

四、资金来源（投资者出资）情况

从证券公司私募资管产品出资结构看，银行理财资金占比连续下降，截至2023年末占比为41.17%，同比下降7.62个百分点；银行自有资金、居民、其他企业出资占比保持增长，截至年末占比分别为21.05%、13.22%、10.01%，同比分别增加0.61个、2.17个、1.52个百分点（见表4-4-3）。

表 4-4-3　证券公司私募资管产品资金分类占比情况　（单位：%）

类型	2019年末	2020年末	2021年末	2022年末	2023年末
银行理财	36.14	34.78	52.61	48.79	41.17
银行自有	35.15	32.04	19.21	20.45	21.05
居民	12.17	14.19	11.55	11.05	13.22
其他企业	6.43	8.21	6.73	8.52	10.04
信托计划	3.50	3.18	2.86	4.39	5.64
证券公司	1.64	2.52	3.59	3.27	4.62
保险公司	0.55	0.77	1.17	1.46	1.77
私募资管产品	3.01	2.85	1.29	1.17	1.55
私募基金	0.75	0.97	0.65	0.54	0.62
信托公司	0.53	0.37	0.19	0.15	0.12
保险资管	0.09	0.07	0.10	0.12	0.12
其他	0.03	0.04	0.06	0.09	0.08

注：其他企业不含银行、保险公司、证券公司、信托公司。

资料来源：中国证券投资基金业协会。

五、资产配置情况

证券公司私募资管计划主要配置债类资产，近年债类资产配置比例连续提升，截至2023年末，债类资产占比达71.57%；股类资产与收益权类资产配置比例均有所下降，截至年末分别占6.89%、5.30%（见表4-4-4）。

表 4-4-4 证券公司私募资管产品各类资产占比情况 （单位：%）

类型	2019年末	2020年末	2021年末	2022年末	2023年末
债类	60.62	59.95	69.27	73.59	71.57
各类产品	10.52	11.18	6.99	5.85	6.94
股类	6.22	9.14	7.94	7.65	6.89
收益权类	15.39	10.89	6.59	5.48	5.30
现金类	3.30	3.90	4.02	3.06	3.60
公募基金	1.75	2.97	3.81	2.67	3.26
其他	2.20	1.96	1.38	1.70	2.43

注：债类资产包括境内债券（利率债、信用债、资产支持证券及其他）、境内债权（同业存单、其他债权），各类产品包括私募资管产品、私募基金、银行理财、信托计划、保险资管等，现金类主要为银行存款，股类资产包括境内未上市股权、股票，收益权类包括各类资产收益权、买入返售资产、股票质押融资等。

资料来源：中国证券投资基金业协会。

进一步细化债类资产结构，近5年，证券公司私募资管产品对信用债的配置比例逐年提升，而对其他债权资产的配置比例连续下降（见图4-4-10）。

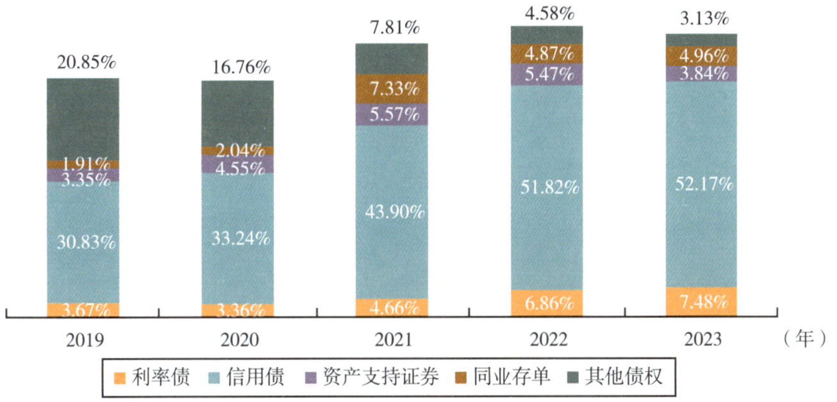

图 4-4-10 证券公司私募资管产品债类资产配置分布变化情况

注：图中占比为占资产总计的比例。

资料来源：中国证券投资基金业协会。

六、集中度情况

近年证券公司私募资管业务行业集中度有下降趋势。截至年末排位前5的公司管理规模合计占37.04%，前10占比为54.33%，前20占比为72.95%，前30达到82.24%（见表4-4-5）。从规模分布看，平均管理规模、各分位数均保持下降趋势（见表4-4-6）。

表 4-4-5　　证券公司私募资管规模集中度情况　　（单位：%）

	2019年末	2020年末	2021年末	2022年末	2023年末
前5占比	34.42	34.71	44.97	39.55	37.04
前10占比	50.82	53.51	62.41	57.96	54.33
前20占比	65.71	69.14	77.31	76.01	72.95
前30占比	76.24	79.07	85.08	84.45	82.24

资料来源：中国证券投资基金业协会。

表 4-4-6　　证券公司私募资管规模分布情况

	2019年末	2020年末	2021年末	2022年末	2023年末
1/4分位数（亿元）	217.01	157.76	82.24	54.62	37.73
中位数（亿元）	553.40	345.85	287.33	243.59	219.27
3/4分位数（亿元）	1 085.74	800.26	629.75	521.34	500.38
非0机构数量（家）	96	96	94	95	96
平均管理规模（亿元）	1 076.59	834.47	817.53	661.50	552.56

资料来源：中国证券投资基金业协会。

第五节　证券公司私募子公司私募基金业务

一、产品备案情况

2023年，私募子公司备案私募基金271只，比上年增加51只，增长23.18%。

其中，合伙型产品备案250只，占92.25%，同比增加52只，增长26.26%；公司型产品备案2只，占0.74%，与上年持平；契约型产品备案19只，占7.01%，同比减少1只（见表4-5-1）。

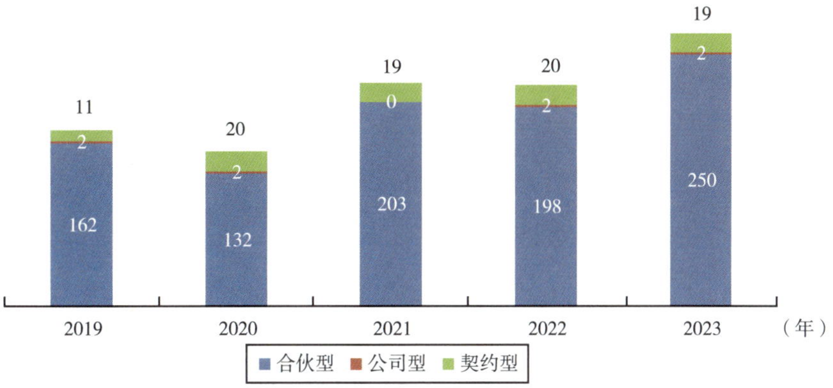

图 4-5-1　私募子公司私募基金备案数量（只）

资料来源：中国证券投资基金业协会。

2023年私募子公司私募基金备案规模共370.23亿元，比上年增加60.19亿元，增长19.42%。其中，合伙型产品326.94亿元，占88.31%，同比增加62.26亿元，增长23.52%；公司型产品0.20亿元，占0.05%，同比减少0.33亿元，下降62.26%；契约型产品43.08亿元，占11.64%，同比减少1.73亿元，下降3.87%（见图4-5-2）。

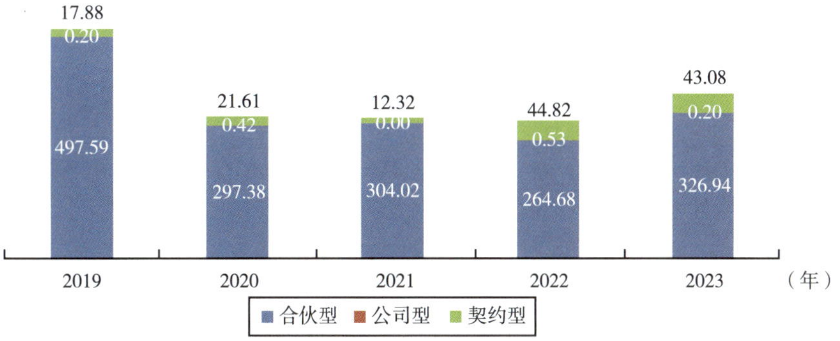

图 4-5-2　私募子公司私募基金备案规模（亿元）

资料来源：中国证券投资基金业协会。

二、产品存续情况

截至2023年末，规模非零的证券公司一级私募子公司有73家，较2022年末增加2家。存续私募基金1 394只，同比增加148只，增长11.88%。其中，合伙型产品存续1 280只，占91.82%，同比增加138只，增长12.08%；公司型产品存续23只，占1.65%，同比增加3只，增长15%；契约型产品存续91只，占6.53%，同比增加7只，增长8.33%（见图4-5-3）。存续规模6 204.79亿元[①]，同比增加309.07亿元，增长5.24%。其中，合伙型产品5 838.69亿元，占94.10%，同比增加336.96亿元，增长6.12%；公司型产品64.24亿元，占1.04%，同比增加1.44亿元，增长2.29%；契约型产品301.86亿元，占4.87%，同比减少29.33亿元，下降8.86%（见图4-5-4）。

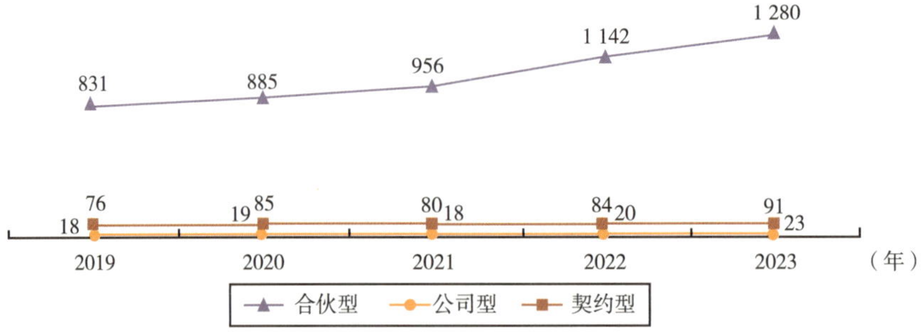

图 4-5-3　私募子公司私募基金存续数量（只）

资料来源：中国证券投资基金业协会。

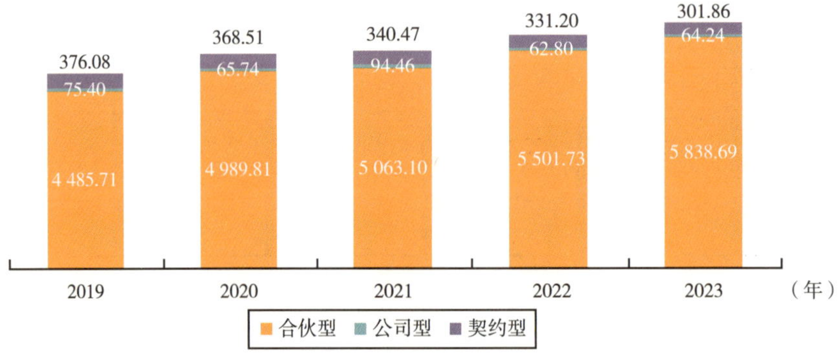

图 4-5-4　私募子公司私募基金存续规模（亿元）

资料来源：中国证券投资基金业协会。

① 指存续产品的实缴规模。

三、资金来源（投资者出资）情况

从私募子公司私募基金出资结构看，企业出资占比增加，各类产品出资占比下降。截至2023年末，企业资金占比为61.04%，同比提升2.09个百分点；各类产品出资占比为29.75%，同比下降1.99个百分点（见表4-5-1）。

表 4-5-1　证券公司私募子公司私募基金投资者分类占比情况　（单位：%）

类型	2019年末	2020年末	2021年末	2022年末	2023年末
企业	57.98	58.88	57.55	58.95	61.04
各类产品	33.97	34.42	33.72	31.74	29.75
居民	2.94	4.07	4.70	4.66	4.69
其他	5.10	2.63	4.04	4.65	4.52

注：各类产品主要包含私募资管产品、私募基金、银行理财、信托计划、政府产业基金等。
资料来源：中国证券投资基金业协会。

四、资产配置情况

私募子公司私募基金主要配置股类资产，截至2023年末，股类资产占比为56.33%，同比下降3.53个百分点；各类产品与银行存款占比分别为19.95%、14.74%，同比分别提升1.72个、2.3个百分点（见表4-5-2）。

表 4-5-2　证券公司私募资管产品各类资产占比情况　（单位：%）

类型	2019年末	2020年末	2021年末	2022年末	2023年末
股类资产	60.78	60.44	63.11	59.86	56.33
各类产品	12.77	16.42	17.22	18.23	19.95
银行存款	13.79	10.17	10.03	12.44	14.74
境内债权	9.39	9.70	6.81	6.52	5.49
其他	3.26	3.27	2.83	2.95	3.49

注：股类资产主要是境内未上市股权、上市公司定增，各类产品包括私募资管产品、私募基金等。
资料来源：中国证券投资基金业协会。

五、集中度情况

证券公司一级私募子公司行业集中度较高，截至年末排位前5的公司管理规模合计占50.71%，前10占比为68.03%，前20占比为85.76%，前30达到91.55%（见图4-5-5）。

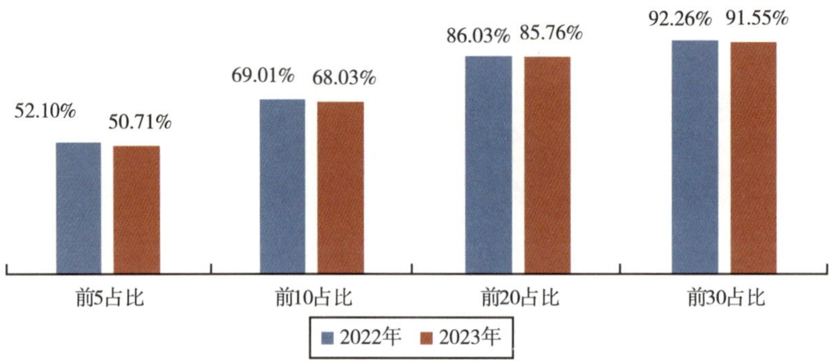

图 4-5-5　证券公司一级私募子公司规模集中度情况

资料来源：中国证券投资基金业协会。

第六节　期货公司私募资产管理业务

一、产品备案情况

2023年，期货公司备案私募资管产品809只，比上年减少49只，下降5.71%。

按产品类型看，集合产品备案511只，占63.16%，同比减少17只，下降3.22%；单一产品备案298只，占36.84%，同比减少32只，下降9.70%（见图4-6-1）。

按投资类型看，权益类产品备案46只，占5.69%，同比增加4只，增长9.52%；固收类产品备案295只，占36.46%，同比减少62只，下降17.37%；期货和衍生品类产品备案237只，占29.30%，同比减少18只，下降7.06%；混合类产品备案231只，占28.55%，同比增加27只，增长13.24%（见图4-6-2）。

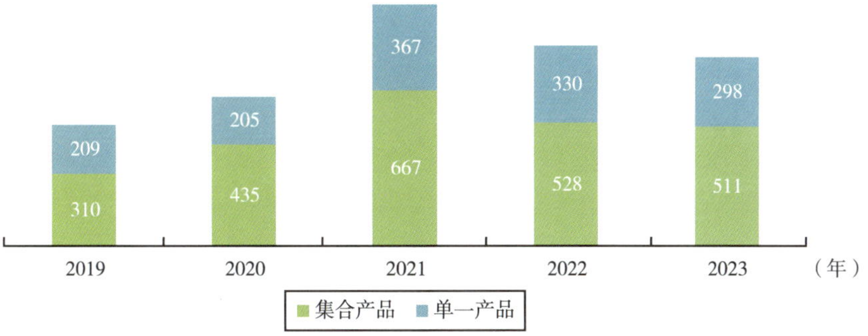

图4-6-1　按产品类型分期货公司私募资管产品备案数量（只）

资料来源：中国证券投资基金业协会。

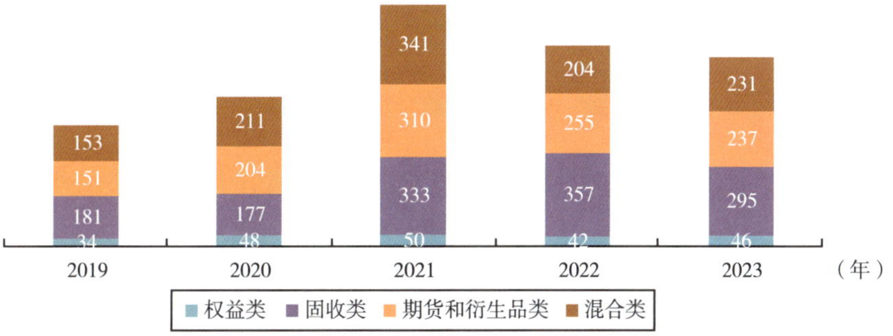

图4-6-2　按投资类型分期货公司私募资管产品备案数量（只）

资料来源：中国证券投资基金业协会。

2023年，期货公司私募资管产品备案规模共136.70亿元，比上年减少47.70亿元，下降25.87%。

按产品类型看，集合产品备案规模85.28亿元，占62.38%，同比减少38.36亿元，下降31.03%；单一产品备案规模51.42亿元，占37.62%，同比减少9.34亿元，下降15.37%（见图4-6-3）。

按投资类型看，权益类产品备案规模9.35亿元，占6.84%，同比增加2.19亿元，增长30.62%；固收类产品备案规模53.40亿元，占39.06%，同比减少12.31亿元，下降18.74%；期货和衍生品类产品备案规模39.49亿元，占28.89%，同比减少19.30亿元，下降32.83%；混合类产品备案规模34.47亿元，占25.22%，同比减少18.28亿元，下降34.65%（见图4-6-4）。

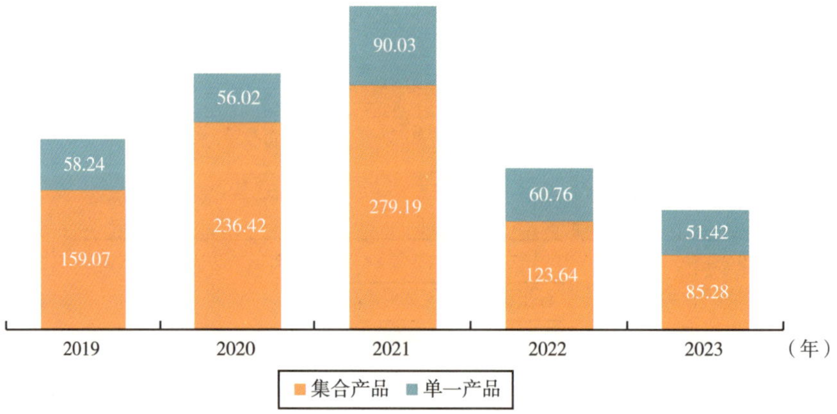

图 4-6-3　按产品类型分期货公司私募资管产品备案规模（亿元）

资料来源：中国证券投资基金业协会。

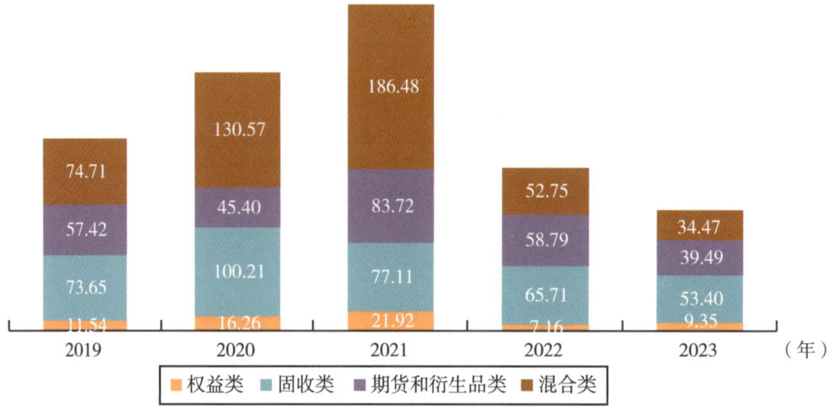

图 4-6-4　按投资类型分期货公司私募资管产品备案规模（亿元）

资料来源：中国证券投资基金业协会。

二、产品存续情况

截至2023年末，管理私募资管产品规模非零的期货公司有115家，与上年持平，存续产品2 117只，管理资产规模2 745.57亿元，同比减少401.48亿元，降幅12.76%。

2023年，集合产品存续数量增长，单一产品存续数量下降（见图4-6-5）；

以投资类型分，期货和衍生品类产品存续数量小幅下降，其他类型产品有不同程度增长（见图4-6-6）。

图 4-6-5　按产品类型分期货公司私募资管产品存续数量（只）

资料来源：中国证券投资基金业协会。

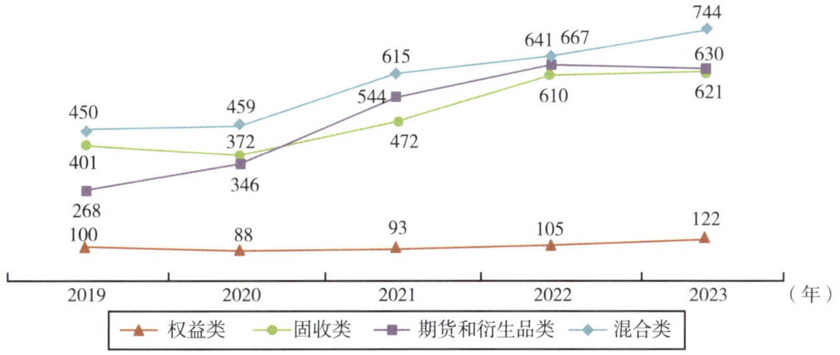

图 4-6-6　按投资类型分期货公司私募资管产品存续数量（只）

资料来源：中国证券投资基金业协会。

2023年，各类型产品存续规模均出现不同程度下降。截至年末，集合产品存续规模2 263.86亿元，占82.45%，同比减少272.90亿元，下降10.76%；单一产品存续规模481.72亿元，占17.55%，同比减少128.58亿元，下降21.07%（见图4-6-7）。

按投资类型分，权益类产品存续92.05亿元，占3.35%，同比减少29.96亿元，下降24.55%；固收类产品存续1 855.75亿元，占67.59%，同比减少127.77亿元，下降6.44%；期货和衍生品类产品存续227.35亿元，占8.28%，同比减少120.45亿元，下降34.63%；混合类产品存续570.42亿元，占20.78%，同比减少123.31亿元，下降17.77%（见图4-6-8）。

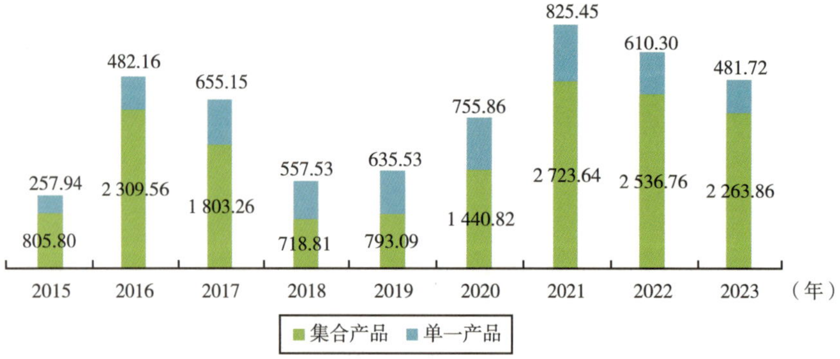

图 4-6-7　按产品类型分期货公司私募资管产品存续规模（亿元）

资料来源：中国证券投资基金业协会。

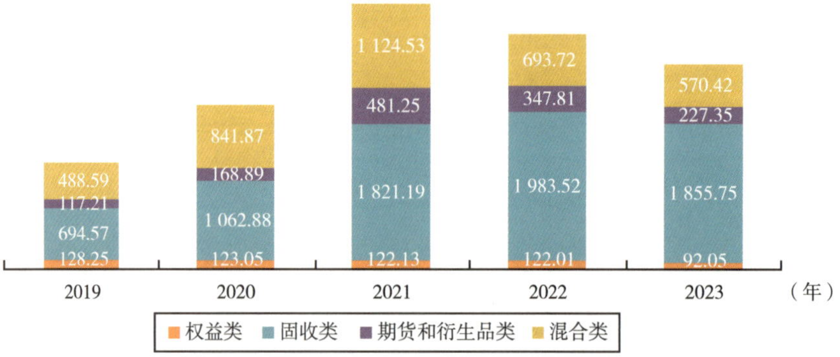

图 4-6-8　按投资类型分期货公司私募资管产品存续规模（亿元）

资料来源：中国证券投资基金业协会。

三、资金净流动（认/申赎）情况

2023年，期货公司私募资管产品净流出281亿元（见图4-6-9）。其中，权益类产品净流出17亿元，固收类产品净流出104亿元，期货和衍生品类产品净流出47亿元，混合类产品净流出113亿元。

观察期货公司私募资管产品资金流入率、流出率情况发现，近两年固收类产品、混合类产品、权益类产品资金流动率明显提升；期货和衍生品类产品相对其他产品资金流动率较低（见表4-6-1、表4-6-2）。

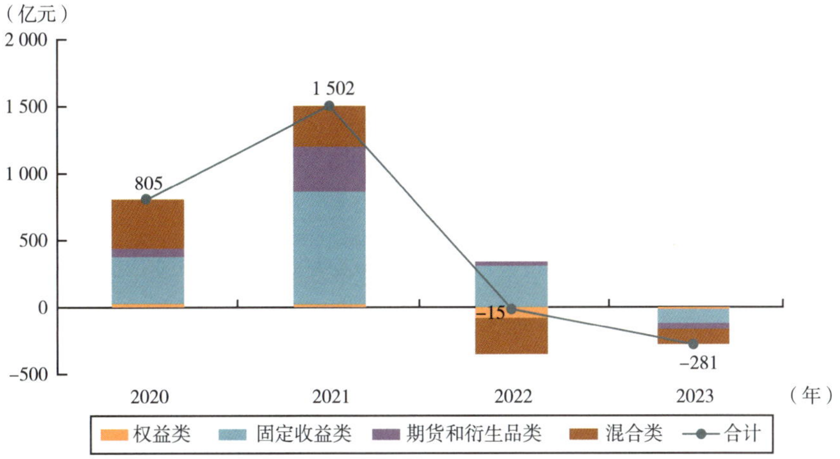

图 4-6-9　期货公司各类型私募资管产品资金流动情况

资料来源：中国证券投资基金业协会。

表 4-6-1　期货公司私募资管产品年度资金流入率情况　（单位：%）

时间	权益类	固收类	期货和衍生品类	混合类	合计
2020年	74.16	74.93	93.17	92.93	82.73
2021年	84.94	159.97	188.22	100.93	138.18
2022年	118.76	161.76	92.99	118.80	141.42
2023年	112.74	176.75	62.17	126.50	152.76

资料来源：中国证券投资基金业协会。

表 4-6-2　期货公司私募资管产品年度资金流出率情况　（单位：%）

时间	权益类	固收类	期货和衍生品类	混合类	合计
2020年	54.58	37.72	49.45	39.52	40.43
2021年	69.52	99.05	76.47	70.52	85.02
2022年	171.75	147.07	85.15	150.48	141.86
2023年	127.77	182.12	78.44	145.10	162.28

资料来源：中国证券投资基金业协会。

四、资金来源（投资者出资）情况

从期货公司私募资管产品出资结构看，2023年银行理财资金占比大幅下降，截至年末占比为39.77%，同比下降10.26个百分点；居民、其他企业出资占比有较大幅度提升，截至年末占比分别为18.50%、15.07%，同比分别增加3.04个、4.07个百分点（见表4-6-3）。

表 4-6-3　　期货公司私募资管产品资金分类占比情况　　（单位：%）

类型	2019年末	2020年末	2021年末	2022年末	2023年末
银行理财	29.16	39.07	53.79	50.02	39.77
居民	23.57	14.85	14.44	15.46	18.50
其他企业	15.80	21.89	11.65	11.00	15.07
信托计划	4.45	7.57	6.43	9.43	11.23
银行自有	5.33	3.96	3.93	4.56	7.58
私募基金	16.67	10.38	9.00	8.29	6.27
私募资管产品	4.87	2.16	0.63	1.06	1.38
其他	0.17	0.13	0.12	0.17	0.20

注：其他企业不含银行、保险公司、证券公司、信托公司。

资料来源：中国证券投资基金业协会。

五、资产配置情况

期货公司私募资管计划主要配置以信用债为主的境内债券，截至2023年末，境内债券占比达59.78%，其中信用债占比为51.02%；近两年现金类资产配置比例明显提升，年末占比为11%。期货公司私募资管产品配置相对稳定比例的期货、期权及其他衍生品类资产（见表4-6-4）。

表 4-6-4　　期货公司私募资管产品各类资产占比情况　　（单位：%）

类型	2019年末	2020年末	2021年末	2022年末	2023年末
境内债券	46.79	45.40	51.74	61.07	59.78
现金类	7.40	7.32	7.49	10.17	11.00
股类	12.90	11.79	10.53	7.31	7.25
各类产品	14.60	9.96	6.83	6.17	6.62
收益权类	4.76	5.59	5.18	4.38	6.31
公募基金	9.48	16.47	15.24	7.51	5.52
期货、期权及其他衍生品	2.11	2.06	2.05	2.32	2.30
其他	1.96	1.41	0.93	1.08	1.23

注：境内债券包括利率债、信用债、资产支持证券及其他，现金类资产包括银行存款、存出保证金、结算备付金等，股类资产以境内股票为主，各类产品包括私募资管产品、私募基金、信托计划、保险资管等，收益权类资产主要为各类资产收益权、买入返售资产等。

资料来源：中国证券投资基金业协会。

六、集中度情况

期货公司私募资管产品管理规模的行业集中度较高，截至年末排位前5的公司管理规模合计占56.75%，前10占比为73.10%，前20占比为84.07%，前30达到88.90%（见表4-6-5）。从规模分布看，近年平均管理规模下降，中位数连续提升（见表4-6-6）。

表 4-6-5　　期货公司私募资管规模集中度情况　　（单位：%）

	2019年末	2020年末	2021年末	2022年末	2023年末
前5占比	42.46	54.51	55.45	56.99	56.75
前10占比	62.58	69.29	74.38	71.67	73.10
前20占比	79.10	82.54	86.72	83.70	84.07
前30占比	89.42	91.14	92.66	89.51	88.90

资料来源：中国证券投资基金业协会。

表 4-6-6　　　期货公司私募资管规模分布情况

	2019年末	2020年末	2021年末	2022年末	2023年末
1/4分位数（亿元）	0.43	0.53	0.66	0.66	0.74
中位数（亿元）	1.73	2.20	3.72	4.00	4.31
3/4分位数（亿元）	12.97	17.55	16.59	16.90	11.69
非0机构数量（家）	111	108	112	115	115
平均管理规模（亿元）	12.87	20.34	31.69	27.37	23.87

资料来源：中国证券投资基金业协会。

第七节　资产证券化业务

一、企业资产支持证券化产品备案总体情况

截至2023年末，累计共有154家机构备案确认8 036只企业资产证券化产品，累计备案规模9.03万亿元。2023年备案产品1 213只，备案规模1.13万亿元（见图4-7-1）；截至2023年末，存续产品共2 268只，存续规模1.92万亿元（见图4-7-2）。

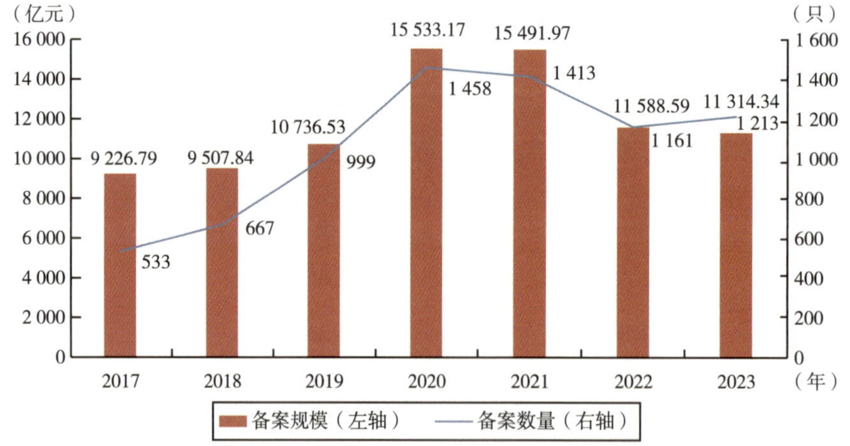

图 4-7-1　历年备案产品数量、备案规模趋势图

资料来源：中国证券投资基金业协会。

图 4-7-2　年末存续数量、存续规模趋势图

资料来源：中国证券投资基金业协会。

二、资产证券化产品管理人情况

截至2023年末，122家机构有存续资产证券化产品，其中证券公司及其资管子公司共87家，基金子公司33家，信托公司2家，证券公司及其资管子公司为发行机构主力（见表4-7-1）。

表 4-7-1　2023 年备案及年末存续数量、规模（按管理人类型）

管理人类型	开展业务机构数量（家）	2023年备案数量（只）	2023年备案规模（亿元）	年末存续产品数量（只）	年末存续规模（亿元）
证券公司及其资管子公司	87	1 177	11 000.01	2 103	18 109.65
基金子公司	33	36	314.32	162	1 112.27
信托公司	2	0	0	3	16.68
合计	**122**	**1 213**	**11 314.34**	**2 268**	**19 238.60**

注：开展业务机构指截至年末存续产品管理规模非零机构。

资料来源：中国证券投资基金业协会。

从2023年月均管理规模来看，中信、中金、华泰资管、平安、中信建投5家机构排名前五（见表4-7-2）。

表 4-7-2　2023 年管理人月均管理资产证券化产品规模前 20

序号	管理人名称	2023年月均管理规模（亿元）	占行业比例（%）	累计占比（%）
1	中信证券股份有限公司	2 364.79	12.00	12.00
2	中国国际金融股份有限公司	1 763.81	8.95	20.95
3	华泰证券（上海）资产管理有限公司	1 723.13	8.74	29.69
4	平安证券股份有限公司	1 681.84	8.53	38.23
5	中信建投证券股份有限公司	1 485.04	7.54	45.76
6	上海国泰君安证券资产管理有限公司	1 433.82	7.28	53.04
7	招商证券资产管理有限公司	592.75	3.01	56.05
8	天风（上海）证券资产管理有限公司	548.76	2.78	58.83
9	申万宏源证券资产管理有限公司	394.61	2.00	60.84
10	信达证券股份有限公司	370.54	1.88	62.72
11	兴证证券资产管理有限公司	365.77	1.86	64.57
12	华西证券股份有限公司	364.62	1.85	66.42
13	上海海通证券资产管理有限公司	344.38	1.75	68.17
14	财通证券资产管理有限公司	315.51	1.60	69.77
15	国联证券股份有限公司	298.11	1.51	71.28
16	中银国际证券股份有限公司	294.59	1.49	72.78
17	国信证券股份有限公司	252.90	1.28	74.06
18	东吴证券股份有限公司	221.96	1.13	75.19
19	华金证券股份有限公司	212.71	1.08	76.27
20	首创证券股份有限公司	193.86	0.98	77.25

资料来源：中国证券投资基金业协会。

三、基础资产类型

（一）2023年备案产品基础资产情况

2023年，资产证券化产品共备案确认1 213只，新增备案规模11 314.34亿元。按基础资产分类看，债权类产品共备案1 121只，占比92.42%；备案规模

10 043.06亿元，占比88.76%。其中，企业应收账款类产品备案规模占首位，2023年共备案3 883.85亿元，占当年新增备案规模的34.33%；融资租赁类产品备案2 385.07亿元，占21.08%；小额贷款类产品备案1 992.25亿元，占17.61%；商业不动产抵押贷款（CMBS）产品备案992.54亿元，占8.77%；保理融资债权类产品备案368.51亿元，占3.26%（见图4-7-3）。

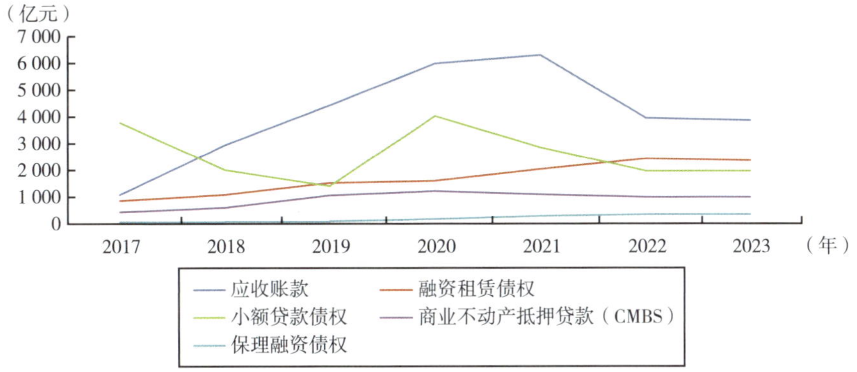

图 4-7-3　2023 年新增备案规模前五的债权类产品历年备案情况

资料来源：中国证券投资基金业协会。

未来经营性收入类产品共备案40只，占比3.30%，备案规模442.93亿元，占比3.91%。

不动产持有型ABS产品共备案30只，占比2.47%，备案规模561.02亿元，占比4.96%。

基础设施公募REITs所投ABS产品[①]共备案10只，占比0.82%，备案规模252.04亿元，占比2.23%。

其他类产品共备案12只，占比0.99%，备案规模15.32亿元，占比0.14%。

（二）存续产品基础资产情况

截至2023年末，债权类产品存续1 909只，占比84.17%，存续规模14 799.93亿元，占比76.93%。其中，应收账款类产品存续规模4 877.72亿元，占总存续规模的25.35%；商业不动产抵押贷款（CMBS）类产品存续规模3 867.00亿元，占

① 基础设施公募REITs所投ABS产品指符合《公开募集基础设施证券投资基金指引（试行）》的资产支持证券产品，以下同。

20.10%；融资租赁类产品存续规模2 711.14亿元，占14.09%；小额贷款类产品存续规模2 078.02亿元，占10.80%。

未来经营性收入类产品存续204只，占比8.99%，存续规模1 468.35亿元，占比7.63%。

不动产持有型ABS产品存续100只，占比4.41%，存续规模1 903.27亿元，占9.89%。

基础设施公募REITs所投ABS产品存续35只，占比1.54%，存续规模1 033.25亿元，占5.37%。

其他类产品存续20只，占比0.88%，存续规模33.80亿元，占比0.18%。

第五章

私募投资基金

2023年，全球经济回调，私募基金受其影响整体规模增速放缓，存续私募基金数量规模仍保持增长。截至2023年末，已备案私募基金153 032只，较2022年末在管私募基金增加8 012只，同比增长5.52%；管理基金规模20.32万亿元[①]，较2022年末增加338.07亿元，同比增长0.17%。有效服务实体经济，创新资本作用突出。2023年私募基金股权投资本金新增1.08万亿元，相当于公开市场股权融资总量的1.08倍，同期社会融资规模增量的3.0%。截至2023年末，在投项目本金9.15万亿元，同比增长0.41%。创业投资基金新增投资中，前五大投资行业均为战略新兴行业，合计项目数量和本金占比均超过70%。注册制实施以来，科创板、创业板、北交所新上市公司中，私募基金支持率分别为92%、70%、94%。

第一节　私募证券投资基金

一、自主发行类私募证券投资基金基本情况分析

（一）私募证券投资基金数量及规模趋势变化

截至2023年末，自主发行且正在运作的私募证券投资基金93 204只，较2022年末增加4 483只，同比增长5.05%（见图5–1–1）；规模合计为5.01万亿元，较2022年末减少281.61亿元，同比减少0.56%；平均单只基金的规模为5 374.76

① 本报告提到年底相关规模数据均已根据当年第4季度季报进行更新，非相应年末时点规模。

万元，较2022年末减少303.32万元，同比降低5.34%（见图5-1-2）。

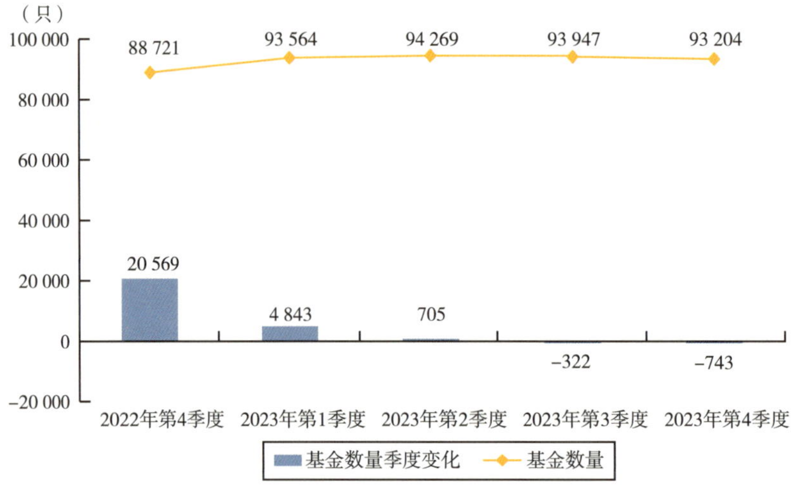

图 5-1-1　私募证券投资基金数量变化

资料来源：中国证券投资基金业协会。

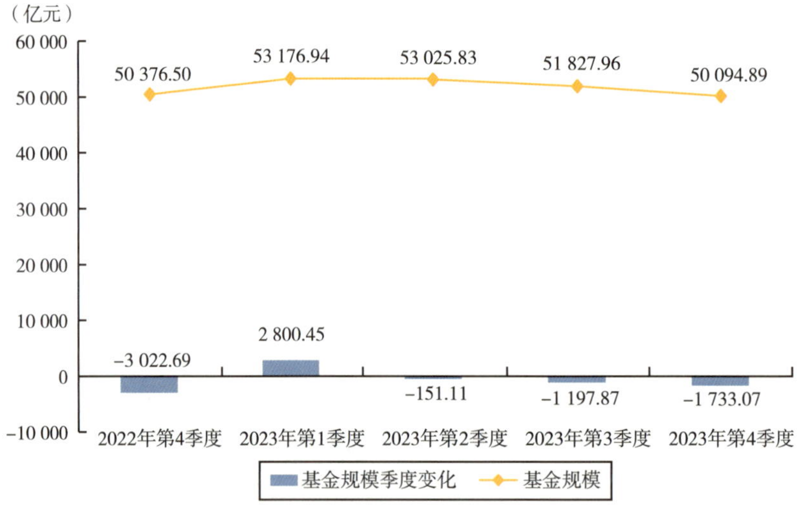

图 5-1-2　私募证券投资基金规模变化

资料来源：中国证券投资基金业协会。

2023年当年，协会备案自主发行的私募证券投资基金16 008只，同比下降37.56%；新备案基金初始规模2 325.96亿元，同比下降10.04%。分别占当年新备案基金总数的66.63%和34.41%。

（二）私募证券投资基金按规模分布情况

截至2023年末，私募证券投资基金“基金数量多，平均规模小；小型基金数量占比高，大型基金数量占比低”的现象依然突出，其中，5亿元规模以下的基金数量占比较2022年小幅增高，5亿元规模以上的基金数量占比较2022年小幅下降（见图5-1-3）；0.1亿~0.5亿元基金规模占比较2022年增长2.15%，0.5亿~1亿元基金规模占比较2022年增长1.34%，20亿元以上基金规模占比下降1.57%（见图5-1-4）。

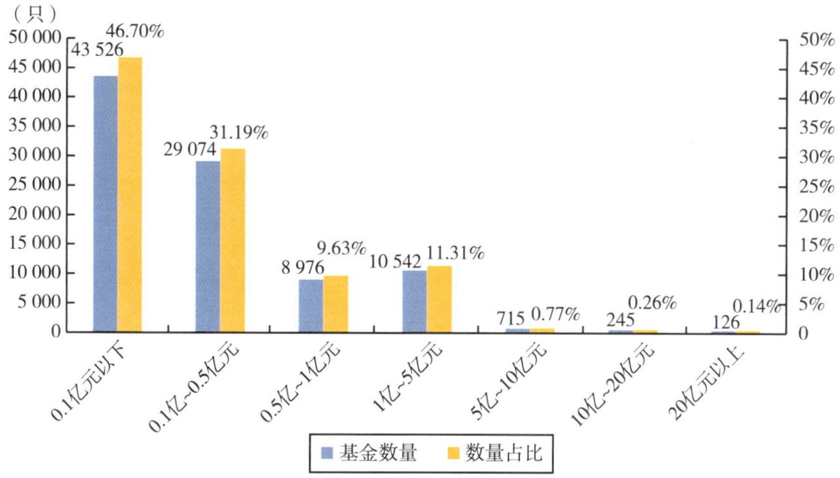

图 5-1-3　私募证券投资基金数量分布情况

资料来源：中国证券投资基金业协会。

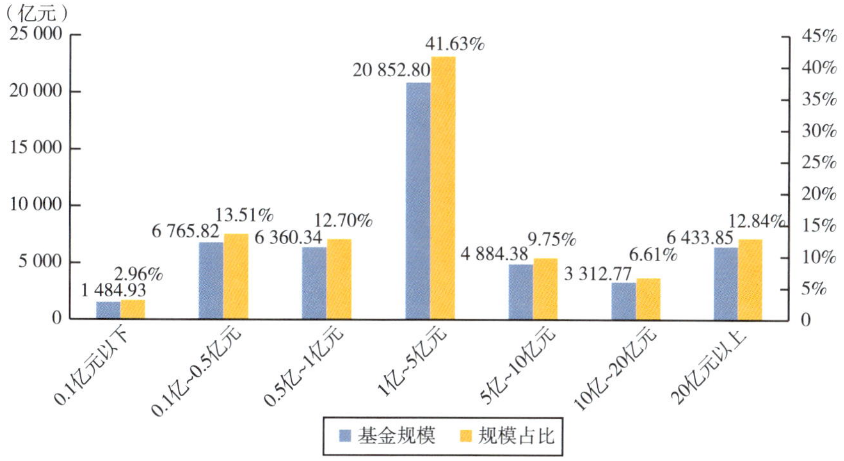

图 5-1-4　私募证券投资基金规模分布情况

资料来源：中国证券投资基金业协会。

（三）私募证券投资产品类型分布情况[①]

截至2023年末，从产品类型来看，股票类基金和混合类基金是私募证券投资基金（不含FOF类）中最主要的组成部分。相关资料见图5-1-5、图5-1-6。

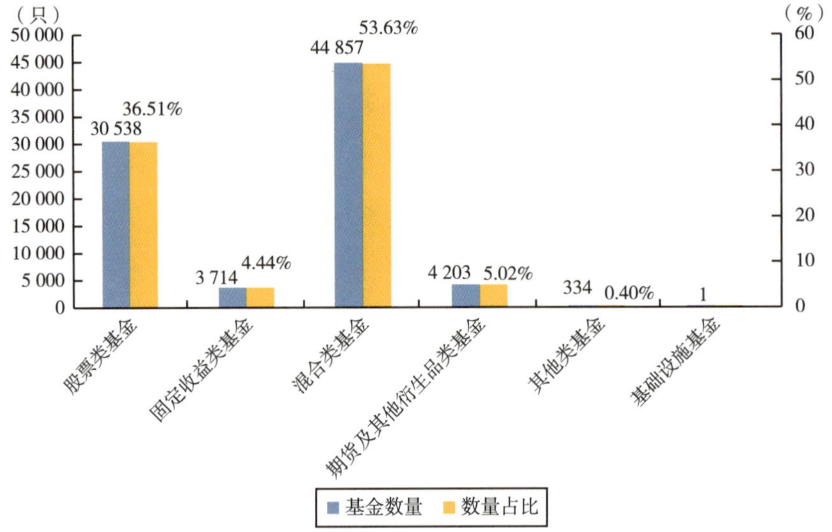

图 5-1-5　私募证券投资基金数量分布情况（按产品类型）

资料来源：中国证券投资基金业协会。

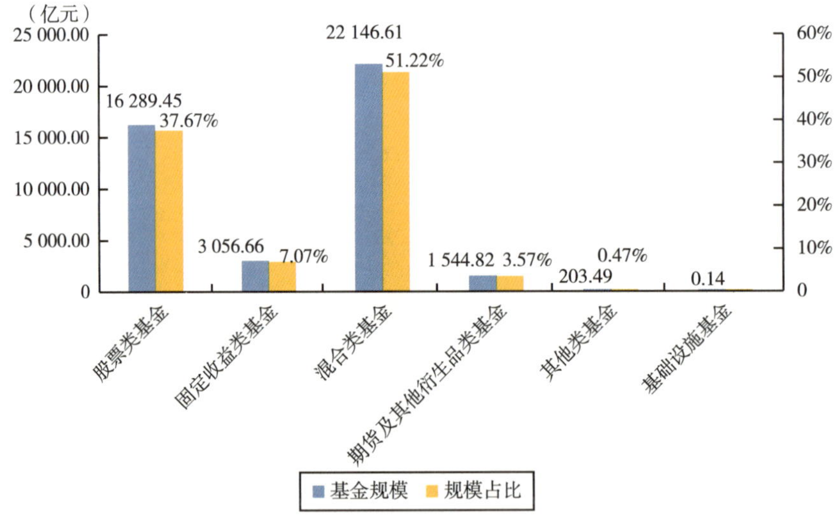

图 5-1-6　私募证券投资基金规模分布情况（按产品类型）

资料来源：中国证券投资基金业协会。

① 此节所统计的各类型基金中不包含FOF基金，有关私募证券类FOF的情况详见后文。

从不同产品类型的私募证券投资基金（不含FOF类）平均规模来看，单只固定收益类基金平均规模0.82亿元，高于其他类型基金；期货及其他衍生品类基金单只平均规模0.37亿元（见图5-1-7）。

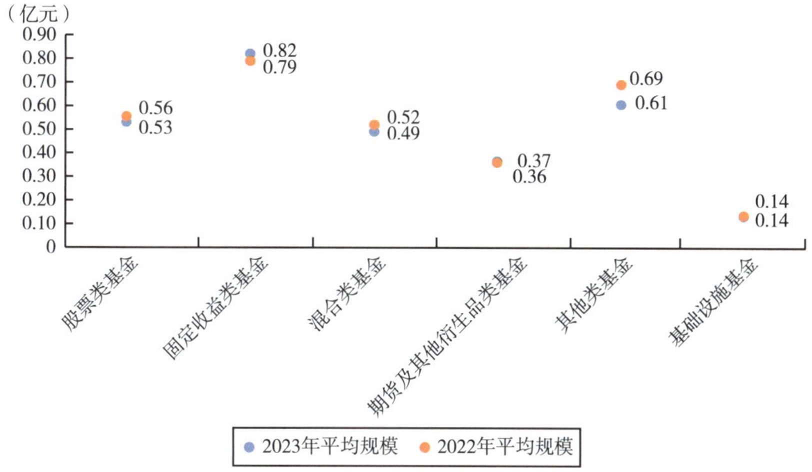

图 5-1-7　不同产品类型私募证券投资基金的平均规模情况

资料来源：中国证券投资基金业协会。

（四）私募证券投资基金组织形式分布情况

截至2023年末，从基金组织形式分布情况来看，契约型私募证券投资基金数量和规模上皆占绝对多数，其中，契约型私募证券投资基金规模较2022年下降0.30%，合伙型私募证券投资基金规模较2022年下降26.98%（见图5-1-8）。

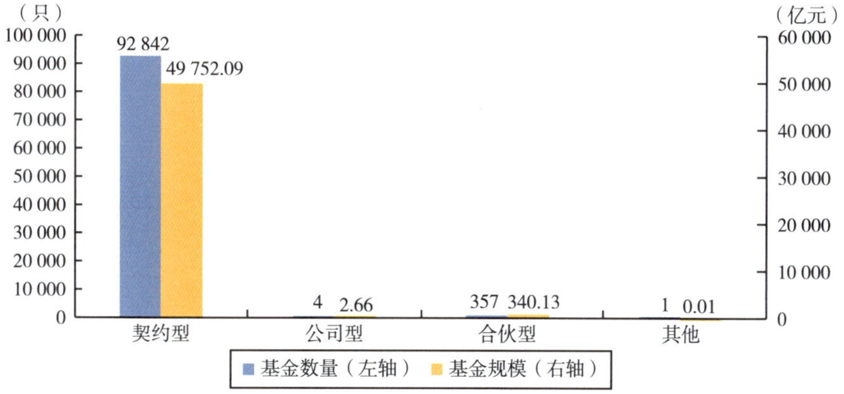

图 5-1-8　私募证券投资基金组织形式分布情况

资料来源：中国证券投资基金业协会。

（五）私募证券投资基金外包[①]情况

截至2023年末，共有92 360只私募证券投资基金采用外包服务，占私募证券投资基金总数的99.09%；相关基金规模4.90万亿元，占比为97.91%（见图5-1-9）。

从采用的外包服务类型来看，在使用外包服务的私募证券投资基金中，数量达99.74%的基金采用了份额登记服务，99.62%的基金采用了估值核算服务，使用信息技术服务的基金数量占比较2022年增长6.41%（见图5-1-10）。

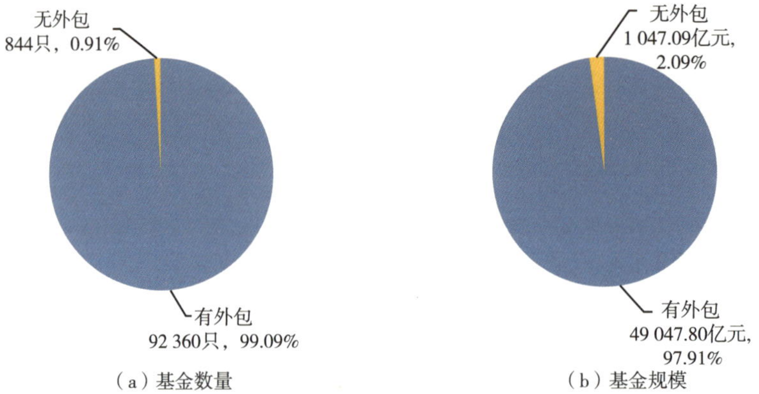

图 5-1-9　私募证券投资基金服务外包情况

资料来源：中国证券投资基金业协会。

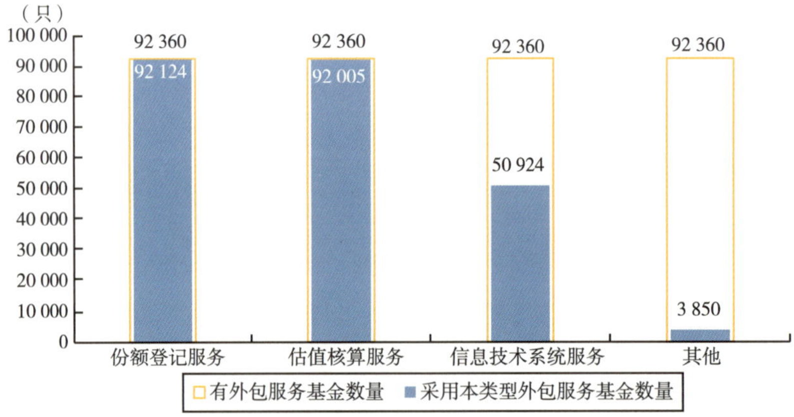

图 5-1-10　私募证券投资基金外包服务类型分布

资料来源：中国证券投资基金业协会。

① 根据“资产管理业务综合报送平台”关于基金外包情况的填报说明，私募基金外包服务的类型主要包括份额登记、估值核算、信息技术服务等，同一基金可以选择多种类型外包服务。

（六）私募证券类FOF情况

截至2023年末，正在运作的私募证券类FOF共有9 556只，规模6 853.04亿元，分别占自主发行类私募证券投资基金总数和总规模的10.25%与13.68%。其中，投向单一资管计划的基金占FOF总数量的48.40%，规模占FOF基金总规模的50.65%（见图5-1-11）。2023年末正在运作的私募证券类FOF占自主发行类私募证券投资基金总规模比重较2022年下降0.65个百分点。

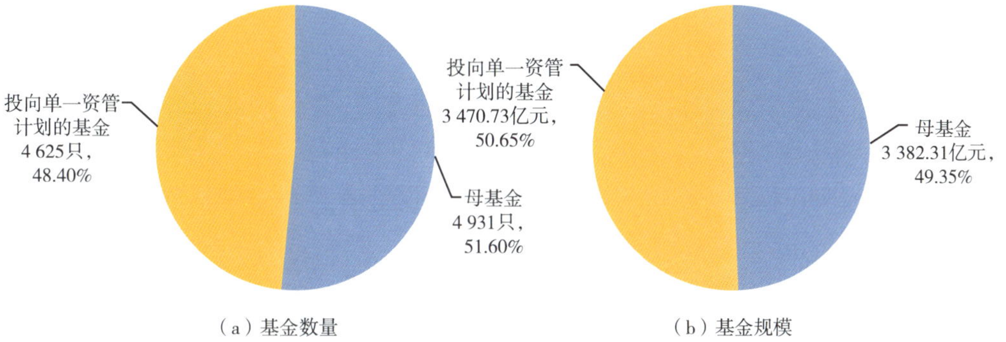

图 5-1-11　私募证券 FOF 构成情况

注：截至统计时点，仍有部分私募基金未完成信息补录，FOF产品类型缺失，归入其他类。
资料来源：中国证券投资基金业协会。

（七）基金募集账户监督机构类型分布①

截至2023年末，有募集账户监督机构②的基金共有91 415只，规模4.90万亿元。其中，87 883只私募证券投资基金选择证券公司作为募集账户监督机构，相关基金规模合计4.55万亿元，证券公司是最主要的募集账户监督机构类型（见图5-1-12）。

① 《私募投资基金募集行为管理办法》所称监督机构是指中国证券登记结算有限责任公司、取得基金销售业务资格的商业银行、证券公司以及中国基金业协会规定的其他机构。其中，其他机构主要包括招商基金管理有限公司、长安基金管理有限公司等8家已在协会登记为私募基金服务机构的公募基金公司。

② 由于销售机构不同等原因，单只基金可能存在多个募集账户监督机构。

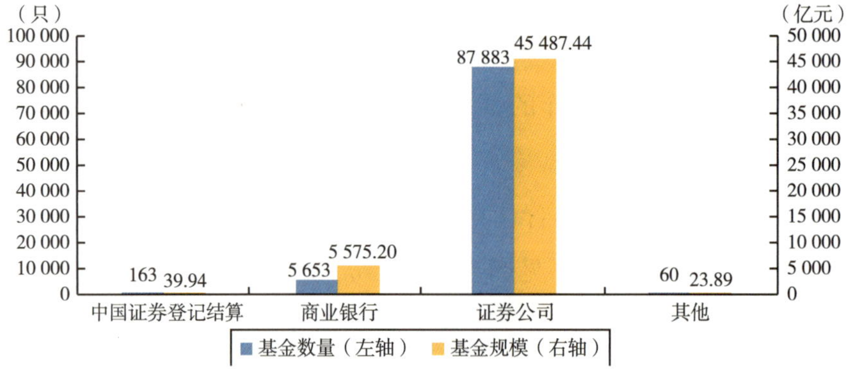

图 5-1-12　私募证券投资基金募集监督机构分布情况

资料来源：中国证券投资基金业协会。

二、自主发行类私募证券投资基金募集出资情况

截至2023年末，私募证券投资基金各类投资者合计出资5.03万亿元，较2022年末减少0.49%；所涉投资者104.16万人次，较2022年增长1.05%。

2023年新备案私募证券投资基金的初始各类投资者合计出资2 325.96亿元，所涉投资者8.64万人次。

（一）基金投资者数量分布情况

截至2023年末，单只私募证券投资基金的投资者数量主要集中在2~5（含）人次，相关基金数量达35 295只，占比37.87%（见图5-1-13）；基金规模1.23万亿元，占比24.55%（见图5-1-14）。

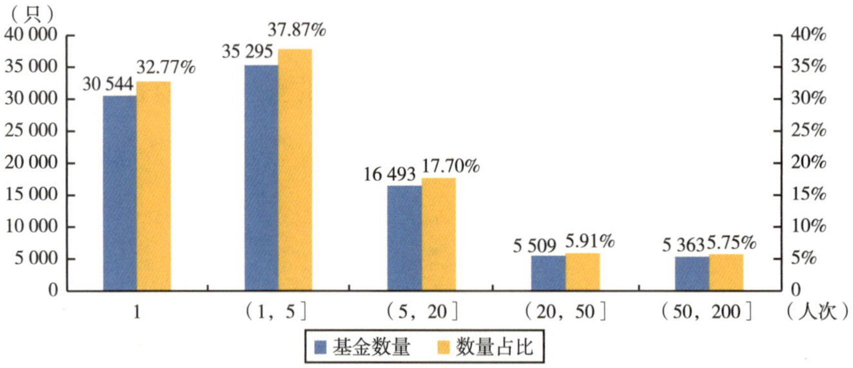

图 5-1-13　私募证券投资基金数量分布情况（按投资者人数）

资料来源：中国证券投资基金业协会。

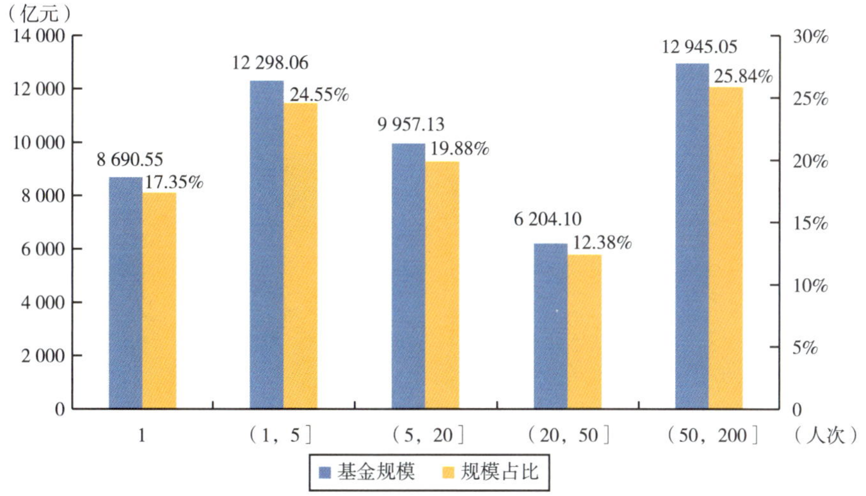

图 5-1-14　私募证券投资基金规模分布情况（按投资者人数）

注：部分在原私募基金登记备案系统完成备案的私募证券投资基金，暂未根据协会要求在“资产管理业务综合报送平台”补录投资者结构化数据信息或未及时进行清算，投资者数量暂时显示为0。

资料来源：中国证券投资基金业协会。

（二）基金各类投资者①出资情况

截至2023年末，私募证券投资基金的各类型投资者中，居民②数量占比达82.65%，相关资金占比为44.97%；各类资管计划③数量占比为14.12%，相关资金占比达41.87%；企业④数量占比3.17%，相关资金占比达12.25%（见图5-1-15）。

（三）机构投资者⑤出资比例分布情况

截至2023年末，约49.67%私募证券投资基金完全由居民出资，约24.28%的私募证券投资基金完全由机构投资者出资，机构投资者出资占比较2022年小幅下降0.10%（见图5-1-16）。

---

① 本报告所统计投资者人数及出资额，基于基金直接投资者（一级投资者）统计。合伙型、公司型基金的投资者出资额取其实缴出资额，契约型基金的投资者出资额取其持有的基金份额乘以同期末基金单位净值。

② 本报告中居民包含自然人（非员工跟投）和自然人（员工跟投）。

③ 本报告中资管计划投资者包含私募基金、政府出资产业投资基金、信托计划、证券公司及其子公司资管计划、基金公司及其子公司资管计划、期货公司及其子公司资管计划、保险资产管理计划、商业银行理财产品。

④ 本报告中企业投资者包含境内法人机构（公司等）、境内非法人机构（一般合伙企业等）、管理人跟投。

⑤ 本报告中机构投资者包含企业投资者和各类资管计划。

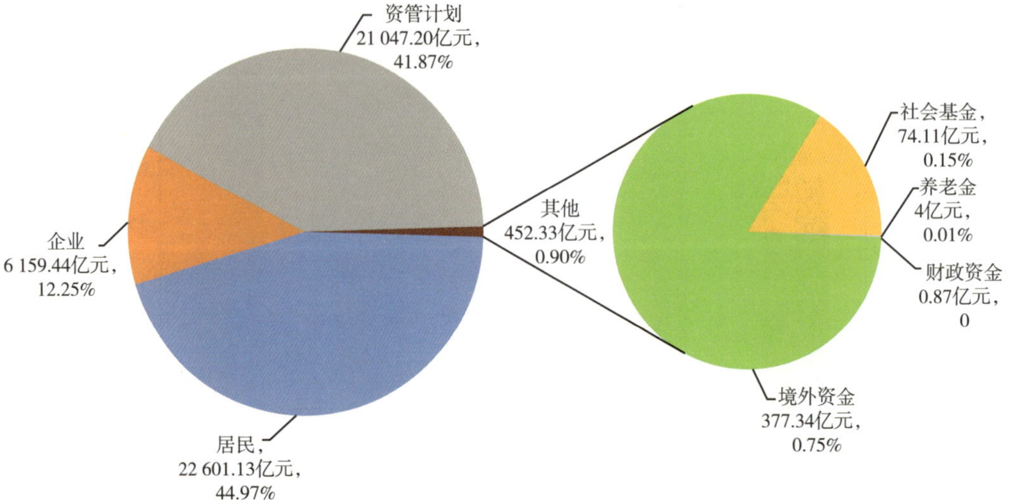

图 5-1-15 私募证券投资基金各类投资者投资资金规模比例分布

资料来源：中国证券投资基金业协会。

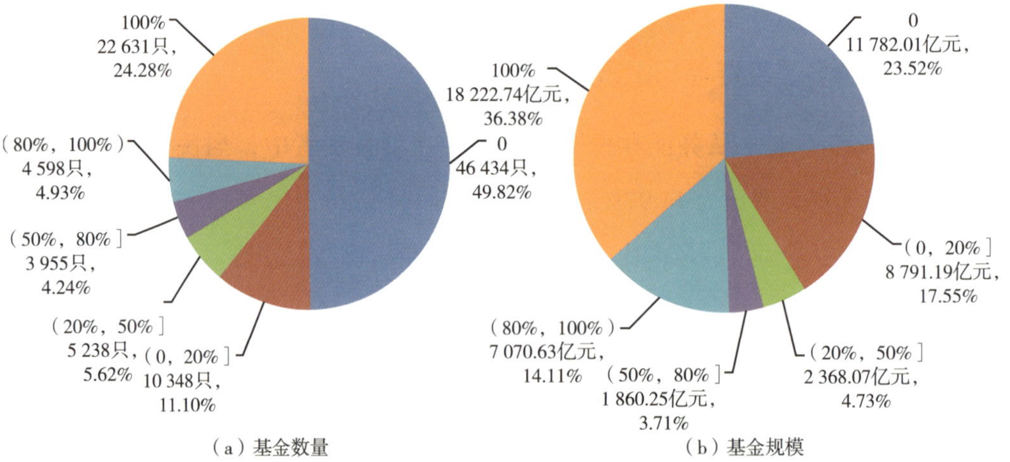

图 5-1-16 私募证券投资基金按机构投资者出资比例分布情况

资料来源：中国证券投资基金业协会。

三、顾问管理类产品情况

截至2023年末，在协会备案的正在运作的顾问管理类产品共有4 011只（见图5-1-17），规模合计5 041.65亿元（见图5-1-18）。2023年新备案顾问管理类产品581只，规模565.18亿元。

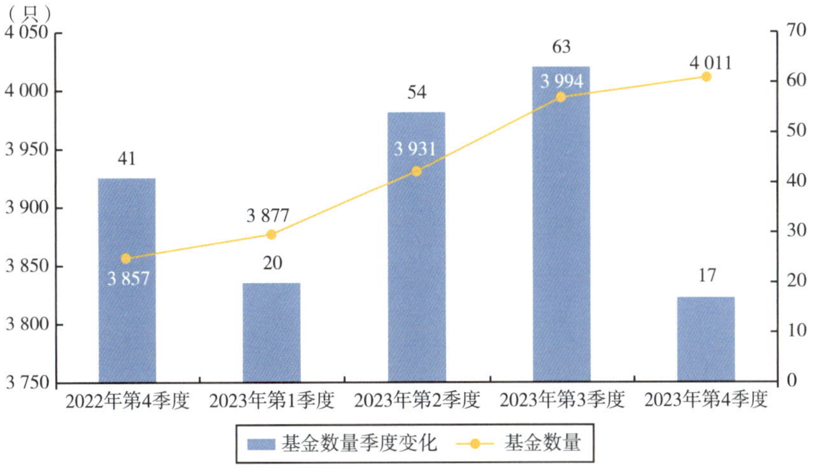

图 5-1-17　顾问管理类产品数量变化

资料来源：中国证券投资基金业协会。

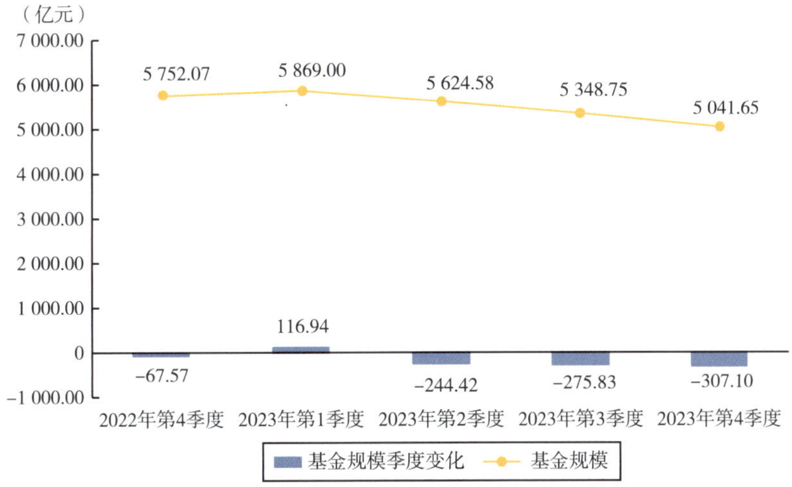

图 5-1-18　顾问管理类产品规模变化

资料来源：中国证券投资基金业协会。

（一）产品规模分布情况

截至2023年末，顾问管理类产品中，0.1亿~0.5亿元和1亿~5亿元基金数量位列前两位，分别为1 346只和1 111只，占比33.57%和27.71%（见图5-1-19）。1亿~5亿元的基金规模最大，占比46.83%。2023年末，存量1亿~5亿元顾问管理类基金数量占比较2022年减少4.45%；存量0.1亿~0.5亿元顾问管理类基金数量占比较2022年增长2.65%；0.1亿~0.5亿元基金规模的集中度进一步提升，占比较2022年增长1.57%（见图5-1-20）。

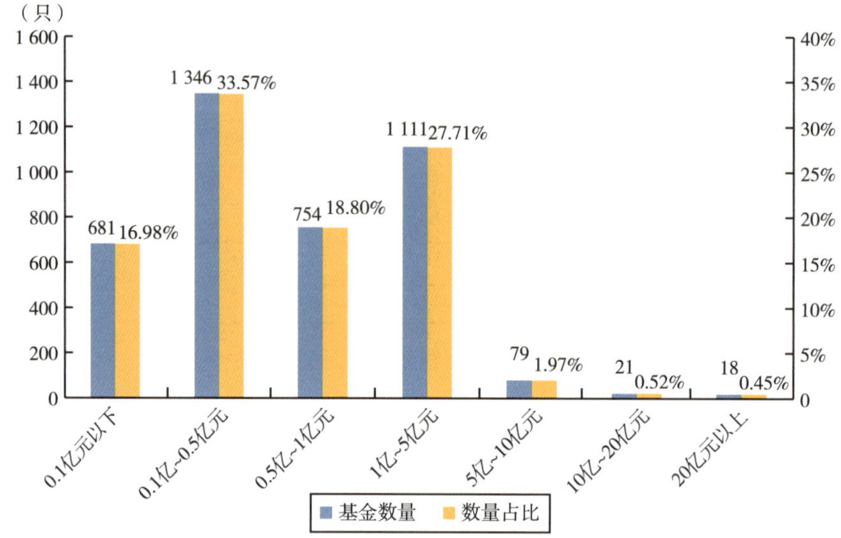

图 5-1-19　顾问管理类产品数量分布情况

资料来源：中国证券投资基金业协会。

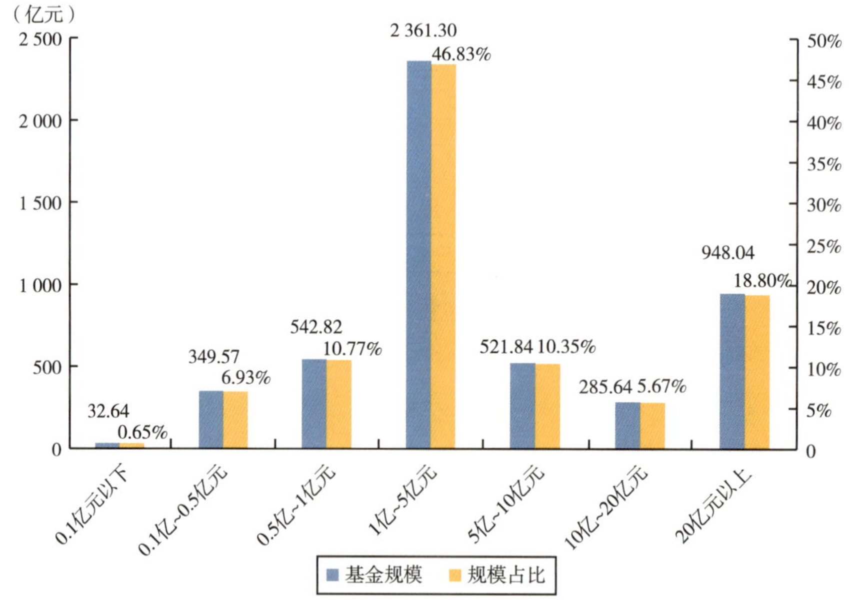

图 5-1-20　顾问管理类产品规模分布情况

资料来源：中国证券投资基金业协会。

2023年备案的581只顾问管理类产品，平均单只规模约为9 727.64万元，较2022年平均规模减小651.35万元。

（二）产品类型分布情况

截至2023年末，产品类型实际为信托计划的顾问管理类产品只数为3 236只，规模为3 937.40亿元，在顾问管理类产品中的占比最高（见图5-1-21及图5-1-22）。2023年新备案的顾问管理类产品中，产品类型为信托计划的顾问管理类产品数量最多，共计494只，占比85.03%，其规模最大，占比96.70%。

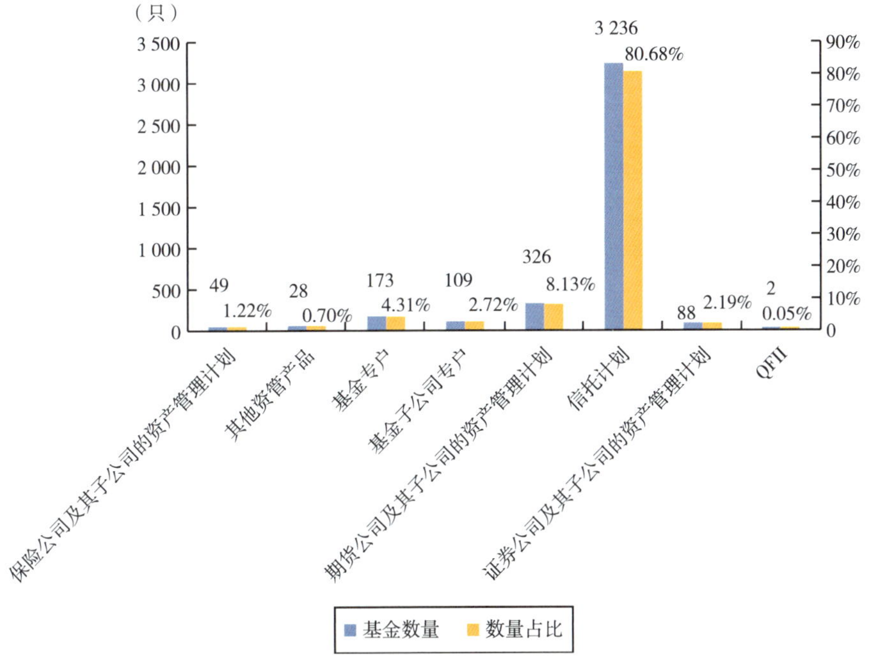

图5-1-21 顾问管理类产品数量分布情况（按产品类型）

资料来源：中国证券投资基金业协会。

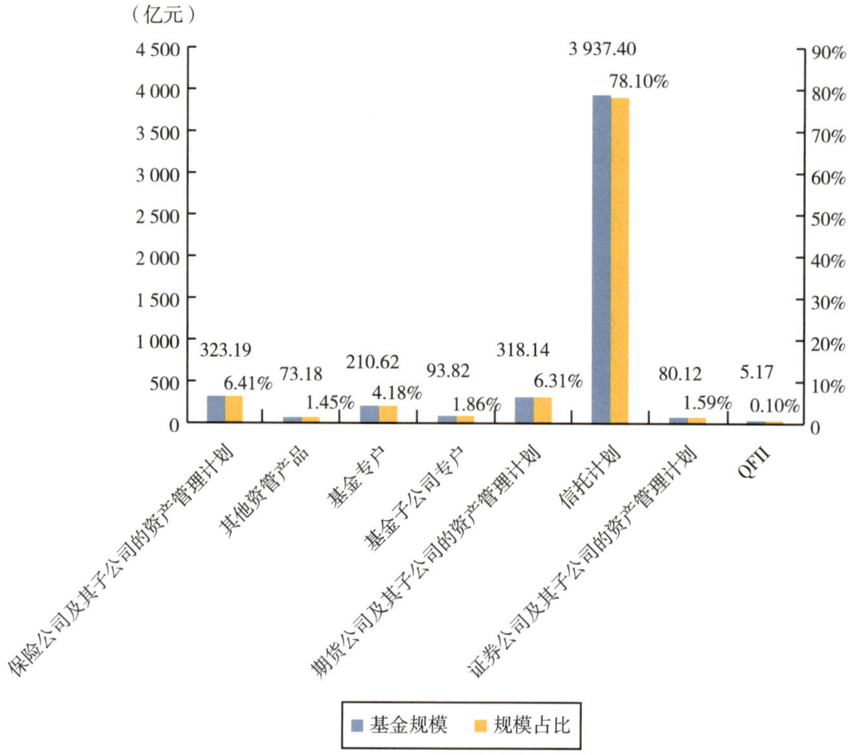

图 5-1-22　顾问管理类产品规模分布情况（按产品类型）

资料来源：中国证券投资基金业协会。

（三）产品投资类型分布情况

截至2023年末，顾问管理类产品主要的投资类型为股票类基金、混合类基金和固定收益类基金，三者合计占所有顾问管理类产品数量的93.34%，占所有顾问管理类产品规模的89.68%。2023年新备案顾问管理类产品中，以上三类基金合计503只，规模400.24亿元，分别占新备案顾问管理类产品的86.57%和70.82%。相关资料见图5-1-23、图5-1-24。

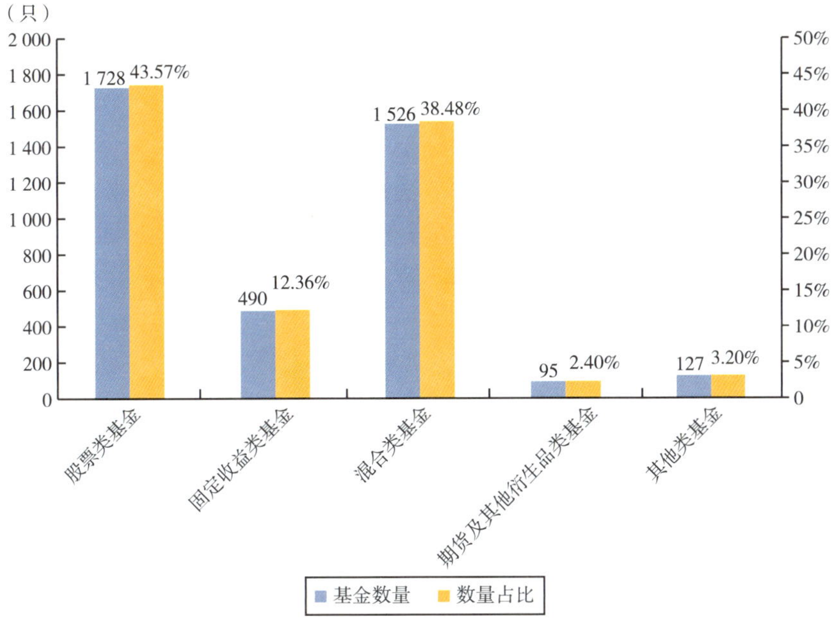

图 5-1-23　顾问管理类产品数量分布情况（按投资类型）

资料来源：中国证券投资基金业协会。

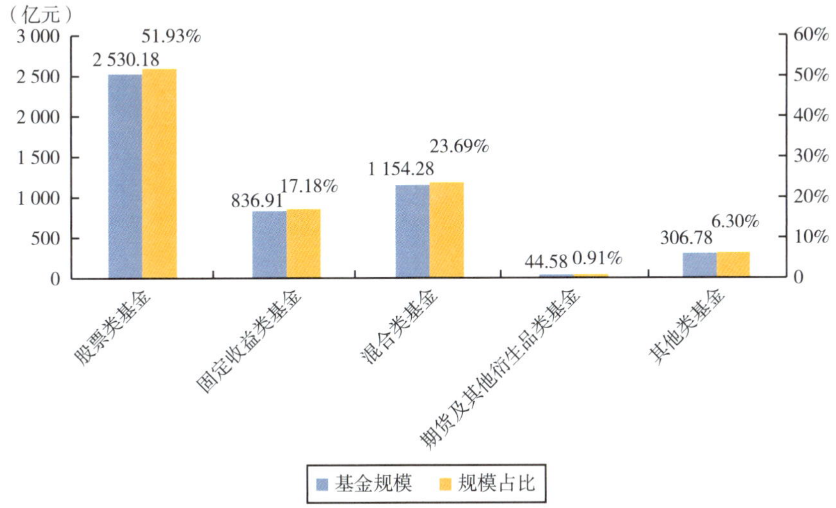

图 5-1-24　顾问管理类产品规模分布情况（按投资类型）

资料来源：中国证券投资基金业协会。

第二节　私募股权投资基金

一、私募股权投资基金基本情况

（一）基金数量和规模变化情况

面对多重挑战，我国私募股权基金存续数量和规模保持了稳定。截至2023年末，已备案私募股权投资基金31 255只，较2022年末减少268只，同比降低0.85%（见图5-2-1）；基金规模11.07万亿元，较2022年末减少415.70亿元，同比降低0.37%（见图5-2-2）。

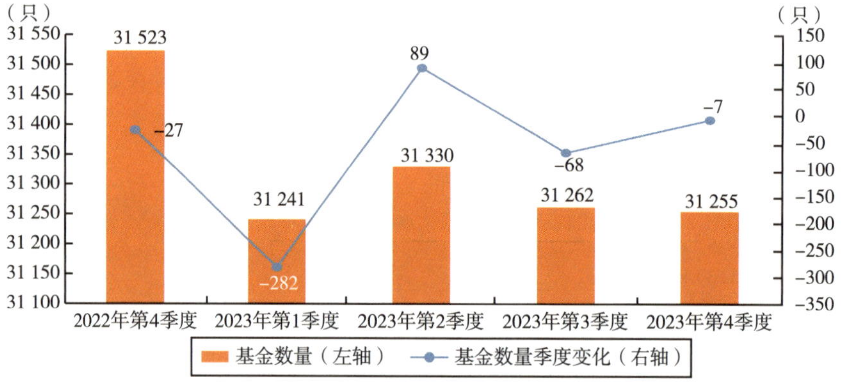

图 5-2-1　私募股权投资基金数量变化

资料来源：中国证券投资基金业协会。

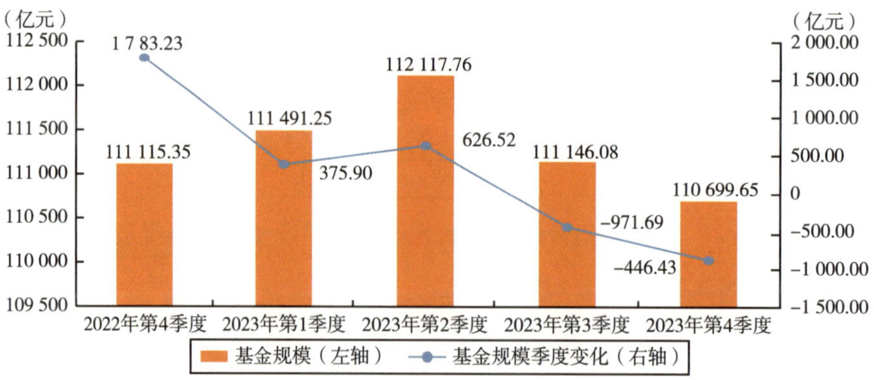

图 5-2-2　私募股权投资基金规模变化

资料来源：中国证券投资基金业协会。

（二）基金规模分布情况

截至2023年末，私募股权投资基金平均规模约为3.54亿元，较2022年末增加0.02亿元。从私募股权投资基金规模分布来看，单只基金规模主要集中于2 000万至5 000万元（不含），占比20.53%（见图5-2-3）。

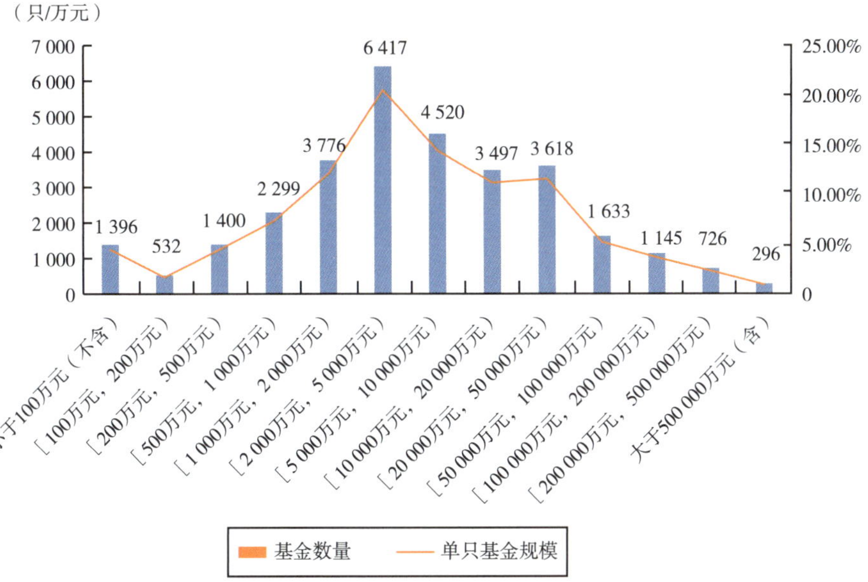

图 5-2-3 单只私募股权投资基金规模分布情况

资料来源：中国证券投资基金业协会。

（三）基金产品类型分布情况

截至2023年末，协会已备案私募股权投资基金（不含FOF类）26 389只，基金规模9.32万亿元（见图5-2-4、图5-2-5）。从私募股权投资基金（不含FOF类）产品类型来看，多数私募基金只进行一般性股权投资，产品类型为“其他基金”的数量与规模占比均为最高，分别为73.71%和65.68%；房地产基金的数量、规模占比较2022年末分别下降0.45%和0.53%；从各产品类型基金的平均规模来看，基础设施基金平均规模较大，达7.58亿元。

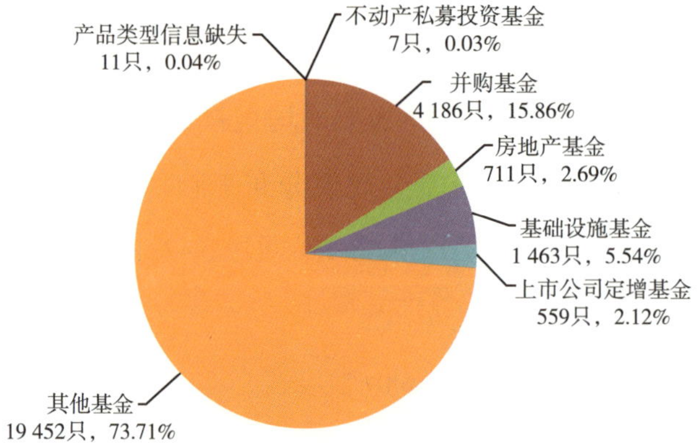

图 5-2-4　私募股权投资基金产品类型按基金数量分布情况

资料来源：中国证券投资基金业协会。

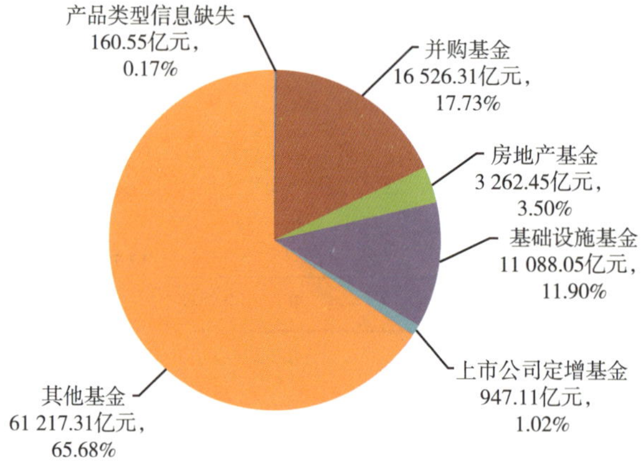

图 5-2-5　私募股权投资基金产品类型按基金规模分布情况

资料来源：中国证券投资基金业协会。

（四）基金组织形式分布情况

截至2023年末，从私募股权投资基金的组织形式来看，合伙型的数量和规模占比最高，分别为85.35%和81.30%（见图5-2-6、图5-2-7）。从不同组织形式基金的平均规模来看，公司型的基金平均规模最大，达26.62亿元。

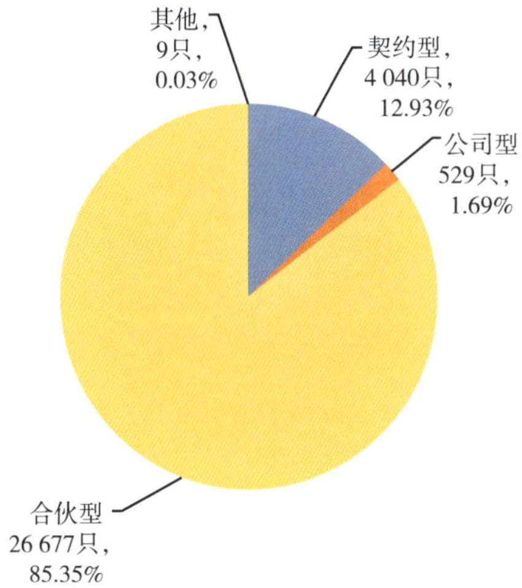

图 5-2-6　私募股权投资基金组织形式按基金数量分布情况

资料来源：中国证券投资基金业协会。

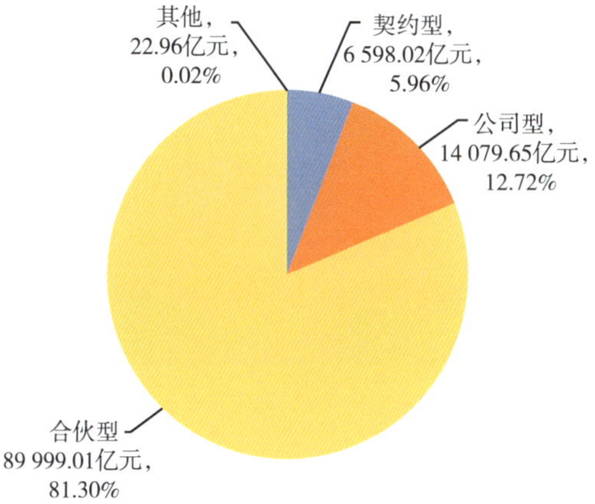

图 5-2-7　私募股权投资基金组织形式按基金规模分布情况

资料来源：中国证券投资基金业协会。

与2022年末相比，合伙型基金、公司型基金数量占比分别上升1.71个百分点和0.04个百分点，契约型基金数量占比下降1.75个百分点；从基金规模上来看，公司型基金和合伙型基金规模占比分别上升1.02个百分点和0.05个百分点，契约型基金规模占比分别下降1.07个百分点。

（五）基金外包情况[①]

截至2023年末，采用外包服务的私募股权投资基金数量5 617只，占比为17.97%；基金规模8 470.05亿元，占比为7.65%，规模及占比均有所下降，大部分私募股权投资基金仍未采用外包服务（见图5–2–8）。从单只基金的平均规模来看，采用外包服务的私募股权投资基金平均规模1.51亿元，未采用外包服务的平均规模3.99亿元。

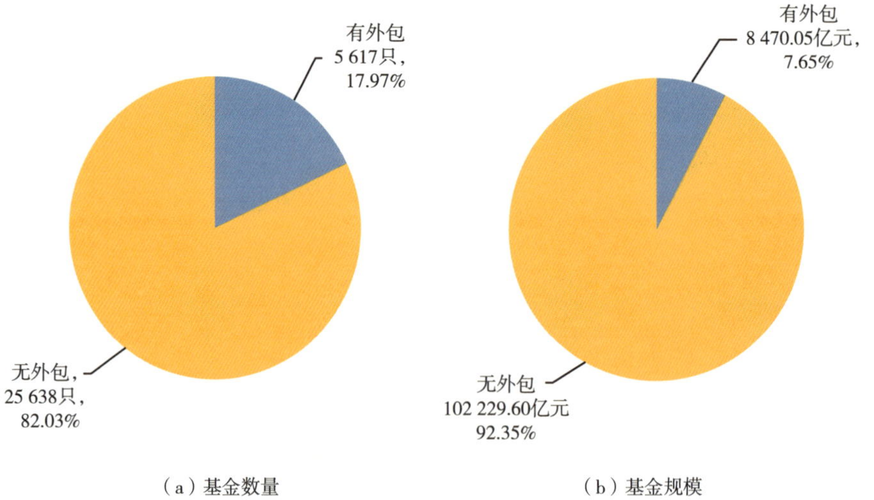

图 5–2–8　私募股权投资基金外包情况

资料来源：中国证券投资基金业协会。

私募股权投资基金采用的主要外包服务是份额登记服务和估值核算服务，其中，采用份额登记服务的私募股权投资基金5 083只，占有采用外包服务私募股权投资基金数量的90.49%；采用估值核算服务的5 231只，占有采用外包服务私募股权投资基金数量的93.13%（见图5–2–9）。

① 根据“资产管理业务综合报送平台”关于基金外包情况的填报说明，私募基金外包服务的类型主要包括份额登记、估值核算、信息技术服务等，同一基金可以选择多种类型外包服务。

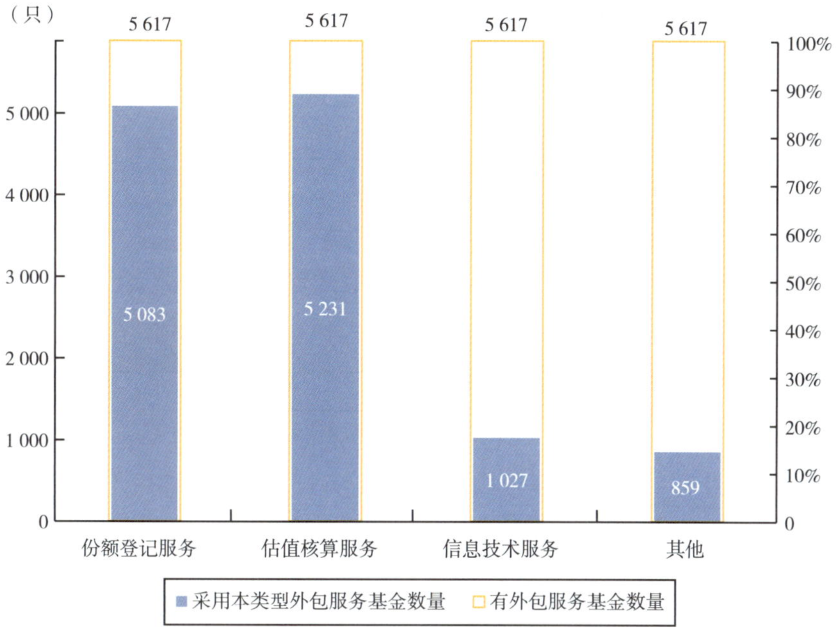

图 5-2-9　私募股权投资基金外包服务类型分布

资料来源：中国证券投资基金业协会。

（六）私募股权投资类FOF情况

截至2023年末，私募股权投资类FOF共4 866只，占私募股权投资基金总数量的15.57%；基金规模1.75万亿元，占私募股权投资基金规模的15.77%，基金数量和规模较2022年末分别增长0.75%和5.12%。

从基金种类来看，母基金数量和规模分别为2 638只和1.44万亿元，占私募股权投资类FOF的比例分别为54.21%和82.66%，分别较去年末增长2.04%和1.64%；投向单一资管计划基金的数量和规模分别为2 228只和3 026.94亿元，占私募股权投资类FOF的比例分别为45.79%和17.34%，分别较去年末下降2.04%和1.64%（见图5-2-10）。

从私募股权投资类FOF平均规模来看，母基金平均规模5.47亿元，而投向单一资管计划基金平均规模1.36亿元，远小于母基金。

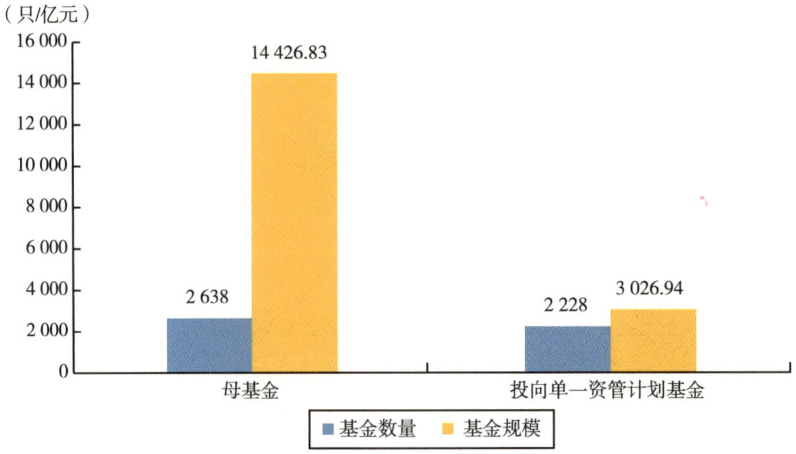

图 5-2-10　私募股权投资类 FOF 产品种类分布情况

注：截至统计时点，仍有部分私募基金未完成信息补录，FOF 产品类型缺失。
资料来源：中国证券投资基金业协会。

（七）政府引导基金情况

截至2023年末，勾选了“政府引导基金”标签的私募股权投资基金1 267只，占全部私募股权投资基金数量的4.05%，较上年末增长0.26%；基金规模9 945.82亿元，占全部私募股权投资基金规模的8.98%，较去年末增长0.68%。从单只基金平均规模来看，勾选了“政府引导基金”标签的私募股权投资基金平均规模为7.85亿元，远高于私募股权投资基金平均规模。

（八）基金募集账户监督机构情况①

截至2023年末，私募股权投资基金募集账户监督机构主要为取得基金销售业务资格的商业银行和证券公司，基金数量占比分别为83.55%和16.26%，基金规模占比分别为93.54%和6.19%（见图5-2-11）；从单只基金平均规模来看，募集账户监督机构为商业银行的私募股权投资基金平均规模为3.94亿元，而募集账户监督机构为证券公司的平均规模为1.34亿元，远小于前者。

① 《私募投资基金募集行为管理办法》所称监督机构是指中国证券登记结算有限责任公司、取得基金销售业务资格的商业银行、证券公司以及中国基金业协会规定的其他机构。其中，其他机构主要包括招商基金管理有限公司、长安基金管理有限公司等8家已在协会登记为私募基金服务机构的公募基金公司。

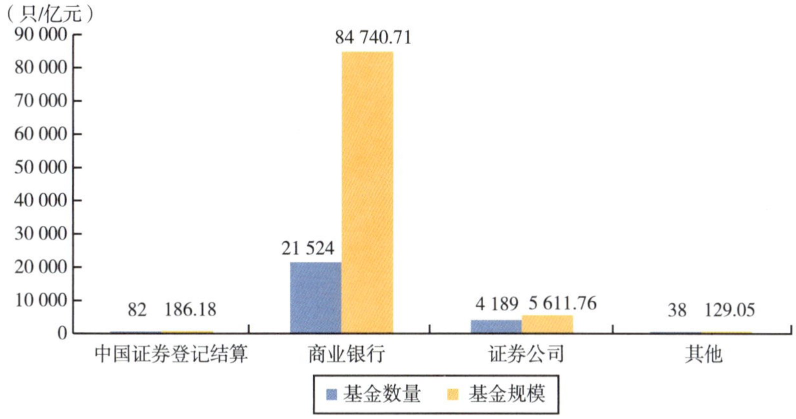

图 5-2-11　私募股权投资基金募集账户监督机构情况

注：根据“资产管理业务综合报送平台”相关填报规则，单只基金可同时选择多家募集账户监督机构。其中2016年7月15日之前成立的私募基金如监督机构可选择“不适用”，无须填写募集账户监督机构信息。

资料来源：中国证券投资基金业协会。

二、私募股权投资基金募集情况

2023年，新备案私募股权投资基金2 598只，备案基金规模2 166.52亿元。其中新备案的私募股权投资类FOF 300只，基金规模438.66亿元；新备案的私募股权基金仍以一般性股权投资基金为主，新备案基金1 804只，占比78.5%，新备案规模1 277.62亿元，占比78.50%；2023年当年备案勾选了“政府引导基金”标签的私募股权投资基金126只，基金规模236.23亿元，单只基金的平均规模为1.87亿元。

2023年备案私募股权投资基金的平均备案规模约为0.83亿元，单只基金规模分布同样主要集中于2 000万至5 000万元（不含），占比19.77%。此外，单只基金规模在5 000万至1亿元（不含）的基金数量占比9.85%，在1亿至5亿元（不含）的基金数量占比14.36%。

2023年备案的私募股权投资基金中，合伙型的基金数量和规模最大，占比分别为92.49%和77.75%；从不同组织形式基金的平均规模来看，契约型的基金平均规模达到1.51亿元。

2023年当年备案的私募股权投资基金中，采用外包服务的基金数量和规模占比分别为14.67%和17.41%。其中，采用份额登记服务的私募股权投资基金占采用外包服务私募股权投资基金数量的91.34%；采用估值核算服务的私募股权投资基金占采用外包服务私募股权投资基金数量的95.80%。

商业银行在私募股权投资基金募集账户监督环节占据主导地位，是私募股权投资基金尤其是新备案、大规模基金的主要选择。2023年当年备案的私募股权投资基金中，以取得基金销售业务资格的商业银行作为募集账户监督机构的基金最多，占比达89.07%。

三、私募股权投资基金出资情况

截至2023年末，私募股权投资基金各类投资者合计出资10.62万亿元，较2022年末增加2 109.95亿元，同比增长2.03%；所涉投资者32.97万个，较2022年末减少12 566个，同比下降3.67%。

在新备案产品出资人结构方面，企业投资者占比最高。在2023年当年新备案私募股权投资基金出资占比62.62%，较2022年上升2.03个百分点；居民投资者数量占比达51.60%，相关资金占比仅为10.90%，较2022年下降2.58个百分点；各类资管计划投资者数量占比为6.62%，相关资金占比达20.38%，较2022年下降3.50个百分点。

（一）基金投资者①数量分布情况

截至2023年末，在协会备案的私募股权投资基金中，投资者数量主要集中在1~5（含）个，基金数量达16 889只，占比54.04%（见图5-2-12）；基金规模5.67万亿元，占比51.26%（见图5-2-13）。此外，还有部分未进行信息补录或未及时清算的私募股权投资基金投资者数量显示为“0”。

① 本报告所统计投资者人数及出资额，基于基金直接投资者（一级投资者）统计。合伙型、公司型基金的投资者出资额取其实缴出资额，契约型基金的投资者出资额取其持有的基金份额乘以同期末基金单位净值。

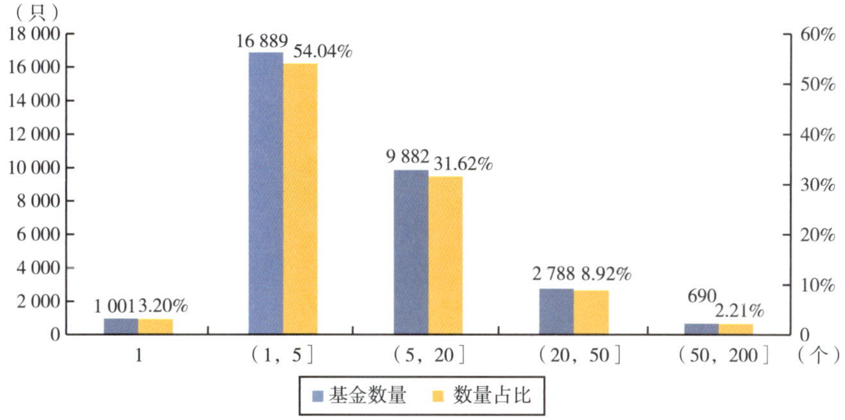

图 5-2-12　私募股权投资基金按投资者数量分类的数量分布

资料来源：中国证券投资基金业协会。

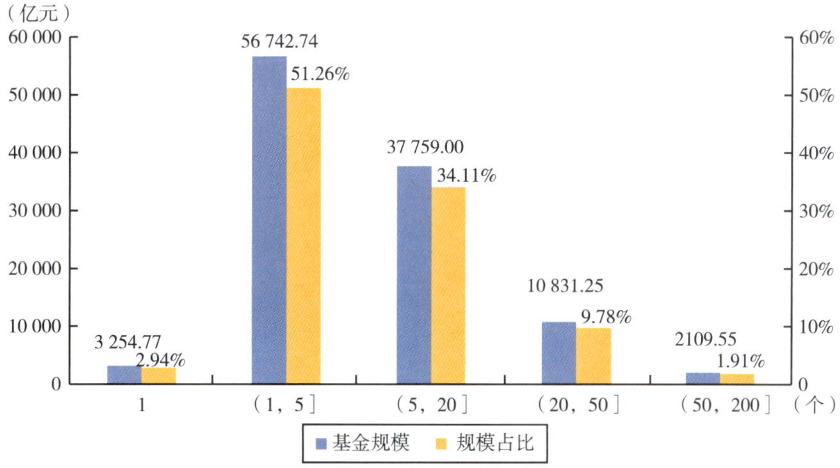

图 5-2-13　私募股权投资基金按投资者数量分类的规模分布

资料来源：中国证券投资基金业协会。

2023年备案的私募股权投资基金，无论从基金数量还是从基金规模来看，投资者数量均主要集中在1~5（含）个，基金数量1 750只，占比67.36%；基金规模1 107.37亿元，占比达51.11%。

（二）基金投资者出资情况

截至2023年末，私募股权投资基金的各类投资者中，居民投资者数量占比达71.83%，相关资金占比仅为7.47%；企业投资者数量占比22.63%，但相关资金占比达63.14%；各类资管计划投资者数量占比仅为5.33%，相关资金占比达26.19%（见图5-2-14）。

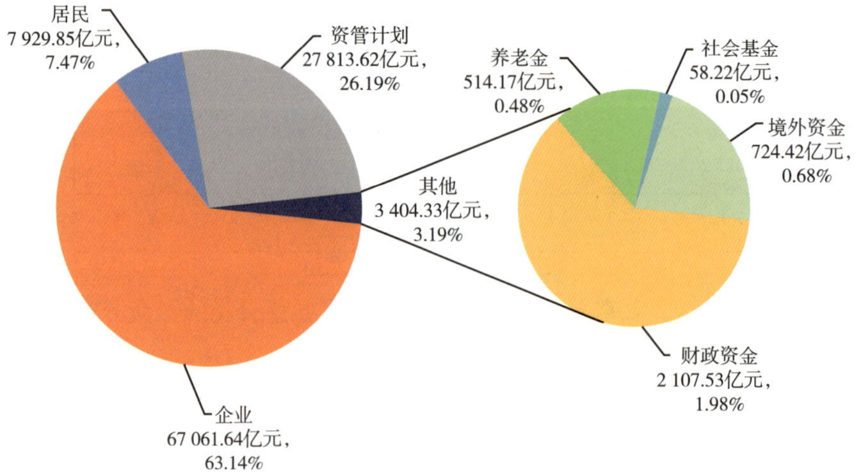

图 5-2-14　私募股权投资基金投资者出资比例分布

资料来源：中国证券投资基金业协会。

截至2023年末，私募股权投资基金的主要出资方为企业投资者及各类投资计划，出资金额9.49万亿元，出资占比89.33%，居民投资者出资7 929.85亿元，占比7.47%。具体来看，在所有类型投资者中，境内公司等法人机构出资最高，占出资总额的58.50%。私募基金产品出资占比17.67%，自然人（非员工跟投）出资占比7.12%。其余类型投资者均不足5%。

（三）机构投资者①出资比例分布情况

截至2023年末，从数量上看，46.28%的私募股权投资基金均由机构投资者出资（见图5-2-15），此类基金规模占比83.82%（见图5-2-16）；10.61%的基金全部由自然人投资者出资，基金规模占比仅为1.28%。

从单只基金的规模看，由机构投资者100%出资的基金平均规模6.41亿元；自然人投资者100%出资的基金平均规模0.43亿元。

① 指企业投资者和各类资管计划。

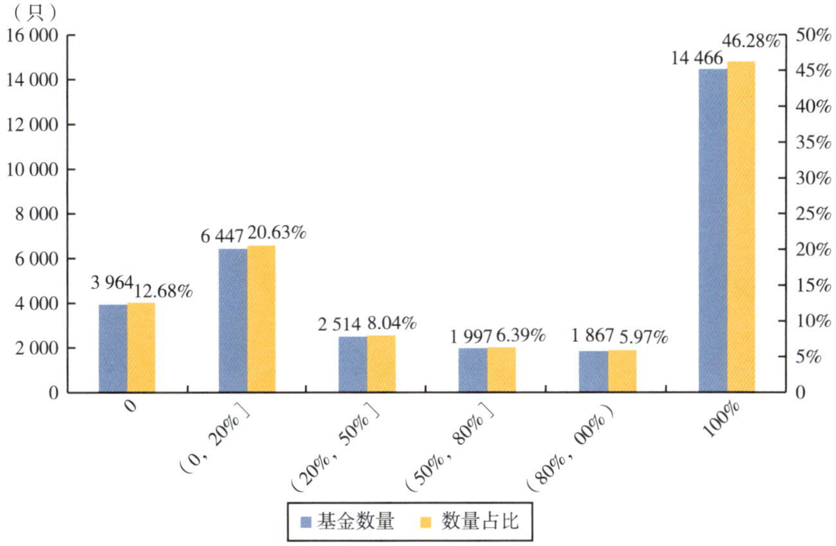

图 5-2-15　私募股权投资基金按机构投资者出资数量及占比分布

资料来源：中国证券投资基金业协会。

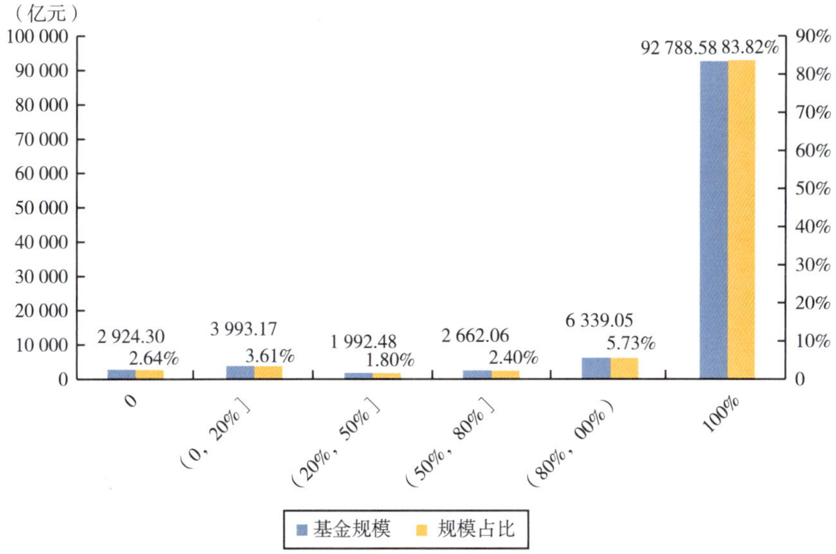

图 5-2-16　私募股权投资基金按机构投资者出资规模及占比分布

资料来源：中国证券投资基金业协会。

2023年备案的私募股权投资基金中，从数量上看，65.90%的私募股权投资基金均由机构投资者出资，此类基金规模占比达83.71%；8.58%的基金全部由自然人投资者出资，相关基金规模占比仅为4.18%。总体来看，机构投资者依然是私募股权投资基金的主要出资者。

四、私募股权投资基金投资运作情况

截至2023年末，已进行季度更新、完成运行监测表填报的存续私募股权投资基金，已投资且暂未完全退出的境内未上市、未挂牌公司股权投资、上市公司定向增发投资、股票协议转让、股票大宗交易、新三板投资、境内债权类投资以及境外股权、债权投资的投资项目68 992个，在投本金6.94万亿元。2023年，私募股权投资基金新增投资项目数量9 655个，投资本金7 689.70亿元。

（一）基金投资项目地域分布情况

截至2023年末，从投资项目地域分布来看，投资项目数量排名前五的地区为北京、广东（含深圳）、上海、江苏和浙江（含宁波），合计45 039个，占项目总数量的65.28%，超过境内其他区域数量占比合计的两倍（见图5-2-17）；投资项目在投本金排名前五的地区为北京、广东（含深圳）、上海、江苏和浙江（含宁波），合计3.63万亿元，占投资项目在投本金总数的52.32%（见图5-2-18）。

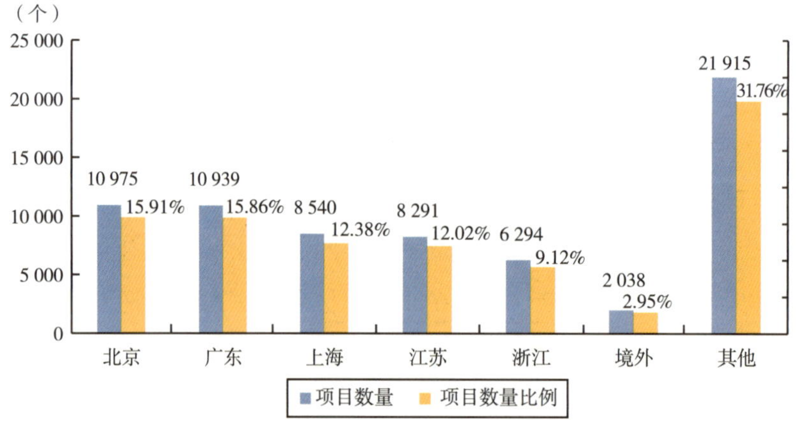

图 5-2-17　私募股权投资基金投资项目数量排名前五地区分布

资料来源：中国证券投资基金业协会。

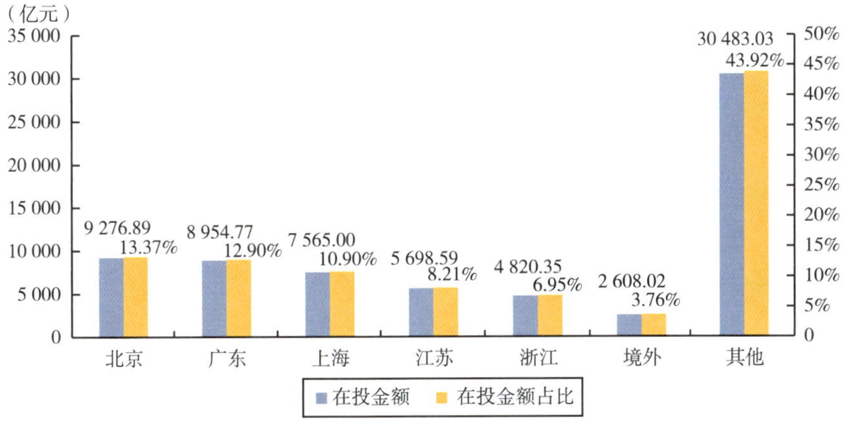

图 5-2-18　私募股权投资基金投资项目在投本金排名前五地域分布

资料来源：中国证券投资基金业协会。

2023年，私募股权投资基金投资项目数量排名前五的地区是江苏、广东（含深圳）、北京、上海和浙江（含宁波），数量合计5 983个，占2023年新增投资项目数量的61.97%；投资本金排名前五的是北京、广东（含深圳）、上海、江苏和浙江，投资本金合计4 194.96亿元，占2023年新增投资项目金额的54.55%。

（二）基金投资项目行业分布情况

从投资项目数量的行业分布来看，前五大行业为“计算机运用”“资本品”“医药生物”“半导体”和“医疗器械与服务”，各行业投资项目数量分别为14 402个、8 833个、6 229个、6 160个和4 840个，占比分别为20.87%、12.80%、9.03%、8.93%和7.02%。

从投资项目在投本金的行业分布来看，前五大行业分别为“资本品”“半导体”“房地产”“交通运输”和“计算机运用”，各行业在投本金分别为9 192.76亿元、7 099.09亿元、6 664.63亿元、6 361.67亿元和6 330.24亿元，占比分别为13.24%、10.23%、9.60%、9.17%和9.12%。

从单个投资项目在投本金的行业分布来看，前五大行业分别为“保险”“银行”“交通运输”“房地产”和“公用事业”，在投本金分别为9.54亿元、9.52亿元、4.52亿元、3.57亿元和2.99亿元。

2023年新增投资项目数量从行业分布来看，前五大行业为“资本品”“半导体”“计算机运用”“医药生物”和“原材料”，数量占比分别为16.36%、

14.37%、12.96%、10.10%和8.38%；投资项目金额从行业分布来看，前五大行业为“半导体”“资本品”“交通运输”“计算机运用”和“原材料”，投资本金占比分别为16.65%、14.60%、7.12%、6.94%和6.82%；单个项目投资本金从行业分布来看，排名前五的行业分别为“保险”“电信业务”“交通运输”“房地产”和“公用事业”，平均投资本金分别为86.33亿元、3.00亿元、2.77亿元、2.51亿元和1.83亿元，行业分布变动明显。

五、私募股权投资基金投资项目退出情况

截至2023年末，已进行季度更新、完成运行监测表填报且正在运作的私募股权投资基金投资项目共退出28 505个，发生退出行为56 415次，退出本金2.31万亿元。2023年当年新增退出项目7 153个，发生退出行为10 093次，退出本金5 061.34亿元。

（一）基金投资项目退出方式分布情况

截至2023年末，私募股权投资基金项目退出方式主要为“协议转让”“企业回购”“被投企业分红”“融资人还款”“新三板挂牌”，上述方式合计占所有退出次数的85.49%。从退出本金来看，“融资人还款”占比高达16.49%，“协议转让”占比达36.38%。

2023年新增退出项目通过“协议转让”和“企业回购”方式发生的退出行为较多，占所有退出数量的57.90%，退出本金占比达64.56%。其中，通过“协议转让”发生的退出行为3 335次，退出本金2 278.57亿元；通过“企业回购”发生的退出行为2 509次，退出本金989.11亿元。

（二）基金投资项目退出地域分布情况

截至2023年末，从私募股权投资基金投资项目退出的地域分布来看，退出项目数量排名前五的地区为北京、广东、上海、江苏和浙江，退出项目数量合计18 237个，数量占比63.98%（见图5-2-19）；项目退出本金排名前五的地区为北京、广东、上海、江苏和浙江，退出本金合计1.22万亿元，退出本金占比52.96%（见图5-2-20）。

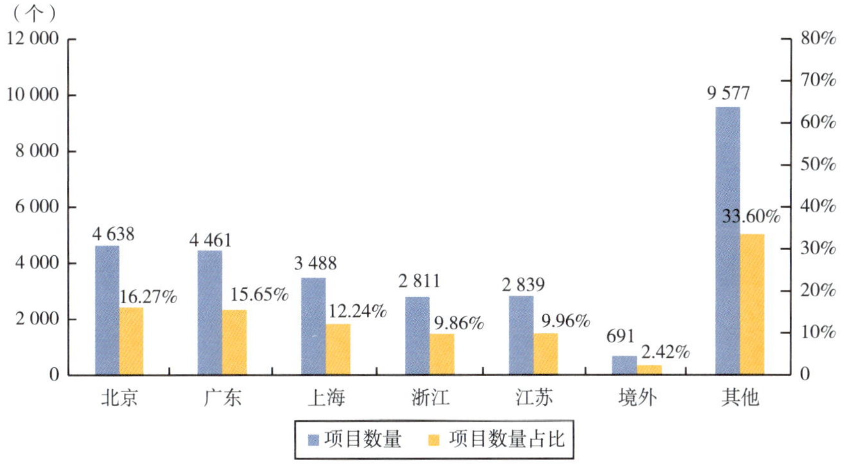

图 5-2-19 私募股权投资基金退出项目数量排名前五地区分布

资料来源：中国证券投资基金业协会。

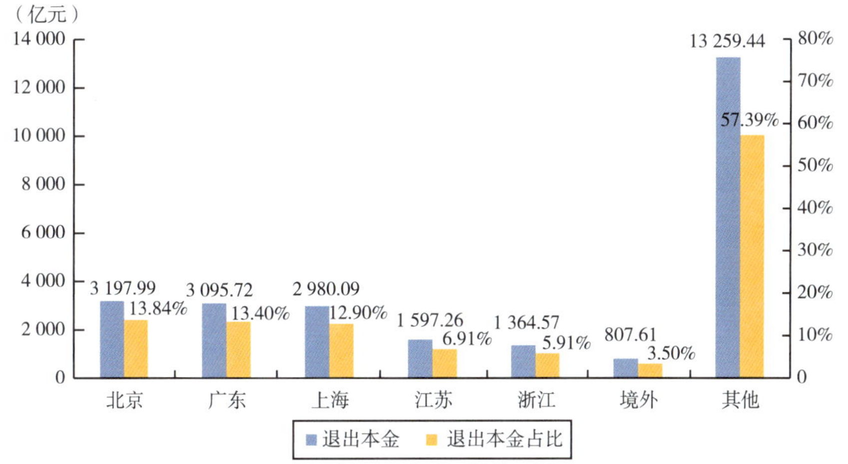

图 5-2-20 私募股权投资基金投资项目退出本金排名前五地区分布

资料来源：中国证券投资基金业协会。

从私募股权投资基金2023年新增退出项目的地域分布来看，退出项目数量排名前五的地区为广东、北京、上海、江苏和浙江，退出项目数量合计4 321个，数量占比60.41%；项目退出本金排名前五的地区为北京、广东、上海、浙江和山东，退出本金合计2 351.71亿元，退出本金占比46.46%。

（三）基金投资项目退出行业分布情况

从私募股权投资基金退出项目的行业分布来看，截至2023年末，前五大行业为“计算机运用”“资本品”“医药生物”“原材料”和“医疗器械与服务”，各行业退出项目数量分别为5 997个、3 541个、2 088个、2 061个和1 803个，合计15 490个；数量占比分别为21.04%、12.42%、7.33%、7.23%和6.33%，合计占比54.34%。

从私募股权投资基金退出项目退出本金的行业分布来看，前五大行业分别为“房地产”“资本品”“计算机运用”“其他金融”和“公共事业”，各行业退出本金分别为3 291.64亿元、3 120.32亿元、2 238.48亿元、1 604.56亿元和1 485.43亿元，退出本金合计1.17万亿元；占比分别为14.25%、13.51%、9.69%、6.94%和6.43%，合计占比50.81%。

2023年私募股权投资基金新增退出项目中，退出项目数量排名前五的行业为“计算机运用”“资本品”“原材料”“医药生物”和“医疗器械与服务”，各行业退出项目数量分别为1 251个、945个、552个、511个和446个，合计占比51.80%；退出本金前五大行业为“资本品”“房地产”“公用事业”“计算机运用”和“半导体”，各行业退出本金分别为772.07亿元、602.81亿元、459.15亿元、431.68亿元和368.84亿元，合计占比52.05%。

第三节　创业投资基金

一、创业投资基金基本情况

（一）基金数量和规模变化情况

创业投资基金数量与规模创新高，并保持高速增长态势。截至2023年末，已备案创业投资基金23 389只，较2022年末增加4 036只，同比增长20.85%（见图5-3-1）；已备案创业投资基金规模为3.24万亿元，较2022年末增加3 391.47亿元，同比增长11.69%；平均每只基金的规模约为1.39亿元（见图5-3-2）。

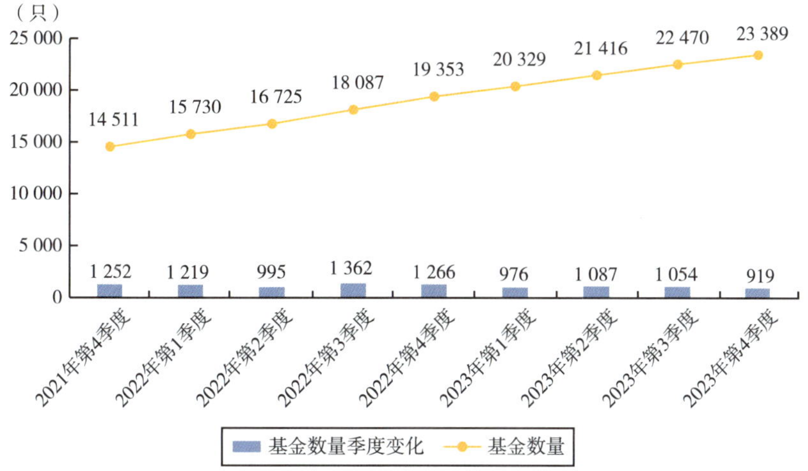

图 5-3-1　创业投资基金数量变化

资料来源：中国证券投资基金业协会。

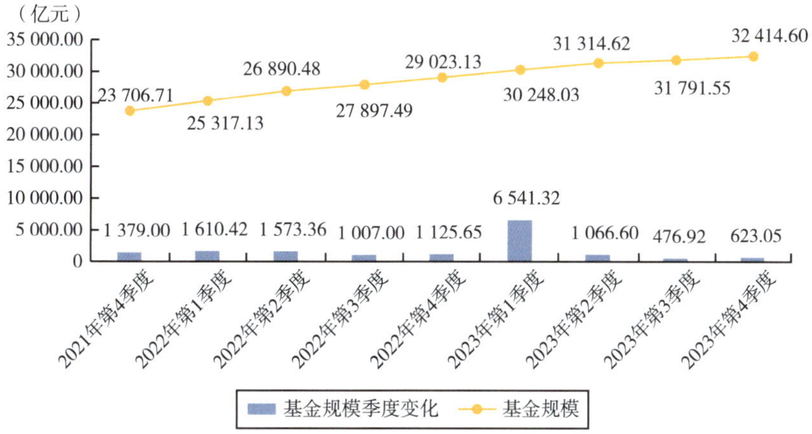

图 5-3-2　创业投资基金规模变化

资料来源：中国证券投资基金业协会。

（二）基金规模分布情况

截至2023年末，创业投资基金单只基金规模主要集中于2 000万元至5 000万元（不含），基金数量为6 670只，占创业投资基金总数的比例为28.52%（见图5-3-3）。

（三）基金组织形式分布情况

截至2023年末，从创业投资基金的组织形式来看，合伙型的基金数量和规模均最多，分别为22 517只和3.01万亿元，占比分别为96.27%和92.75%（见图5-3-4、图5-3-5）；组织形式为公司型的创业投资基金单只基金规模最大，为3.80亿元。

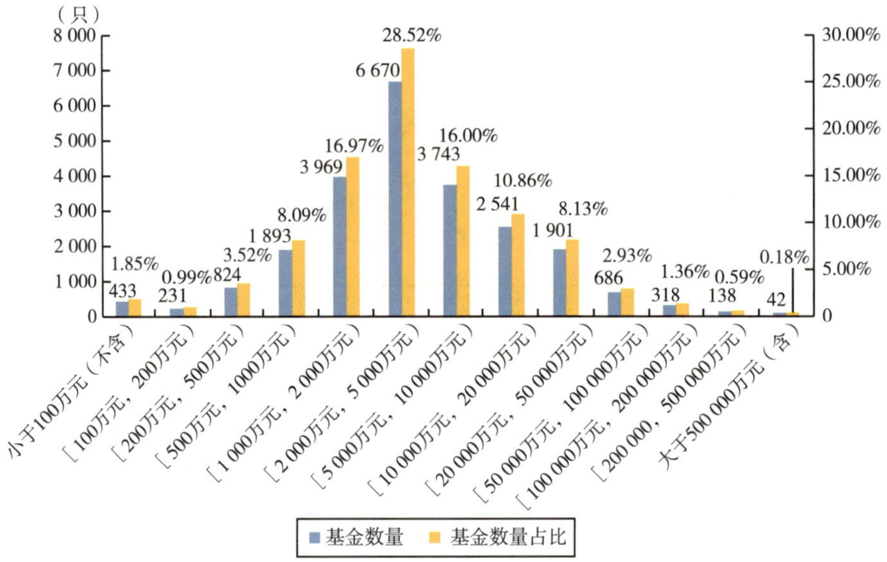

图 5-3-3　单只创业投资基金规模分布

资料来源：中国证券投资基金业协会。

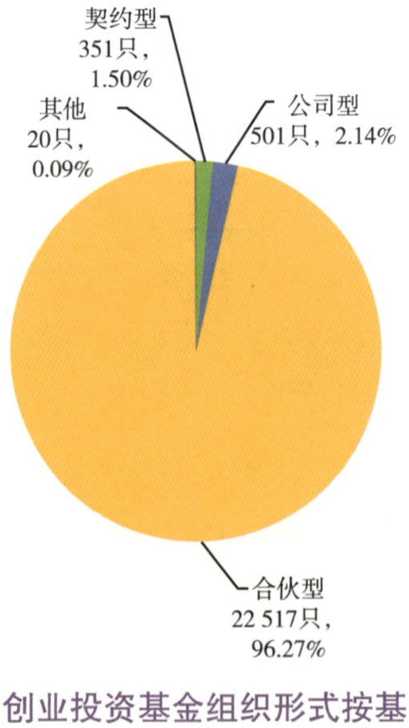

图 5-3-4　创业投资基金组织形式按基金数量分布

资料来源：中国证券投资基金业协会。

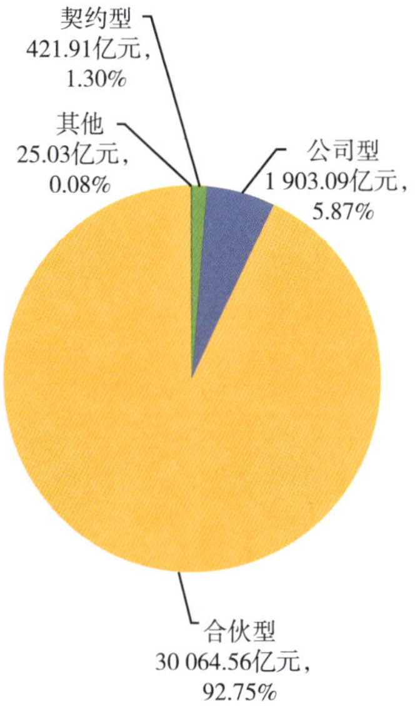

图 5-3-5　创业投资基金组织形式按基金规模分布

资料来源：中国证券投资基金业协会。

（四）基金外包情况

截至2023年末，采用外包服务的创业投资基金数量2 973只，占比12.71%；基金规模2 013.52亿元，占比6.21%。大部分创业投资基金未采用外包服务（见图5-3-6）。

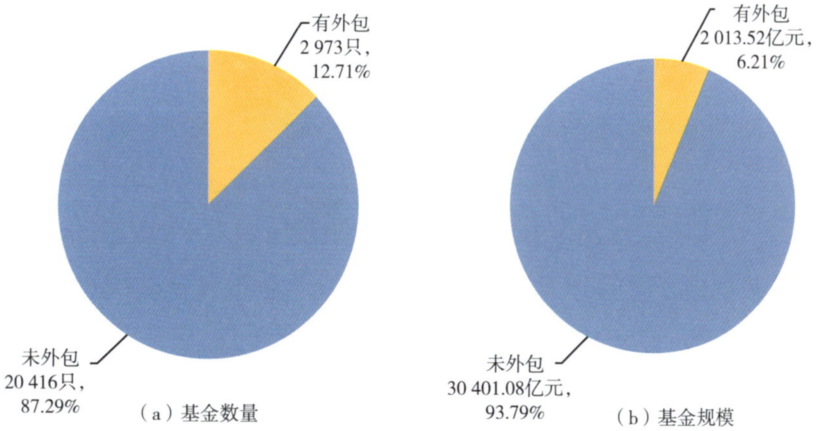

图 5-3-6　创业投资基金外包情况

资料来源：中国证券投资基金业协会。

创业投资基金采用的主要外包服务是份额登记服务和估值核算服务，其中，采用份额登记服务的创业投资基金2 636只，占有采用外包服务创业投资基金数量的88.66%；采用估值核算服务的创业投资基金2 759只，占有采用外包服务创业投资基金数量的92.80%（见图5-3-7）。

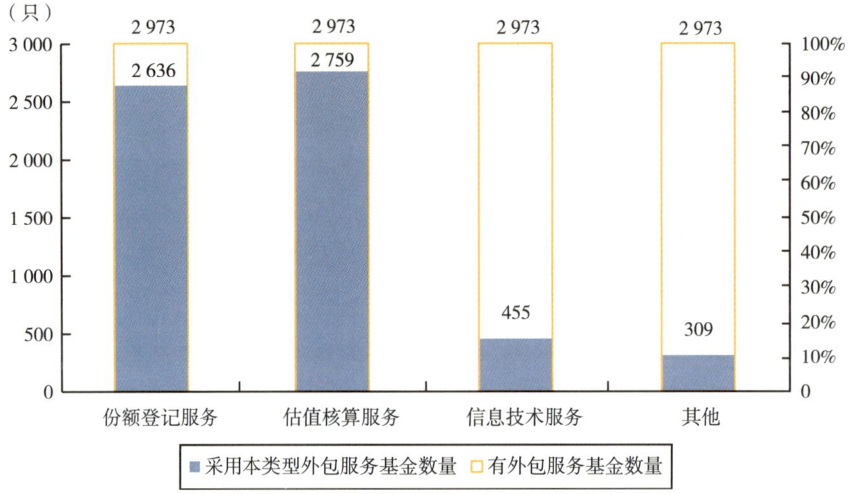

图 5-3-7　创业投资基金外包服务类型分布

资料来源：中国证券投资基金业协会。

（五）创业投资类FOF情况

截至2023年末，创业投资类FOF共2 064只，基金规模4 257.79亿元，基金数量和规模占创业投资类基金比例分别为8.82%和13.14%。从单只创业投资类FOF的规模来看，主要集中在2 000万元至5 000万元（不含），数量占比27.86%。

从基金种类来看，母基金数量和规模占创业投资类FOF的比例分别为51.84%和81.28%，投向单一资管计划基金的数量和规模占创业投资类FOF的比例分别为48.16%和18.72%；母基金的平均规模3.23亿元，而投向单一资管计划基金的平均规模为0.80亿元，远小于母基金（见图5-3-8）。

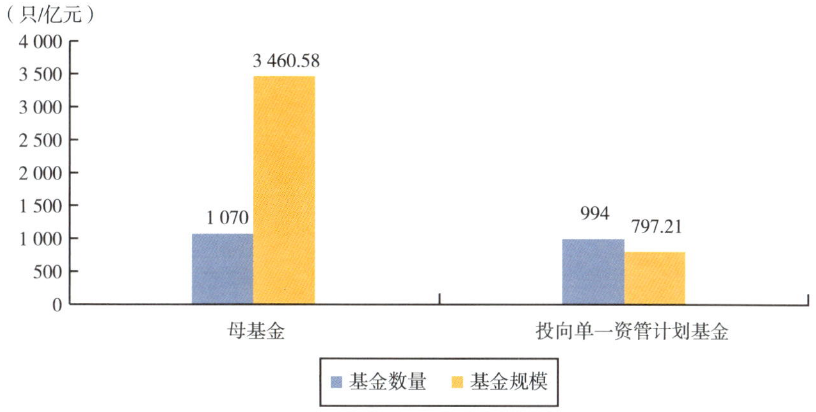

图 5-3-8　创业投资类 FOF 基金产品种类分布

注：其中一只创投FOF分类未明确。

资料来源：中国证券投资基金业协会。

（六）政府引导基金情况

截至2023年末，勾选了“政府引导基金”标签的创业投资基金632只，占创业投资基金总数量的2.70%；基金规模2 337.86亿元，占全部创业投资基金规模的7.21%；基金数量和规模较2022年末分别增长2.10%和1.21%。从单只基金平均规模来看，勾选了“政府引导基金”标签的创业投资基金平均规模为3.70亿元。

（七）基金募集账户监督机构情况

截至2023年末，创业投资基金中有募集账户监督机构的基金21 529只，占比92.05%；基金规模27 867.51亿元，占比85.97%。在有募集账户监督机构的创业投资基金中，募集账户监督机构为取得基金销售业务资格商业银行和证券公司的基金数量占比分别为88.82%和11.17%，基金规模占比分别为94.26%和5.67%；从单只基金平均规模来看，募集账户监督机构为商业银行的创业投资基金平均规模为1.37亿元，而募集账户监督机构为证券公司的平均规模仅为6 570.41万元（见图5-3-9）。

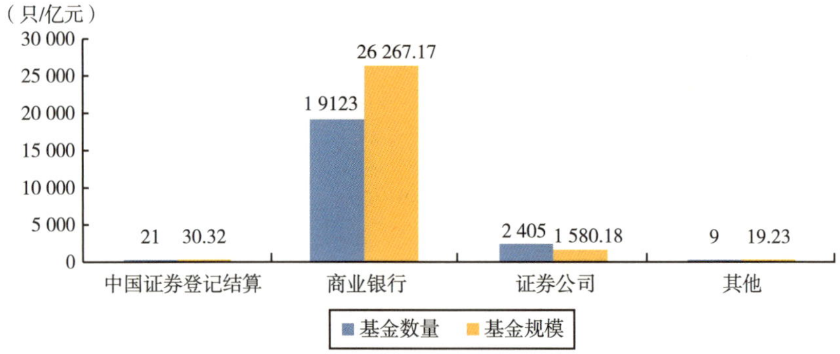

图 5-3-9　创业投资基金募集账户监督机构情况

资料来源：中国证券投资基金业协会。

二、募集情况

募资端，2023年新备案创业投资基金4 834只，备案规模1 698.69亿元。2023年当年备案的创业投资基金规模普遍较小，单只基金规模主要集中于1 000万元至2 000万元（不含）和2 000万元至5 000万元（不含），数量占比分别为26.77%和36.95%；单只基金规模在5 000万元以下的基金数量占比合计达82.69%。2023年当年备案创业投资基金的组织形式依然以合伙型为主，基金数量4 819只，基金规模1 685.82亿元。此外，契约型基金8只，基金规模2.33亿元；公司型基金7只，基金规模1.05亿元。

2023年备案的创业投资基金中，采用外包服务的创业投资基金数量495只，占比10.24%；基金规模167.22亿元，占比9.84%。其中，创业投资基金主要采用份额登记服务和估值核算服务，占有采用外包服务创业投资基金数量的比例分别为82.02%和87.88%。有募集账户监督机构的基金4 834只，基金规模1 698.69亿元，占比均为100.00%。新备案有募集账户监督机构的创业投资基金中，以取得基金销售业务资格的商业银行作为募集账户监督机构的基金数量4 542只，基金规模1 602.78亿元；以取得基金销售业务资格的证券公司作为募集账户监督机构的基金295只，基金规模98.59亿元。

2023年备案的创业投资类FOF 346只，基金规模119.80亿元，占新备案创业投资基金的比例分别为7.16%和7.05%；单只基金规模同样主要集中在2 000万元至5 000万元（不含），基金数量114只，占当年新备案创业投资类FOF的32.95%。其中，母基金191只，基金规模67.40亿元，平均规模0.35亿元。

2023年备案创业投资基金中勾选了“政府引导基金”标签的基金34只，占比0.70%；基金规模22.01亿元，占比1.30%。

三、创业投资基金出资情况

截至2023年末，创业投资基金各类投资者合计出资2.77万亿元，较2022末增加3 711.22亿元，同比增长15.48%；所涉投资者21.18万个，较2022末增加35.717个，同比增长20.28%。2023年新备案创业投资基金的各类投资者合计出资1 698.69亿元，所涉投资者37.425个。

（一）基金投资者数量分布情况

截至2023年末，创业投资基金的投资者数量主要集中在1~20（含）个，基金数量达21 298只，占比91.06%（见图5-3-10）；基金规模2.58万亿元，占比79.62%（见图5-3-11）。

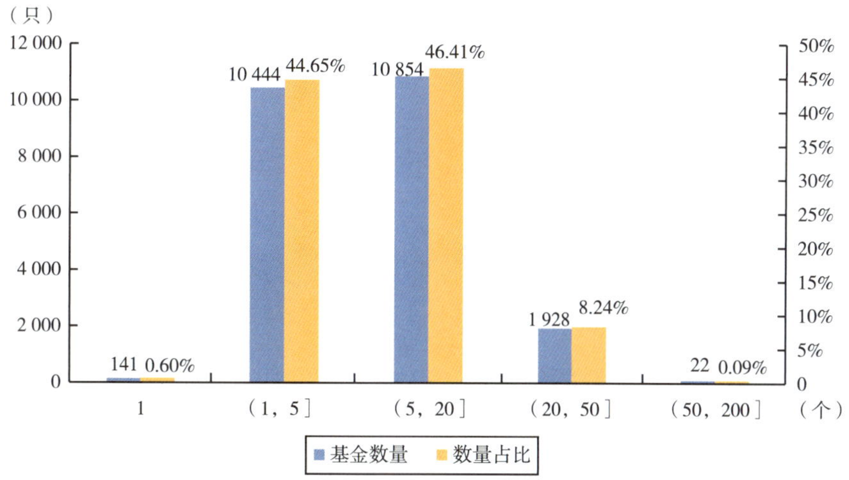

图5-3-10　创业投资基金按投资者数量分类的数量分布

资料来源：中国证券投资基金业协会。

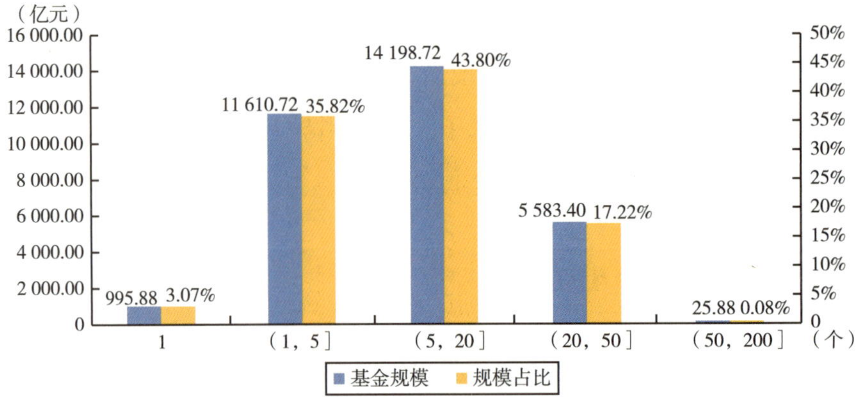

图 5-3-11　创业投资基金按投资者数量分类的规模分布

资料来源：中国证券投资基金业协会。

2023年备案的创业投资基金中，投资者数量主要集中在1~5（含）个，基金数量达2 423只，占比50.12%；基金规模698.55亿元，占比41.12%。投资者数量为5~20（含）个基金数量2 155只，占比44.58%；基金规模834.86亿元，占比49.15%。

（二）基金投资者出资情况

截至2023年末，创业投资基金的各类投资者中，居民投资者数量占比达66.87%，相关资金占比仅为21.46%；企业投资者数量占比26.49%，但相关资金占比达48.65%；各类资管计划投资者数量占比仅为6.42%，相关资金占比达26.96%（见图5-3-12）。

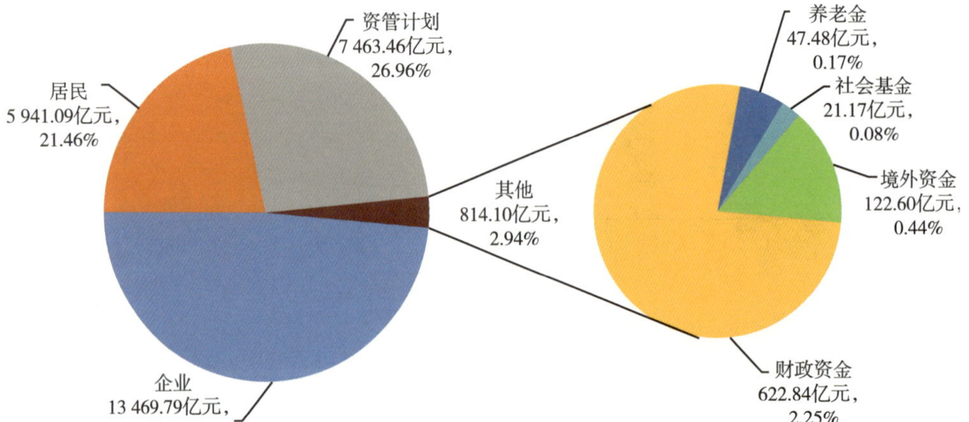

图 5-3-12　创业投资基金不同类型投资者出资比例分布

资料来源：中国证券投资基金业协会。

具体来看，截至2023年末，境内公司等法人机构出资占比达到39.53%，自然人（非员工跟投）出资占比20.09%，私募基金产品出资占比22.62%，其余类型投资者均不足8%。

2023年备案创业投资基金的投资者中，主要出资方为企业类投资者，占全部出资的38.98%。其中，境内公司等法人机构出资最高，占当年出资总额的31.30%，较2022末增加1.86个百分点，创业投资基金出资者继续呈现机构化、专业化发展趋势。

（三）机构投资者出资比例分布情况

截至2023年末，从数量上看，27.93%的创业投资基金由机构投资者100%出资，此类基金规模占比达56.09%；从单只基金的规模看，由机构投资者100%出资的基金平均规模达2.78亿元（见图5-3-13、图5-3-14）。

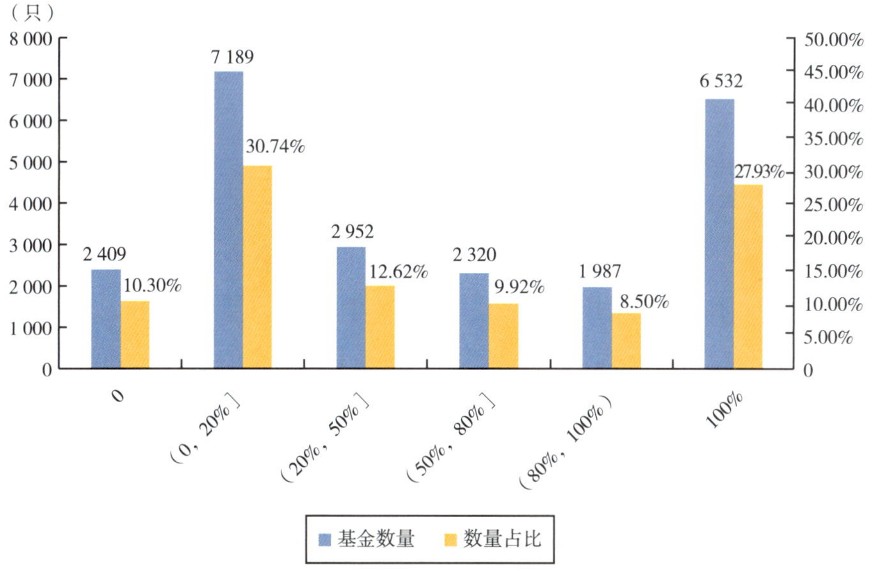

图 5-3-13　创业投资基金按机构投资者出资数量及占比分布

资料来源：中国证券投资基金业协会。

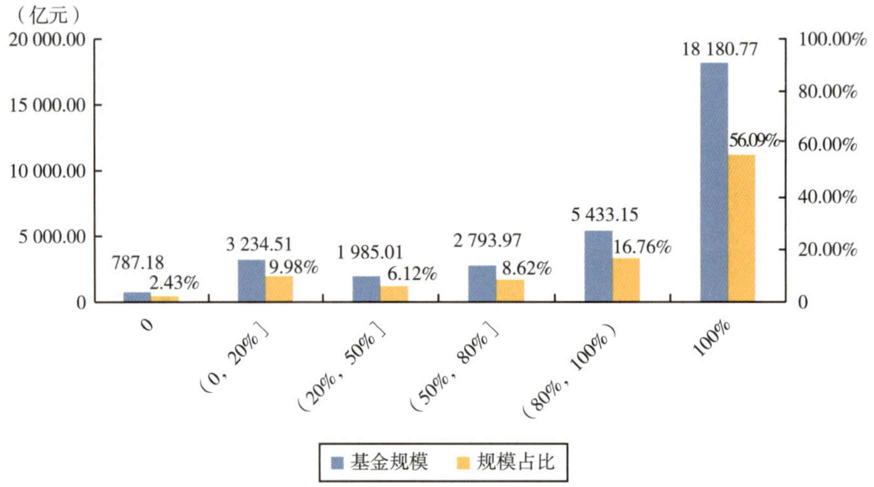

图 5-3-14　创业投资基金按机构投资者出资规模及占比分布

资料来源：中国证券投资基金业协会。

2023年备案的创业投资基金中，从数量上看，25.88%的创业投资基金由机构投资者100%出资，此类基金规模占比达40.51%；从单只基金的规模看，由机构投资者100%出资的基金平均规模达5 500.35万元。

四、创业投资基金投资运作情况

截至2023年末，已进行季度更新、完成运行监测表填报的存续创业投资基金中，已投资且暂未完全退出的境内未上市、未挂牌公司股权投资、上市公司再融资项目、新三板投资、境内债权类投资以及境外股权、债权投资的投资项目数量73 945个，在投本金18 079.51亿元。2023年，创业投资基金新增投资项目数量14 033个，投资本金3 197.95亿元。

（一）基金投资项目地域分布情况

截至2023年末，从创业投资基金投资项目地域分布来看，投资项目数量排名前五的地区为北京、广东、江苏、上海和浙江，合计56 053个，占项目总数量的75.80%（见图5-3-15）；投资项目在投本金排名前五的地区为广东、江苏、上海、北京和浙江，合计1.29万亿元，占在投本金总数的71.11%（见图5-3-16）。

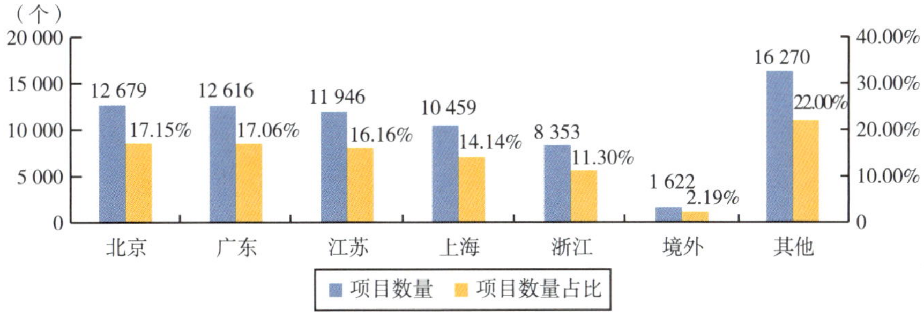

图 5-3-15　创业投资基金投资项目数量排名前五地区分布

资料来源：中国证券投资基金业协会。

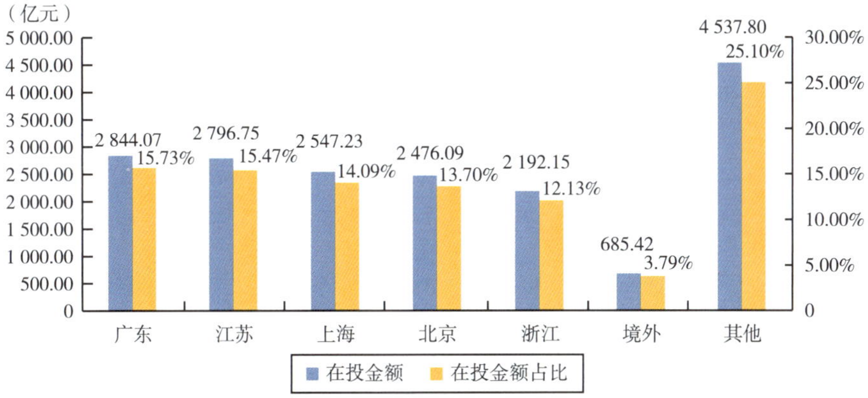

图 5-3-16　创业投资基金投资项目在投本金排名前五地域分布

资料来源：中国证券投资基金业协会。

2023年创业投资基金新增投资项目中，投资项目数量排名前五的地区主要集中于江苏、广东、上海、浙江和北京，合计10 416个，占比74.23%；投资本金排名前五的地区为江苏、浙江、广东、上海和北京，合计2 184.07亿元，占比68.30%。

（二）基金投资项目行业分布情况

从投资项目数量的行业分布来看，截至2023年末，前五大行业为“计算机运用”“资本品”“半导体”“医药生物”和“医疗器械与服务”，各行业投资项目数量分别为19 974个、9 016个、8 595个、7 938个和5 689个，数量合计51 212个，占比69.26%。

从投资项目在投本金的行业分布来看，前五大行业分别为“计算机运用”“半导体”“资本品”“医药生物”和“原材料”，各行业在投本金分别为3 392.91亿元、2 751.38亿元、2 310.37亿元、1 901.52亿元和1 269.73亿元，在投本金合计11 625.91亿元，占比64.30%。

综合来看，投资项目平均在投本金排名前五位的行业为“其他金融”“银行”“房地产”“公用事业”和“交通运输”，平均在投本金分别为6 275.36万元、5 960.09万元、5 935.37万元、5 876.01万元和5 724.45万元。

2023年创业投资基金新增投资项目中，投资项目数量排名前五的行业为“半导体”“计算机运用”“资本品”“医药生物”和“计算机及电子设备”，各行业投资项目数量分别为2 658个、2 371个、2 161个、1 641个和1 266个，数量合计14 033个，占比71.95%；投资本金前五大行业为“半导体”“资本品”“计算机运用”“原材料”和“医药生物”，各行业投资本金分别为659.52亿元、527.60亿元、394.20亿元、348.13亿元和307.41亿元，投资本金合计2 236.85亿元，占比69.95%；新增投资项目平均投资本金排名前五的行业为“房地产”“交通运输”“其他金融”“商业服务与用品”和“公用事业”，平均投资本金分别为13 421.25万元、10 126.39万元、6 064.49万元、5 092.86万元和3 775.93万元。

五、创业投资基金投资项目退出情况

截至2023年末，已进行季度更新、完成运行监测表填报且正在运作的创业投资基金投资项目退出共21 909个，发生退出行为36 477次，退出本金3 283.53亿元。其中，完全退出项目15 677个，发生退出行为24 054次，退出本金2 536.68亿元。

（一）存续基金投资项目退出方式分布情况

截至2023年末，创业投资基金投资项目退出方式，从退出次数来看主要为“协议转让”“企业回购”“被投企业分红”和“新三板挂牌”，上述方式合计占所有退出次数的79.86%；从退出本金来看，“协议转让”“境内IPO”“企业回购”退出本金占比较高，共82.68%。

（二）存续基金投资项目退出地域分布情况

截至2023年末，从创业投资基金投资项目退出的地域分布来看，退出项目数量排名前五的地区为北京、江苏、广东、上海和浙江，退出项目数量合计16 039个，数量占比73.21%（见图5-3-17）；项目退出本金排名前五的地区为北京、江苏、广东、上海和浙江，退出本金合计2 246.41亿元，占比68.41%（见图5-3-18）。

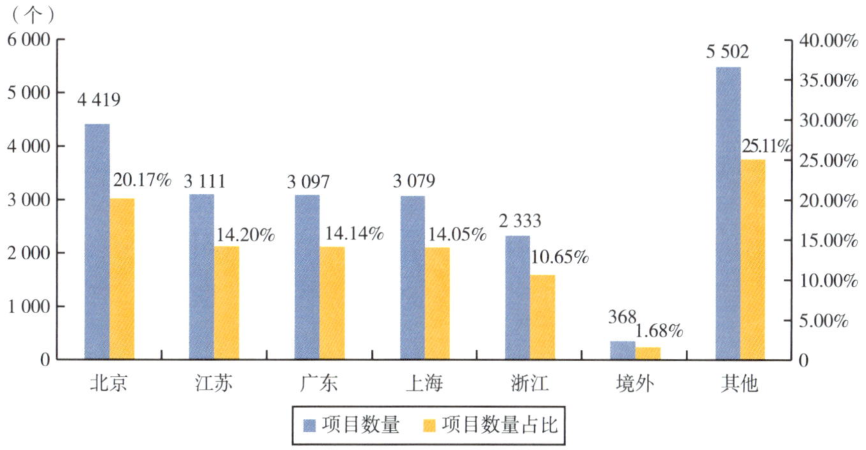

图 5-3-17　存续创业投资基金退出项目数量排名前五地区分布

资料来源：中国证券投资基金业协会。

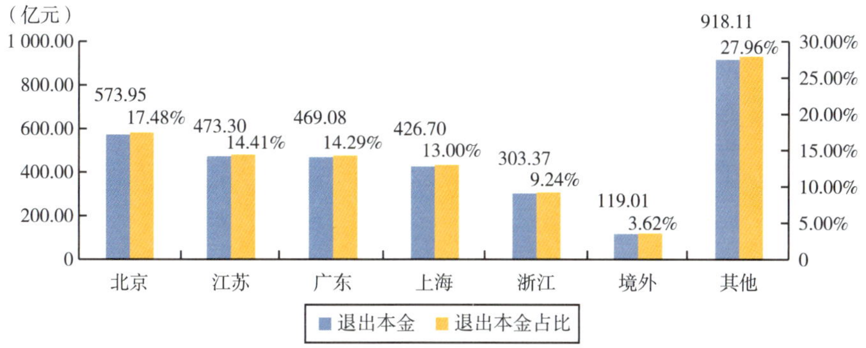

图 5-3-18　存续创业投资基金投资项目退出本金排名前五地区分布

资料来源：中国证券投资基金业协会。

（三）存续基金投资项目退出行业分布情况

从创业投资基金退出项目数量的行业分布来看，截至2023年末，前五大行业为“计算机运用”“资本品”“医药生物”“原材料”和“医疗器械与服务”，各行业退出项目数量分别为6 899个、2 933个、1 678个、1 513个和1 416个，数量合计14 439个，占比65.90%。

从创业投资基金退出项目退出本金的行业分布来看，前五大行业分别为“计算机运用”“资本品”“医药生物”“医疗器械与服务”和“原材料”，各行业退出本金分别为677.77亿元、441.40亿元、292.17亿元、243.88亿元和242.28亿元，退出本金合计1 897.49亿元，占比57.84%。

（四）当年新增退出项目情况

2023年，创业投资基金新增退出项目5 286个，发生退出行为7 081次，退出本金741.66亿元。其中，完全退出项目2 867个，发生退出行为3 514次，退出本金530.79亿元。

从相关退出项目的退出方式来看，主要为“协议转让”“企业回购”和“被投企业分红”，上述方式占所有退出次数的74.00%；从退出本金来看，“协议转让”“企业回购”和“境内IPO”退出本金占比较高，占比89.04%。

从相关退出项目的地域分布来看，退出项目数量排名前五的地区为北京、江苏、广东、上海和浙江，退出项目数量合计3 844个，数量占比72.72%；项目退出本金排名前五的地区为广东、江苏、北京、上海和浙江，退出本金合计505.61亿元，占比68.17%。

从相关退出项目的行业分布来看，退出项目数量排名前五的行业为“计算机运用”“资本品”“医药生物”“医疗器械与服务”和“半导体”，各行业退出项目数量分别为1 392个、774个、423个、376个和372个，数量合计3 337个，占比63.13%；退出本金前五大行业为“计算机运用”“资本品”“医疗器械与服务”“医药生物”和“半导体”，各行业退出本金分别为129.59亿元、102.33亿元、70.06亿元、61.65亿元和55.27亿元，退出本金合计418.90亿元，占比56.48%。

第六章

公募基金管理机构[①]

截至2023年末，我国境内已成立的公募基金管理机构有158家[②]。其中，中外合资公司42家，外商投资企业8家[③]，取得公募基金管理资格的证券公司或证券公司资管子公司12家，保险资管公司1家（以下简称其他持牌机构）。与2022年相比，增加3家公募基金管理机构。

第一节　公募基金管理机构股东情况

一、国有、中外合资、民企、其他

按股东背景[④]将基金管理机构分为：国有企业、民营企业、中外合资企业、

① 本章主体内容由上海证券协助撰写。

② 本章以基金管理人取得证券期货经营许可证与公募基金管理机构名录（2023年12月）为准。

③ 公司性质基础数据来源于Wind。

④ 具体分类标准如下：国有企业，指大股东或实际控制人属于国务院/地方各级国资委、中央国家机关及地方各政府/部门、中央国有及地方国有企/事业单位；中外合资企业，指由外国公司或其他经济组织或个人与中国公司或其他经济组织按法律规定共同投资设立、共同经营，按各自的出资比例共担风险、共负盈亏，各方出资折算成一定的出资比例，外国合营者的出资比例一般不低于25%，或由外国公司或其他经济组织或个人，依照中国法律在中国境内设立的全部资本由外国投资者投资的企业（可以是一个外国投资者独资，也可以是若干外国投资者合资）；民营企业，指非公有制企业，例如个体企业，私营企业等，特点是没有国有资本，非国家控股；外商投资企业，指外国的公司、企业、其他经济组织或者个人，依照中国法律在中国境内设立的全部资本由外国投资者投资的企业；其他企业，指除以上四种类型外的企业单位。

外商独资企业、其他企业。

属于国有企业的公募基金管理机构共56家，其中多为地方政府或财政部出资，个别基金管理公司由财政部或国资委直接出资。从机构类型来看，有47家为基金管理公司，9家为其他持牌机构；从控股模式看，有35家公募基金管理机构为国有企业绝对控股，其中有16家公募基金管理机构由国有企业独资。目前国有企业仍然是基金管理机构股东群体中的重要力量。

属于中外合资企业的公募基金管理机构共42家，机构类型上均为基金管理公司，无其他持牌机构；从控股模式来看，绝对控股①的公募基金管理机构有30家，其中大部分均由单家内资企业控股超过50%（即绝对控股），少部分为外资控股。12家机构为相对控股②，无分散持股③的机构。从外资股东所处区域来看，外资股东多是来自美国、欧洲等的大型国家投资机构，也包括中国香港、中国澳门和中国台湾等地区，以及日本、新加坡等国的亚洲市场金融机构。

属于民营企业的公募基金管理机构的共33家。从机构类型看，有32家基金管理公司，1家其他持牌机构；从控股模式上看，15家基金管理机构股权为绝对控股，其余18家为相对控股，股东中多数为民营企业与自然人。从第一大股东来看，20家基金管理机构第一大股东为自然人。

属于外商投资企业的公募基金管理机构共8家。所有外商投资企业均采用绝对控股的模式。

总体来看，我国公募基金管理机构股权结构呈现出多元化的特点，各种各样的机构参与到公募基金管理领域，为基金管理机构在丰富社会投资、提升服务能力、激励人才方面奠定了基础。相关资料见图6-1-1、图6-1-2。

二、不同类型股东背景

从主要控股股东所处行业来划分，大致可分为五个类型④：银行系、券商系、

① 绝对控股，是指第一大股东持有公司全部股份的50%以上，处于绝对控股地位。

② 相对控股，是指第一大股东持股比例在20%~50%之间，这种股权结构也称为股权相对集中模式。

③ 分散持股，是指第一大股东持股比例在20%以下，相当数量的股东持股比例较接近。

④ 机构派系基础数据来源于Wind。

信托系、外资系和其他系。一直以来，无论从公募基金管理机构数量还是从管理资产规模来看，券商系公募基金管理机构都在行业中占据领先地位。尽管银行系中有建信基金、工银瑞信基金等规模较大的基金管理公司，但是券商系公募基金管理机构具有数量优势，因此整体规模占优。

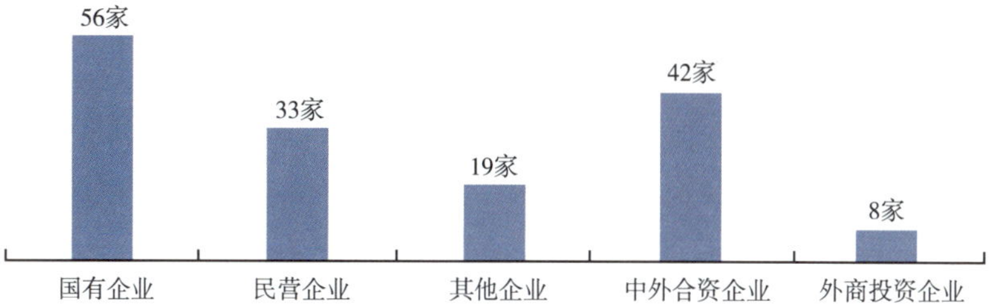

图 6-1-1　2023 年国有、中外合资、民营、外商投资、其他公募基金管理机构数量分布

资料来源：Wind，上海证券基金评价研究中心。

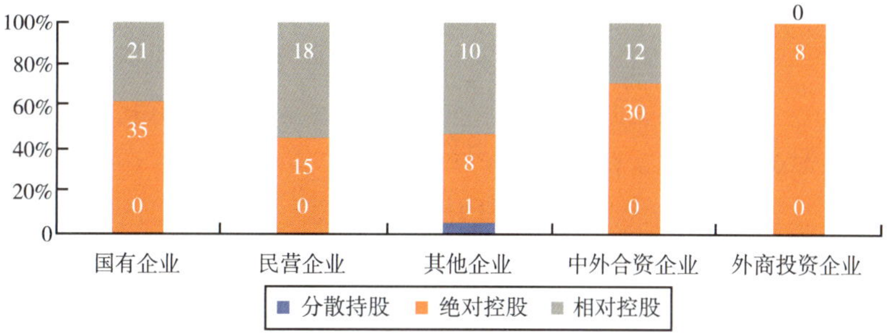

图 6-1-2　2023 年各类公募基金管理机构股权模式占比

资料来源：Wind，上海证券基金评价研究中心。

2023年共有67家券商系基金管理机构，数量较2022年未发生变化。券商系基金管理机构在全部基金管理机构中数量占比42.41%，规模占比56.56%。此外，共有3家证券公司及9家证券公司资管子公司获得公募基金管理人资格。

银行系基金管理机构有14家，占比8.86%；规模占全部基金管理机构的18.67%，数量与规模占比较去年均略有下降。

信托系基金管理机构共计20家，在全部基金管理机构中数量占比13.46%，规模占比10.73%。从数量上看，较2022年，信托系基金管理机构数量下降1家。

外资系基金管理机构共计8家，在全部基金管理机构中数量占比5.06%，规模占比0.90%。

其他系基金管理机构共计49家，主要包括多类金融机构共同控股或资产管理公司为控股股东的基金管理机构。随着混业经营的态势持续深化，其他系基金管理机构包括保险、期货、私募等金融机构，也包括地产、互联网等机构、在此也可以清晰地看出，其他系基金管理机构占比也在近年来逐步上升。以往以券商系为主导的市场，可能随着其他系基金管理机构的加入变得更加活跃。

相关资料见图6-1-3至图6-1-6。

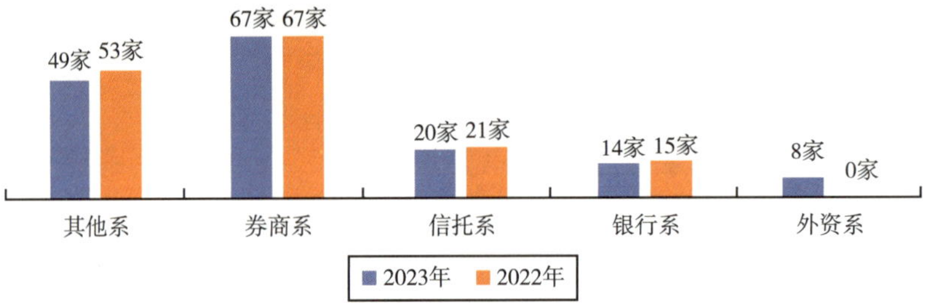

图 6-1-3　2022 年和 2023 年各类公募基金管理机构数量

注：由于2022年未对外资系进行分类，无2022年外资系公募基金管理机构数量数据。

资料来源：Wind，上海证券基金评价研究中心。

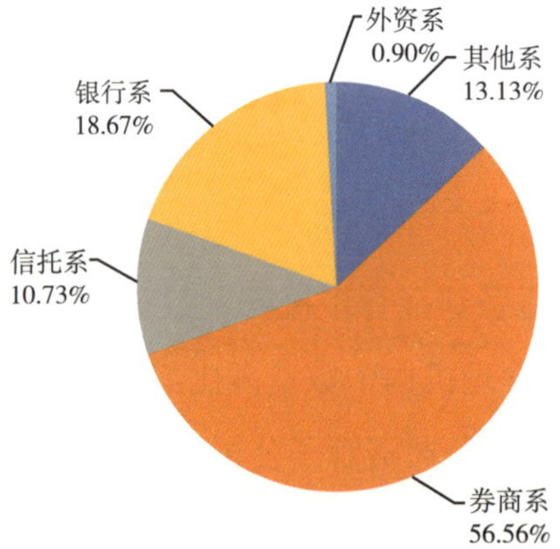

图 6-1-4　2023 年各类公募基金管理机构资产规模占比

资料来源：Wind，上海证券基金评价研究中心。

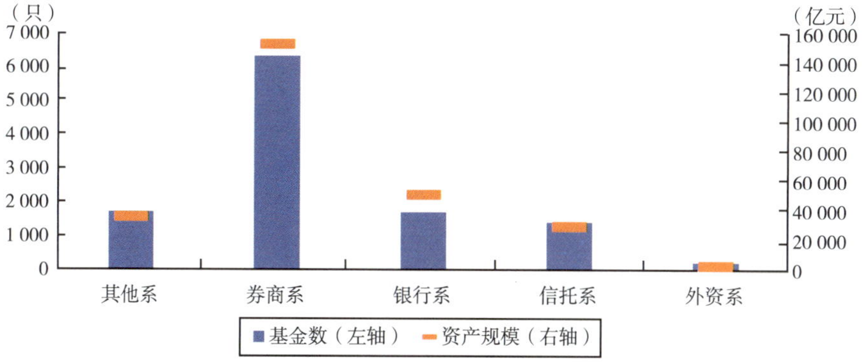

图 6-1-5 2023 年末各类公募基金管理机构管理资产情况

资料来源：Wind，上海证券基金评价研究中心。

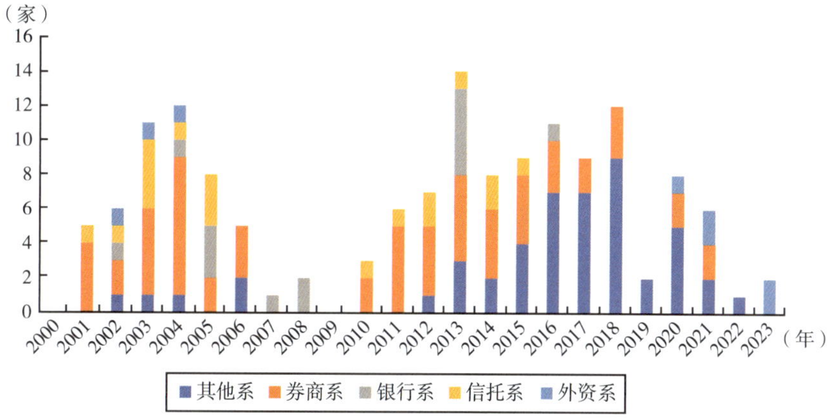

图 6-1-6 2000 年以来每年新成立公募基金管理机构类别及数量（以获批日期为准）

资料来源：Wind，上海证券基金评价研究中心。

第二节 公募基金管理机构股权结构

一、控股模式

2023年，96家基金管理机构采用绝对控股模式，占比为60.76%，其中包含29家独资控股公司，另有61家基金管理机构采用相对控股模式；1家基金管理机构采用分散持股模式（见图6-2-1）。

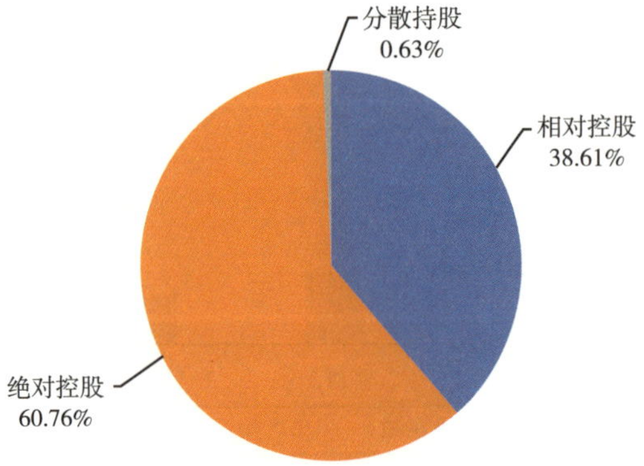

图 6-2-1　2023 年公募基金管理机构股权结构数量分布（参、控股）

资料来源：Wind，上海证券基金评价研究中心。

从公司性质上看，分散持股与相对控股在民营企业与其他企业中占比较大（见图6-2-2）；而在国有企业、外商投资企业与中外合资企业中绝对控股占大多数。

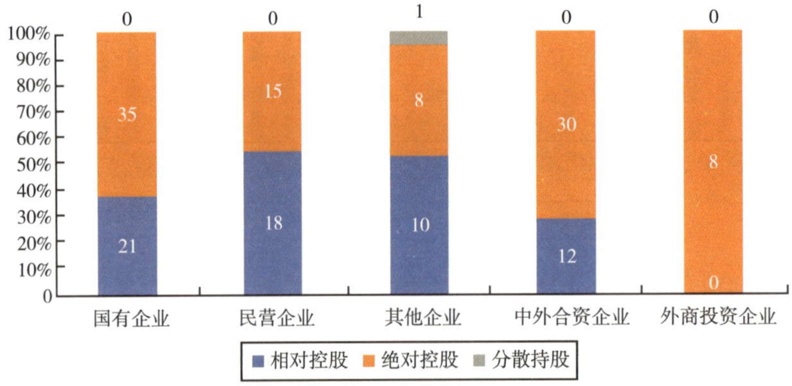

图 6-2-2　2023 年各类公募基金管理机构股权结构（参、控股）

资料来源：Wind，上海证券基金评价研究中心。

从公募基金管理机构分布的地域上看（见图6-2-3），基金管理机构主要分布在上海、深圳、北京三地。其中，上海与北京地区公募基金管理机构多采用绝对控股模式；而深圳地区的公募基金管理机构采用相对控股模式的较多。

从图6-2-4可以看出公募基金管理机构在选择控股模式上，大致经历了从相对控股为主到绝对控股与相对控股持平的状态。从新增公募基金管理机构股权模式来看，在大多数年份，公募基金管理机构大概率选择绝对控股，但总体上，相对控股与绝对控股的控股模式趋于平衡。

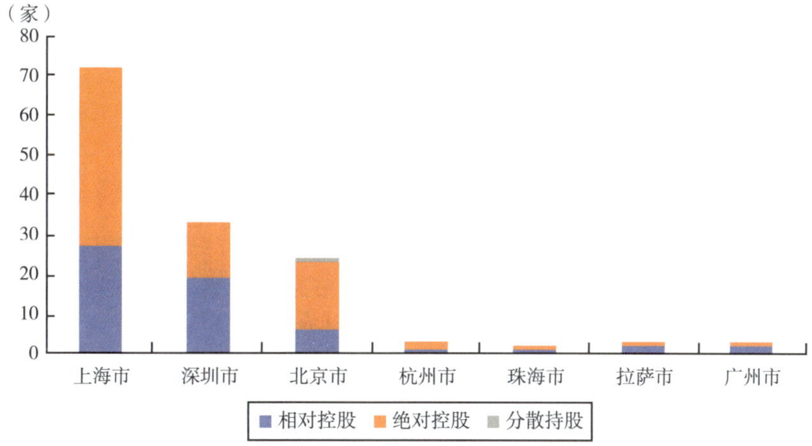

图 6-2-3　公募基金管理机构注册数量较多的六个区域

资料来源：Wind，上海证券基金评价研究中心。

由于两种模式优势与劣势各不相同，公募基金管理机构在选择时，都会选择更为适合自己公司的模式，这使得这两者并没有明显的占比优势（见图6-2-5）。

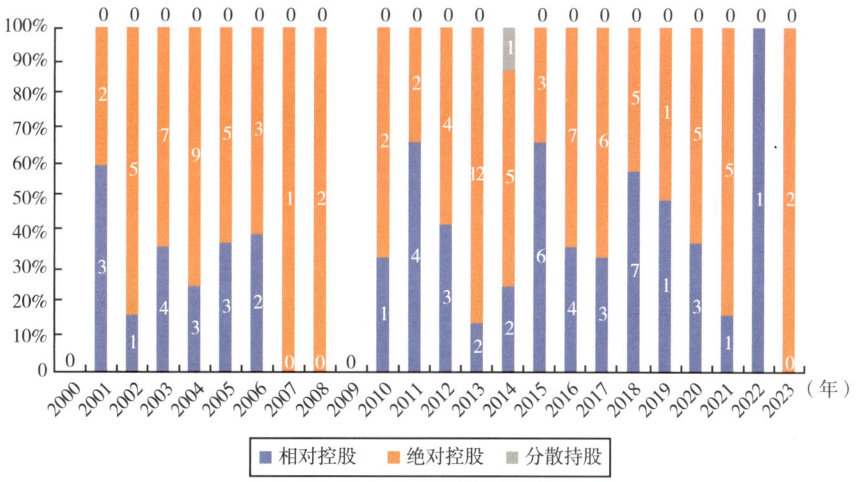

图 6-2-4　每年新增公募基金管理机构的控股模式选择（以获批日期为准）

注：基金公司与持牌机构的股权数据采用2023年获取的截面数据，我们假设绝大部分基金公司的股权结构自获批以来，并未发生大幅度的变动，以大致展现基金管理机构控股模式的变迁。

资料来源：Wind，上海证券基金评价研究中心。

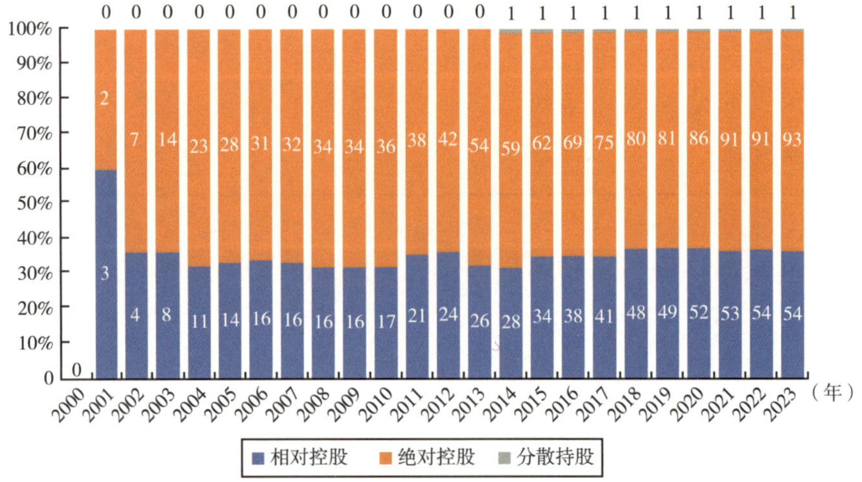

图 6-2-5　公募基金管理机构整体控股模式占比趋势（以获批日期为准）

资料来源：Wind，上海证券基金评价研究中心。

二、股权集中度

在纳入统计的158家公募基金管理机构中，第一大股东平均持股集中度为60.16%，较2022年略有提升；前两大股东和前三大股东平均持股集中度为84.53%和92.99%（见图6-2-6），较2022年均略有提升。第一大股东的持股比例达到50%以上的有96家公募基金管理机构，在公司运作中掌握绝对话语权。67家公募基金管理机构由两家及以下股东控制全部的股份，另有31家公募基金管理机构由三家股东共同控制100%的股份（见图6-2-7）。个别公募基金管理机构股东较为分散，多数股东为个人或民营企业。

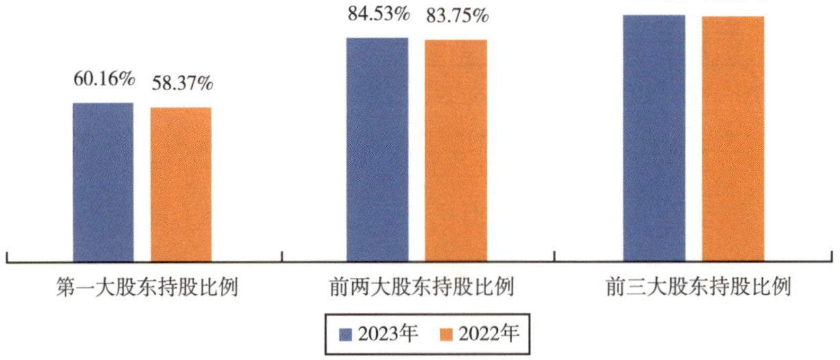

图 6-2-6　2023 年与 2022 年公募基金管理机构参股机构合资与独资情况

资料来源：Wind，上海证券基金评价研究中心。

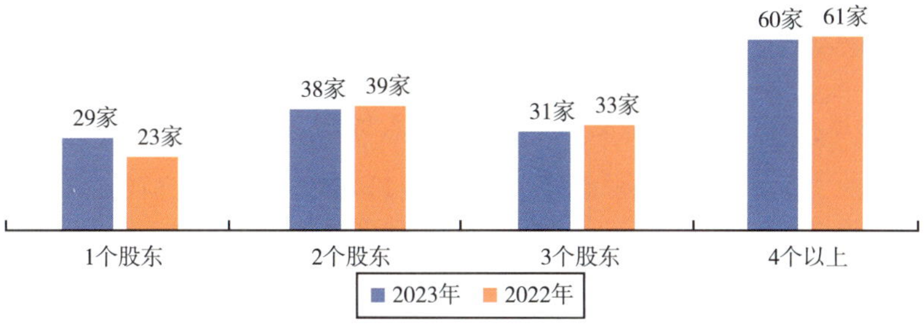

图 6-2-7　2023 年与 2022 年公募基金管理机构股东数量情况

资料来源：Wind，上海证券基金评价研究中心。

股权集中度，指全部股东因持股比例不同所表现出来的股权集中（分散）的数量化指标，是衡量公司的股权分布状态、公司结构、公司稳定性强弱的重要指标。上述数据显示，多数公募基金管理机构股权集中度较高，加上股东大部分为金融机构，使得股东之间利益关系较为一致，认知差异较小，较为有利于公募基金管理机构的稳定发展。

第三节　公募基金管理机构人力资本情况

一、从业人员整体情况

截至2023年末，公募基金管理机构共有从业人员34 805人，较2022年末增加3 296人，增加幅度为10.46%。其中，男性从业人员19 137人，占比54.98%；女性从业人员15 668人，占比45.02%（见图6-3-1）。

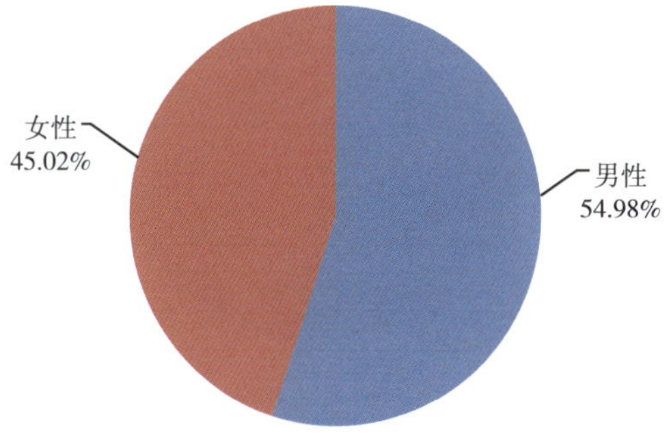

图 6-3-1　截至 2023 年底公募基金从业人员性别构成

资料来源：中国证券投资基金业协会。

（一）学历构成

从学历构成看，公募基金管理机构从业人员中，具有本科及以上学历的人数占比达98.68%，其中，博士研究生学历的1 174人，占比3.37%；硕士研究生学历的23 264人，占比66.84%；大学本科学历的9 909人，占比28.47%；大专及以下学历的458人，占比1.32%（见图6-3-2）。

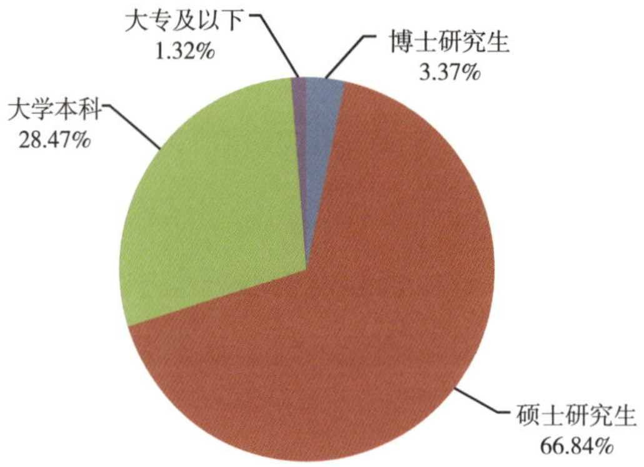

图 6-3-2　截至 2023 年底公募基金从业人员学历构成

资料来源：中国证券投资基金业协会。

（二）年龄构成

从年龄构成看，公募基金管理机构从业人员的年龄主要集中在30~39岁，其次为20~29岁，这两个年龄段的从业人员在总人数中的占比分别为55.34%、23.37%。

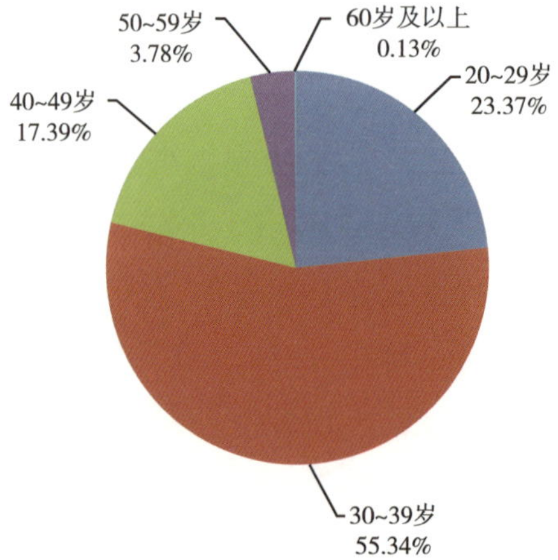

图 6-3-3　截至 2023 年底公募基金从业人员年龄构成

资料来源：中国证券投资基金业协会。

（三）工作地域分布

从地域分布来看，目前基金从业人员依然主要集中于北京、上海、广东（含深圳）等地区，该三个省市从业人员数量占总人数的比例达到94.29%（见图6-3-4）。

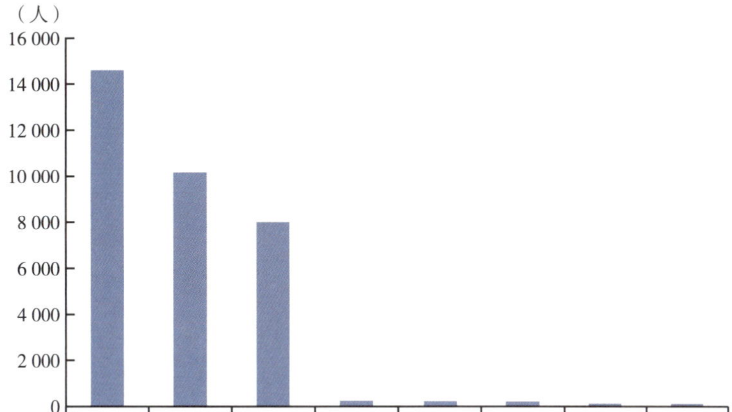

	上海	北京	广东（含深圳）	四川	浙江	天津	福建	江苏
■注册人员	14 619	10 184	8 015	264	248	235	140	136

图6-3-4　截至2023年底公募基金从业人员工作地域分布

资料来源：中国证券投资基金业协会。

二、高管情况

（一）基金管理公司高管人员基本情况

截至2023年末，145家基金管理公司现任高管人员共计776人。其中，总经理135人（其中法定代表人45人），督察长141人，副总经理470人，总经理助理30人。基金管理公司高管人员人数平均为5人，中位数为5人。

1.学历构成

从学历结构上看，高管人员学历以硕士研究生为主。其中，博士研究生学历96人，占比12.4%；硕士研究生学历504人，占比64.9%；大学本科学历170人，占比21.9%；大专学历6人，占比0.8%（见图6-3-5）。

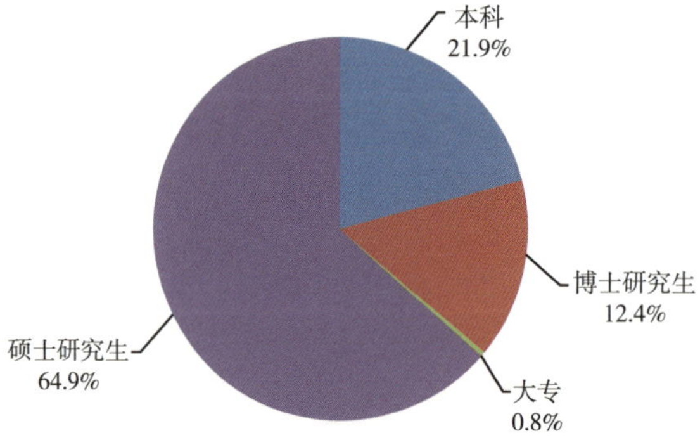

图 6-3-5　基金管理公司高管人员学历结构

资料来源：中国证券投资基金业协会。

2. 年龄构成

从年龄上看，高管人员平均年龄49.0岁，年龄主要集中在40~50岁之间（见表6-3-1）。具体情况如下：总经理平均年龄51.0岁，督察长平均年龄48.7岁，副总经理平均年龄48.7岁，总经理助理平均年龄47.1岁。

表 6-3-1　　基金管理公司高管人员年龄结构

年龄区间	数量（人）	占比（%）
35岁以下	2	0.26
36~40岁	52	6.70
41~45岁	159	20.49
46~50岁	245	31.57
51~55岁	222	28.61
56岁以上	96	12.37
合计	**776**	**100**

资料来源：中国证券投资基金业协会。

3. 性别构成

从性别上看，男性高管602人，占比77.5%，女性高管174人，占比22.4%（见表6-3-2）。

表 6-3-2　　基金管理公司高管人员性别结构

高管职位	女性（人）	男性（人）
总经理（含兼任法定代表人）	26	109
督察长	52	89
副总经理	91	379
总经理助理	5	25
合计	**174**	**602**

资料来源：中国证券投资基金业协会。

4.地域构成

从所属地域上看，有13人来自国外，9人来自我国港台地区，其余754人来自我国大陆地区。

5.聘任和离任情况

从人员流动情况上看，2023年除公司内部转任的情况，有74家基金管理公司新聘任了高管人员119人，有75家基金管理公司离任高管人员114人。

（二）取得公募资格的资产管理机构高管人员基本情况

截至2023年末，13家取得公募资格的资产管理机构高管人员共计54人。其中，总经理（含兼任法定代表人的情况）12人，合规或风控负责人14人，副总经理25人，总经理助理3人。

1.学历构成

从学历结构上看，高管人员学历以硕士研究生为主。其中，博士研究生学历4人，占比7.4%；硕士研究生学历37人，占比68.5%；大学本科学历12人，占比22.2%；大专1人，占比1.8%。

2.性别构成

从性别上看，男性高管人员40人，占比74.0%；女性高管人员14人，占比25.9%（见表6-3-3）。

表 6-3-3　取得公募资格的资产管理机构高管人员性别结构

高管职位	女性（人）	男性（人）
总经理	2	10
合规或风控负责人	3	11
副总经理	8	17
总经理助理	1	2
合计	**14**	**40**

注：因高管存在兼任情况，以所担任的最高职务为统计标准。

资料来源：中国证券投资基金业协会。

3.聘任和离任情况

从人员流动情况上看，2023年有6家取得公募资格的资产管理机构新聘任高管人员10人，有2家取得公募资格的资产管理机构离任高管人员4人。

三、基金经理情况

截至2023年末，公募基金管理机构注册的在职基金经理共计3 690人，较2022年末的3 262人增加13.12%。其中，男性基金经理占73.8%，女性基金经理占26.2%。3 625人为中国内地的基金经理，65人为我国港澳台地区同胞或外籍，其中来自香港、澳门和台湾地区的基金经理38人。

1.学历构成

从学历构成看，基金经理中具有硕士学位的3 112人，在总人数中占比84.34%；具有博士学位的377人，占比10.22%；具有本科及以下学历的201人，占比5.45%（见图6-3-6）。与2022年末相比，基金经理学历构成未发生大幅变化。

2.年龄构成

从年龄构成看，基金经理平均年龄为38.18岁，有34.61%的基金经理年龄在35岁以下。基金经理的年龄主要集中在36~45岁，其次为31~35岁，这两个年龄段的基金经理人数占比分别为55.52%、31.11%（见图6-3-7）。

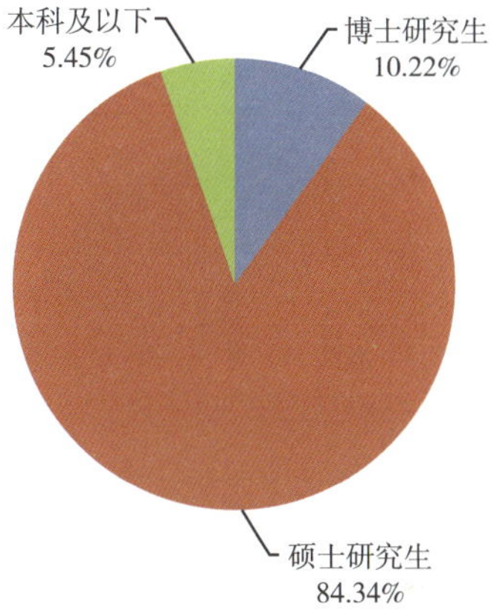

图 6-3-6　截至 2023 年底公募基金经理学历构成

资料来源：中国证券投资基金业协会。

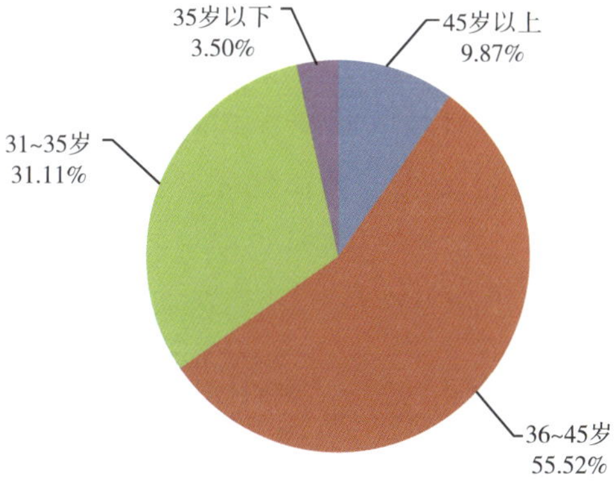

图 6-3-7　截至 2023 年底公募基金经理年龄构成

资料来源：中国证券投资基金业协会。

3.任职年限

从担任基金经理职务的年限看，基金经理平均任职年限为3.73年。其中，任职年限在1年以下的711人，占比19.27%；1~2年的609人，占比16.5%；2~3年的616人，占比16.69%；3~4年的403人，占比10.92%；4~5年的279人，占比7.56%；5年及以上的1 072人，占比29.05%（见图6-3-8）。

4.基金经理新增注册情况

2023年，公募基金经理新增注册711人，较上年增加9.22%，平均每月注册约59人。新注册基金经理中有84.67%为硕士研究生及以上学历；有55.13%的基金经理年龄在35岁及以下。基金经理兼任私募资产管理计划投资经理的22人。

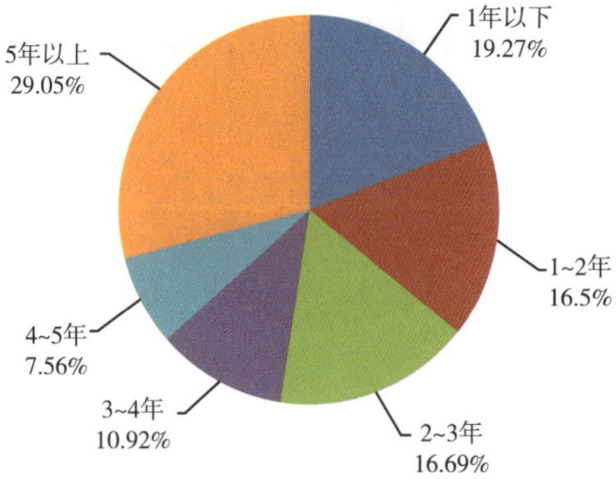

图 6-3-8 截至 2023 年底公募基金经理任职年限情况

资料来源：中国证券投资基金业协会。

从过往任职经历看，新注册基金经理中，从所在机构内部其他岗位调任基金经理的372人，占52.32%；来自其他公募基金管理机构的223人，占31.36%；来自证券公司或其资管子公司的44人，占6.19%；来自私募基金管理机构的44人，占6.19%（见图6-3-9）。

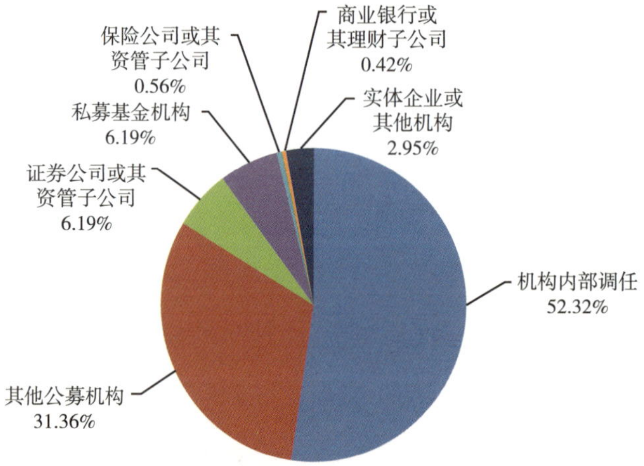

图 6-3-9 2023 年新注册公募基金经理来源情况

资料来源：中国证券投资基金业协会。

5.基金经理注销情况

2023年，共有来自116家公募基金管理机构的283名基金经理办理注销，其中，因公司内部岗位调整注销的24人，因离职注销的259人。经统计，离职的基金经理中有106人选择到其他公募基金管理机构任职，44人到证券公司、保险公司或其资管子公司任职，27人到私募基金管理机构任职，6人选择商业银行或其理财子公司任职；54人选择到其他机构任职或未说明离职去向（见图6-3-10）。

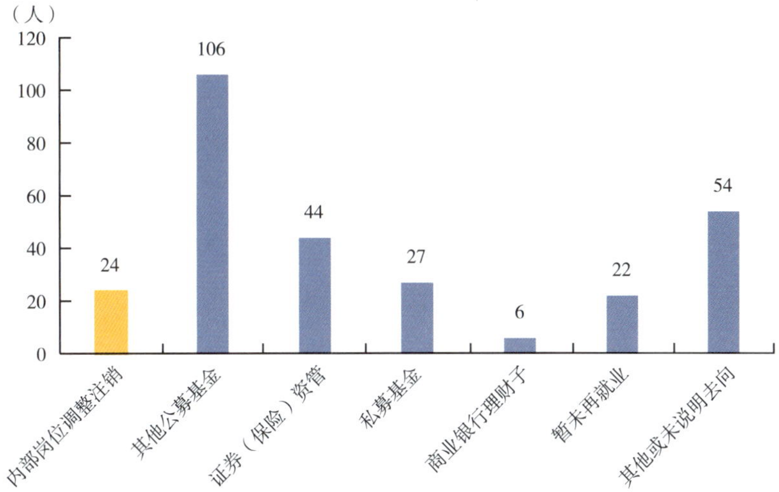

图6-3-10　2023年公募基金经理注销情况

资料来源：中国证券投资基金业协会。

第七章
私募基金管理人

面对错综复杂的国际政治环境，2023年我国私募投资基金行业发展面临诸多困难，但私募行业仍保持了平稳发展态势，发展质量有所提升。截至2023年末，在中国证券投资基金业协会（以下简称“协会”）已登记私募基金管理人21 625家，较2022年末存量机构减少2 042家，同比下降8.63%；管理基金只数15.30万只，较2022年末增加8 012只，同比增长5.52%；管理规模20.32万亿元，较2022年末存量规模增长338.07亿元，同比增长0.17%。其中，受A股波动行情影响，基金业绩普遍下跌，私募证券投资基金管理人整体规模有所下降；私募股权创投基金管理人管理规模仍保持增长。行业结构质量优化。规模在1亿元以上的私募股权创投基金管理人占比首次突破50%，低于1 000万元的尾部私募基金管理人数量下降50%。

第一节　私募证券投资基金管理人

一、私募证券投资基金管理人情况分析

（一）管理人登记数量变化情况

截至2023年末，协会已登记的私募证券投资基金管理人共8 469家，较2022年末减少554家，同比减少6.14%。2023年新登记私募证券投资基金管理人178家，占当年登记私募基金管理人总数的36.03%；与2022年相比，新登记私募证券投资基金管理人数量减少361家，同比减少66.98%（见图7-1-1）。

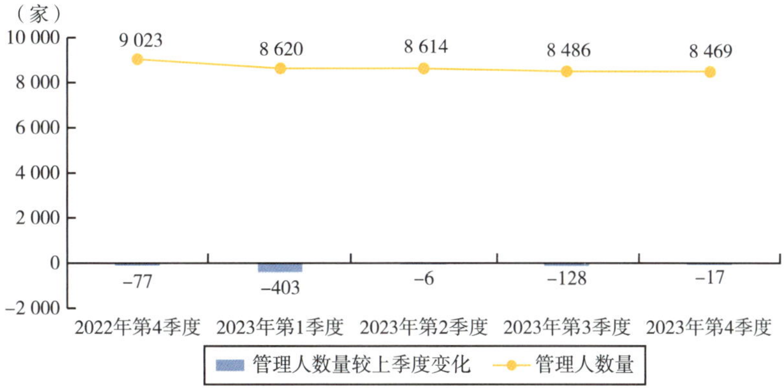

图 7–1–1　私募证券投资基金管理人登记数量变化

资料来源：中国证券投资基金业协会。

（二）管理人管理基金数量及规模情况

1. 管理人管理基金概况

截至2023年末，8 469家私募证券投资基金管理人所管理的正在运作的私募基金共97 029只，较2022年末增加4 644只，同比增长5.03%（见图7–1–2）；管理基金规模[①]合计为5.57万亿元，较2022年末减少1 067.91亿元，同比降低1.88%（见图7–1–3）。

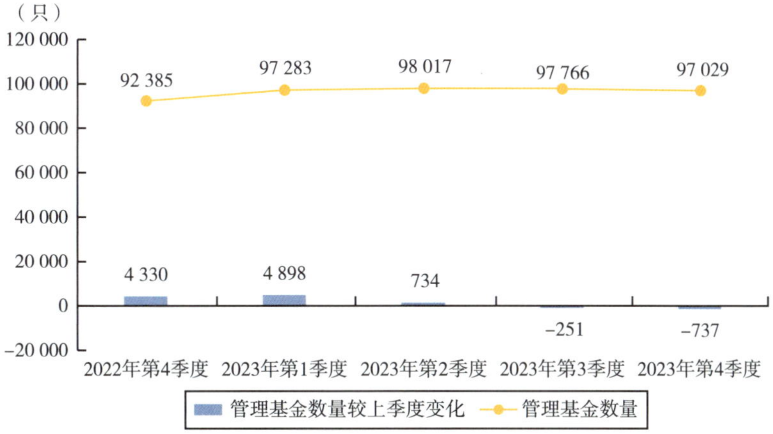

图 7–1–2　私募证券投资基金管理人管理基金数量变化

资料来源：中国证券投资基金业协会。

① 本报告所统计基金数量和基金规模，均指截至统计时点正在运作的基金数量及规模，不含已清盘基金数据。管理人管理规模和基金规模以相关管理人填报的基金运行表中期末净资产为准；若相关基金新设立且暂未更新运行表，以基金募集资金规模为准。

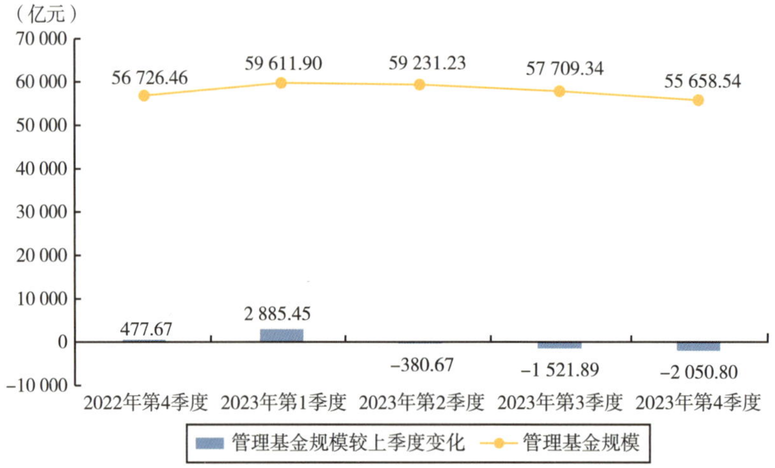

图 7–1–3　私募证券投资基金管理人管理基金规模变化

资料来源：中国证券投资基金业协会。

2023年当年新登记私募证券投资基金管理人178家，已备案私募基金452只，管理基金规模261.00亿元。

2. 管理人管理基金数量及规模分布情况

截至2023年末，已登记的8 469家私募证券投资基金管理人中，无在管基金的管理人有202家；有管理正在运作基金的私募证券投资基金管理人8 267家，占管理人总数的97.61%（见图7–1–4），平均每家管理人在管基金数量约为11.74只。

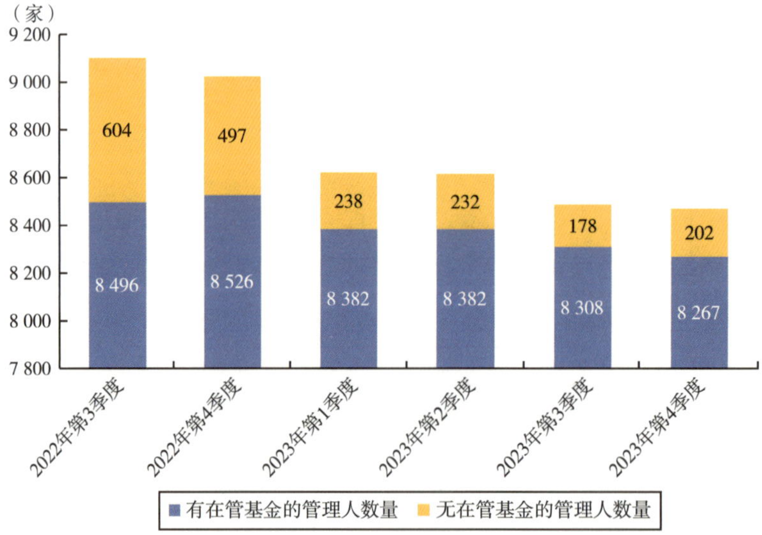

图 7–1–4　私募证券投资基金管理人展业数量对比变化

资料来源：中国证券投资基金业协会。

从在管基金数量分布看，私募证券投资基金管理人在管基金数量集中在2~4只（见图7-1-5）。

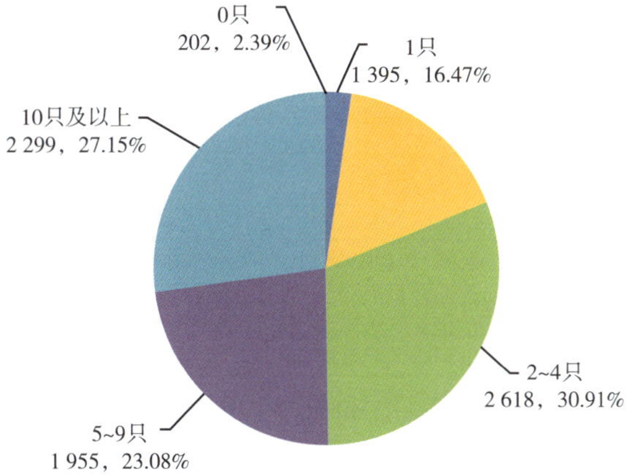

图 7-1-5 私募证券投资基金管理人管理基金数量分布

资料来源：中国证券投资基金业协会。

截至2023年末，有实际管理规模的私募证券投资基金管理人为8 253家[①]，其中管理规模在5 000万元以下的管理人数量占比50.95%（见图7-1-6）。

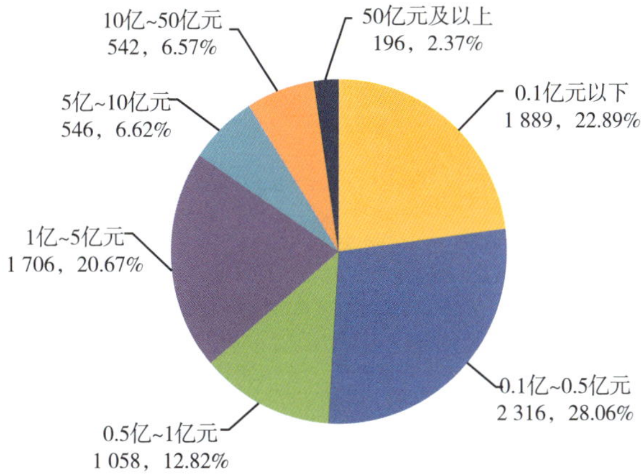

图 7-1-6 私募证券投资基金管理人管理规模分布

资料来源：中国证券投资基金业协会。

① 此处管理规模为0的私募证券投资基金管理人未统计在内。

（三）管理人管理规模集中度情况

截至2023年末，在所有私募证券投资基金管理人中位列管理规模前20名的管理人，管理规模占比27.25%，较2022年末下降0.31个百分点；管理规模位列行业前20%的管理人，管理规模占比93.10%，较2022年末下降1.04个百分点（见图7-1-7）。

行业前5管理规模占比	行业前10管理规模占比	行业前20管理规模占比	
14.00%	20.42%	27.25%	100%
行业前5%管理规模占比	行业前10%管理规模占比	行业前20%管理规模占比	
75.56%	85.27%	93.10%	100%

图 7-1-7　私募证券投资基金管理人管理规模集中度

资料来源：中国证券投资基金业协会。

（四）管理人成立时间及注册/实收资本情况

从成立时间来看，截至2023年末，超过一半私募证券投资基金管理人成立时间在6~10年；2023年登记的私募证券投资基金管理人成立时间大部分在1~3年，占比57.87%（见图7-1-8）。

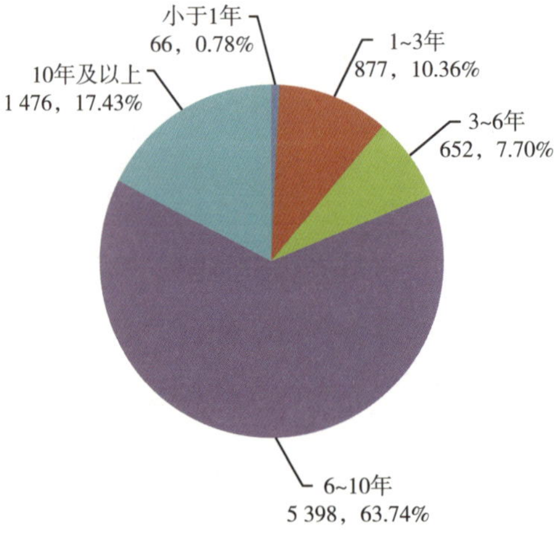

图 7-1-8　私募证券投资基金管理人成立时间分布（家）

资料来源：中国证券投资基金业协会。

就管理人注册资本而言，私募证券投资基金管理人注册资本主要集中在1 000万~5 000万元（不含）之间，共有7 306家，数量占比达到86.27%；2023年登记的私募证券投资基金管理人注册资本同样集中在500万~2 000万元，占比94.94%（见图7–1–9）。

从实收资本来看，近半数的私募证券投资基金管理人实收资本达到1 000万~5 000万元。2023年登记的私募证券投资基金管理人实收资本则主要集中在200万~500万元，相关管理人占比50%。

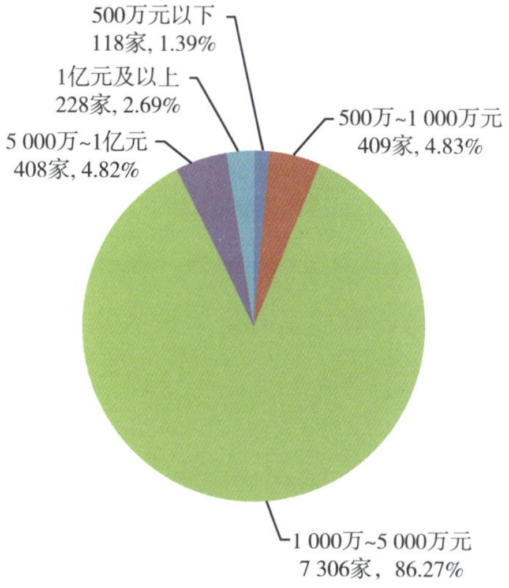

图 7–1–9　私募证券投资基金管理人注册资本分布

资料来源：中国证券投资基金业协会。

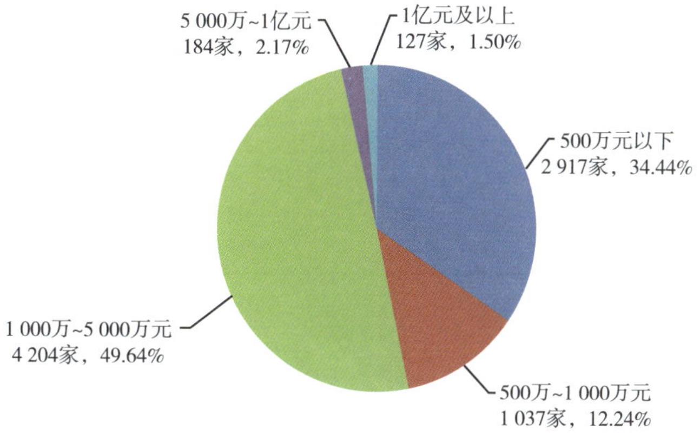

图 7–1–10　私募证券投资基金管理人实收资本分布

资料来源：中国证券投资基金业协会。

截至2023年末，在私募证券投资基金管理人中，实收资本比例低于25%的管理人数量共有345家，占所有私募证券投资基金管理人数量的4.07%；2023年登记的私募证券投资基金管理人中，实缴资本比例低于25%的管理人1家，占比0.56%（见图7-1-11）。

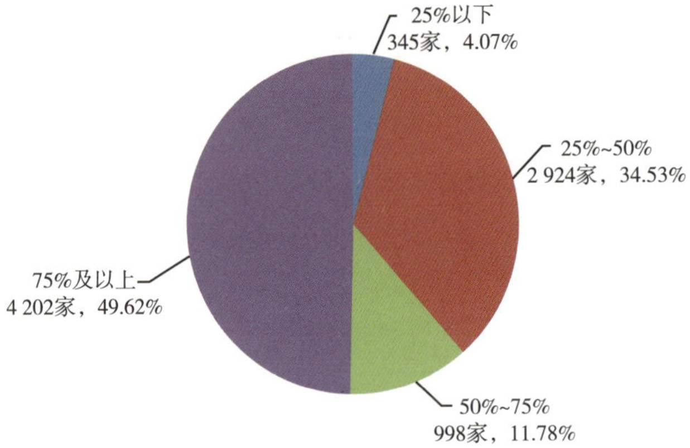

图 7-1-11　私募证券投资基金管理人实收资本比例分布

资料来源：中国证券投资基金业协会。

（五）管理人组织形式、股权性质与控股类型分布情况

截至2023年末，公司制是私募证券投资基金管理人的最主要组织形式，占比高达92.39%（见图7-1-12）；2023年登记私募证券投资基金管理人中公司制占比85.39%。

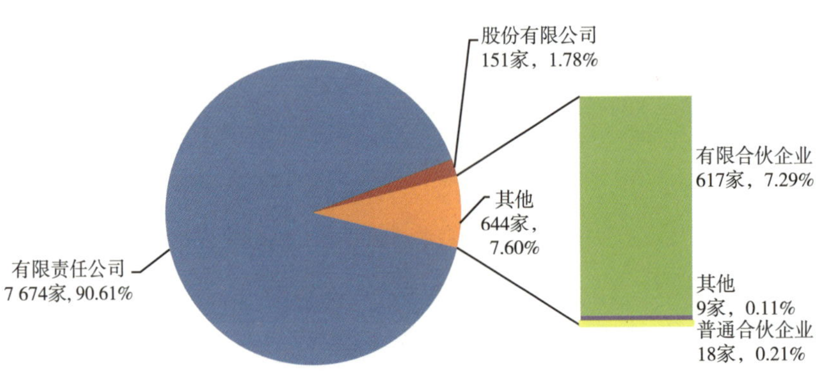

图 7-1-12　私募证券基金管理人组织形式分布

资料来源：中国证券投资基金业协会。

截至2023年末，从私募证券投资基金管理人股权的中外性质来看，股权性质中含有外资成分的管理人数量有61家，其中外商独资和合资私募证券管理人（WFOE PFM）58家（见图7-1-13）；2023年登记私募证券投资基金管理人中，含有外资成分的管理人数量1家，为外商独资私募证券投资基金管理人。

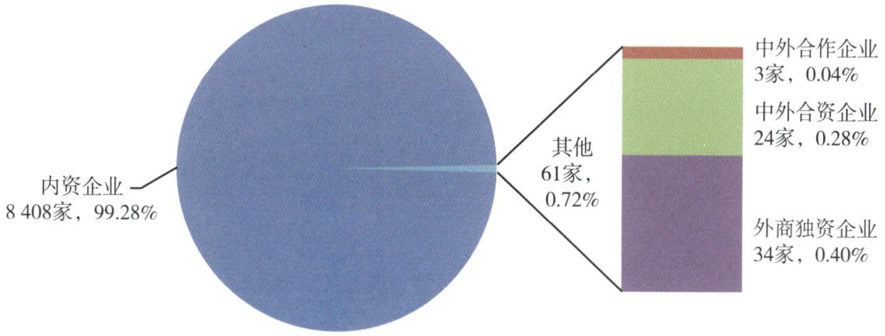

图 7-1-13 私募证券基金管理人中外性质分布

资料来源：中国证券投资基金业协会。

从私募证券投资基金管理人的控股类型[①]来看，自然人及其所控制民营企业控股的管理人数量最多，共计8 220家，占比97.34%（见图7-1-14）；2023年登记私募证券投资基金管理人，自然人及其所控制民营企业控股的管理人数量占比有所提升，为97.75%。

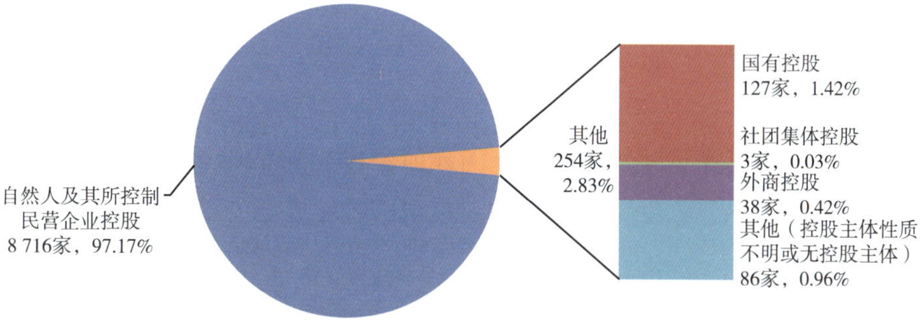

图 7-1-14 私募证券基金管理人控股类型分布

资料来源：中国证券投资基金业协会。

① 截至统计时点，仍有24家私募证券投资基金管理人未补充填报“控股类型”信息，为更好分析私募证券投资基金管理人控股类型分布情况，将24个空字段进行剔除。

（六）管理人股东数量分布情况

截至2023年末，从私募证券投资基金管理人的股东数量来看，大部分管理人股东数量为1~5人，共计6 463家，占比76.31%（见图7-1-15）；2023年当年登记私募证券投资基金管理人，股东数量为1~5人的管理人占比83.71%。

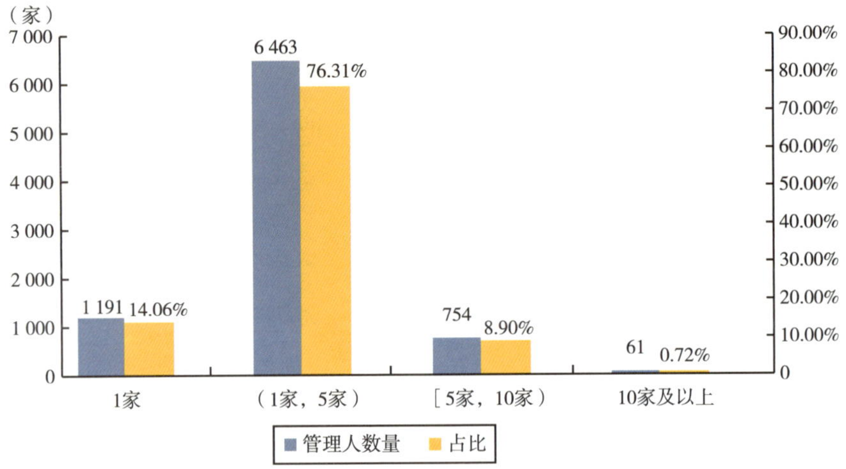

图 7-1-15 私募证券投资基金管理人股东数量分布

资料来源：中国证券投资基金业协会。

（七）管理人地域分布情况

1.管理人注册地分布

截至2023年末，从管理人数量来看，注册地在上海、深圳、北京、广东（不含深圳）、浙江（不含宁波）前五大中国证监会派出机构辖区的私募证券投资基金管理人数量合计6 337家，占全国所有私募证券投资基金管理人的74.83%，较2022年末降低0.66个百分点。

从注册在各辖区的私募证券投资基金管理人管理的基金只数和规模来看，只数排名前五的上海、北京、深圳、广东（不含深圳）、浙江（不含宁波）五大辖区管理的基金只数之和为76 775只；规模排名前五的上海、北京、深圳、宁波、广东（不含深圳）管理规模4.65万亿元，分别占全国私募证券投资基金管理人管理的基金总只数和总规模的79.13%和83.61%，较2022年末分别降低0.91个百分点和0.42个百分点。

2.管理人办公地分布

截至2023年末，上海、深圳、北京、广东（不含深圳）、浙江（不含宁波）五大辖区内共有6 488家私募证券投资基金管理人办公，占全国所有私募证券投资基金管理人数量的76.61%，较2022年末下降0.03个百分点。

从在各辖区办公的私募证券投资基金管理人所管理的基金只数和规模来看，只数排名前五的上海、北京、深圳、广东（不含深圳）、浙江（不含宁波）五大辖区管理的基金只数之和为80 222只，规模排名前五的上海、北京、深圳、浙江（不含宁波）、广东（不含深圳）管理规模4.95万亿元，分别占全国私募证券投资基金管理人管理的基金总只数和总规模的82.68%与88.88%。

二、私募证券投资基金管理人从业人员及高管情况分析

截至2023年末，私募证券投资基金管理人在从业人员管理平台完成注册的全职员工总人数为79 193人，其中，具有从业资格的员工60 064人，占比75.85%。私募证券投资基金管理人高管总数21 397人，具有基金从业资格高管21 094人，占比达98.58%。

2023年当年登记私募证券投资基金管理人的员工人数1 081人，其中具有从业资格的有920人，占比85.11%；私募证券投资基金管理人高管471人，均具有从业资格。

（一）从业人员情况分析

截至2023年末，在8 469家私募证券投资基金管理人中，在从业人员管理平台完成注册的全职员工数量在9人以下的管理人数量占比73.95%，从员工数量角度，目前私募证券投资基金管理人以中小型为主（见图7-1-16）。

私募证券投资基金管理人员工数量与其管理基金规模有明显正相关性，管理基金规模较大的私募证券投资基金管理人配备的员工数量相对较多（见图7-1-17）。

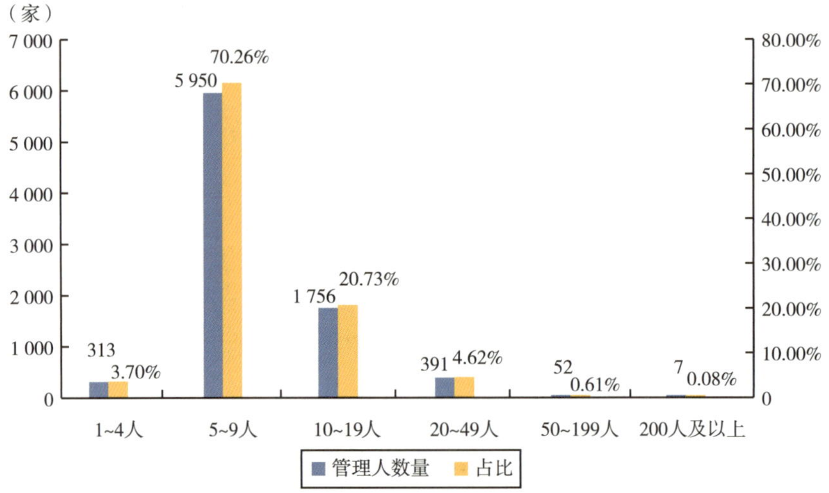

图 7-1-16　私募证券投资基金管理人分布情况（按员工数量）

资料来源：中国证券投资基金业协会。

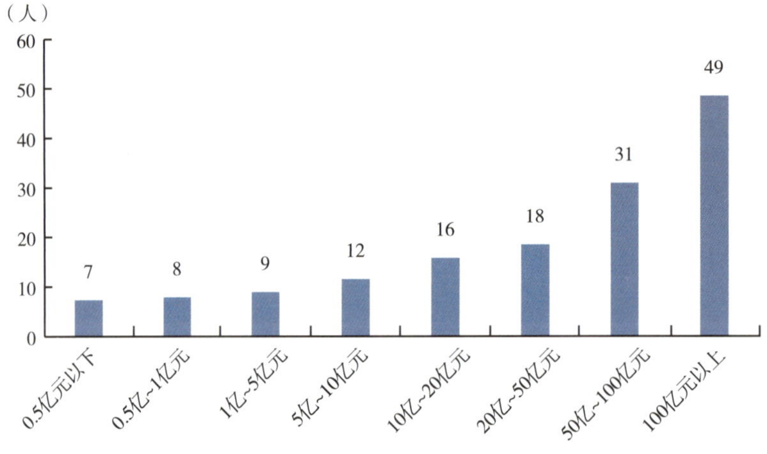

图 7-1-17　私募证券投资基金管理人平均员工数量分布（按管理规模）

资料来源：中国证券投资基金业协会。

（二）高管情况分析

1. 管理人高管人数分布情况

截至2023年末，从单个私募证券投资基金管理人所配备的高管数量来看，超过一半的管理人配备了2名高管（见图7-1-18）。

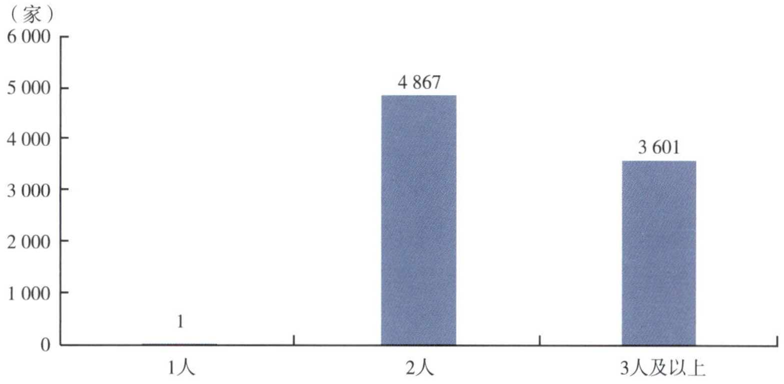

图 7-1-18　私募证券投资基金管理人高管人数分布

资料来源：中国证券投资基金业协会。

2.管理人高管取得从业资格情况

截至2023年末，在21 397名私募证券投资基金管理人高管中，有21 094名高管拥有基金从业资格；其中，有19 476名通过参加基金从业考试取得从业资格，1 618名通过资格认定程序取得从业资格（见图7-1-19）。

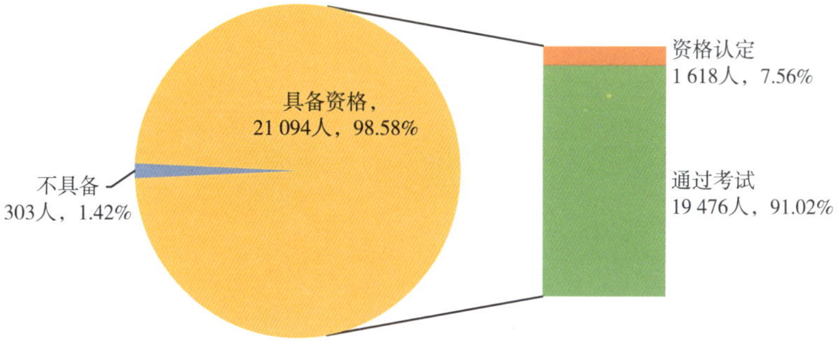

图 7-1-19　私募证券投资基金管理人高管取得从业资格情况

资料来源：中国证券投资基金业协会。

3.管理人高管最高学历分布和高管人数分布情况

截至2023年末，私募证券投资基金管理人所有高管，以及2023年当年登记私募证券投资基金管理人高管，最高学历主要为本科及以上（见图7-1-20）。

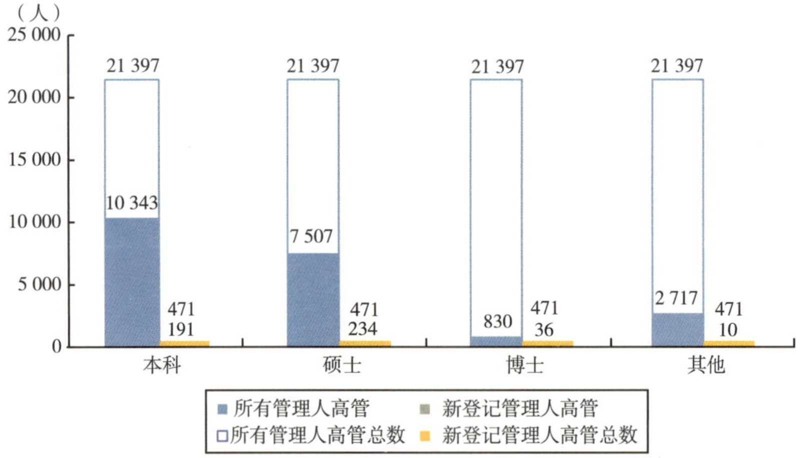

图 7-1-20　私募证券投资基金管理人高管最高学历分布

资料来源：中国证券投资基金业协会。

4.管理人高管年龄分布情况

从高管年龄分布来看，无论是所有私募证券投资基金管理人的高管，还是2023年当年登记的私募证券投资基金管理人的高管，年龄都主要集中在30~39岁（见图7-1-21）。

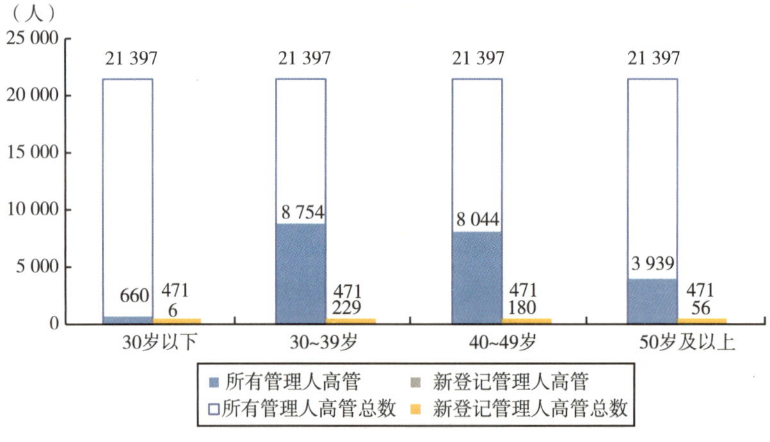

图 7-1-21　私募证券投资基金管理人高管年龄分布情况

资料来源：中国证券投资基金业协会。

5.管理人高管从业年限分布情况

从高管从业年限分布来看，截至2023年末，私募证券投资基金管理人中88.62%的高管从业年限在10年及以上，整体从业年限较长（见图7-1-22）。

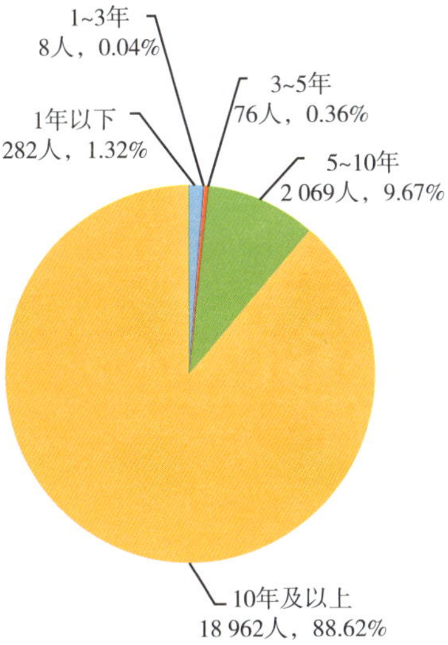

图 7-1-22　私募证券投资基金管理人高管从业年限分布情况

资料来源：中国证券投资基金业协会。

6. 管理人高管任职年限分布情况

从高管任职年限分布来看，截至2023年末，私募证券投资基金管理人的任职年限主要集中在5年以上，这部分高管数量占比为51.43%（见图7-1-23）。

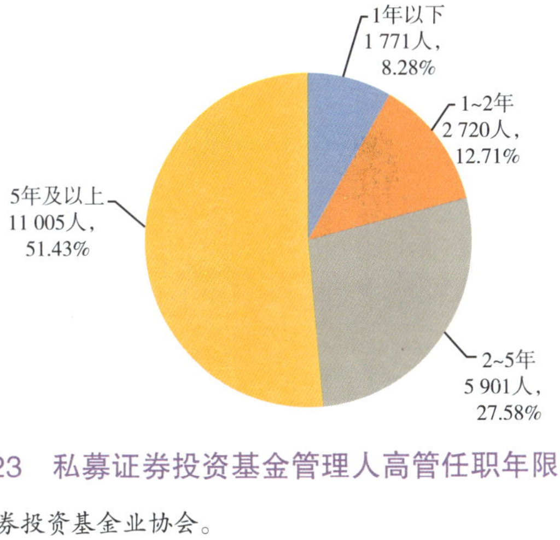

图 7-1-23　私募证券投资基金管理人高管任职年限分布情况

资料来源：中国证券投资基金业协会。

第二节　私募股权、创业投资基金管理人

一、私募股权、创业投资基金管理人总体情况

（一）私募股权、创业投资基金管理人基本情况

1. 管理人数量及规模

2023年私募股权、创业投资基金管理人数量有所下降，受新冠疫情、全球经济走弱等影响，增速有所放缓。截至2023年末，协会已登记私募股权、创业投资基金管理人12 893家，较2022年末减少1 410家，同比下降9.86%（见图7-2-1）；占私募基金管理人总数量的比例为59.62%，较2022年末下降0.81个百分点。其中，有在管基金的私募基金管理人12 410家，占比达96.25%。2023年当年新登记私募股权、创业投资基金管理人313家，占当年登记私募基金管理人总数的63.36%。

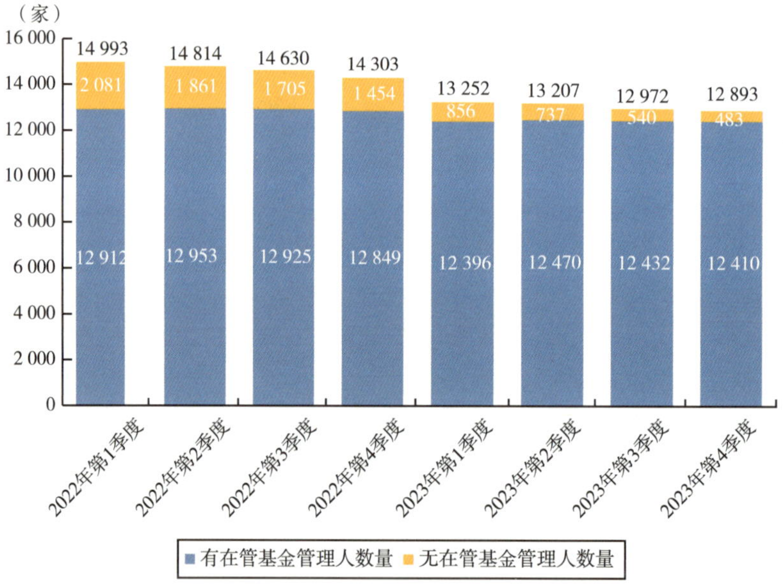

图 7-2-1　私募股权、创业投资基金管理人数量变化

资料来源：中国证券投资基金业协会。

2.管理人管理基金数量及规模变化情况

截至2023年末，已登记私募股权、创业投资基金管理人管理各类型私募基金54 702只，较2022年末增加3 715只，同比增长7.29%（见图7–2–2）；管理基金规模14.28万亿元，较2022年末增加2 748.58亿元，同比增长1.96%[①]（见图7–2–3）。平均来看，有在管基金的私募股权、创业投资基金管理人平均管理基金规模11.51亿元。

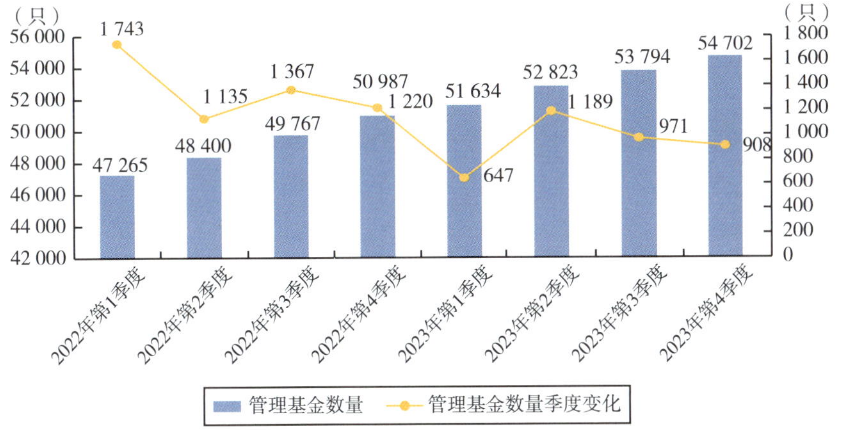

图 7–2–2　私募股权、创业投资基金管理人管理基金数量变化

资料来源：中国证券投资基金业协会。

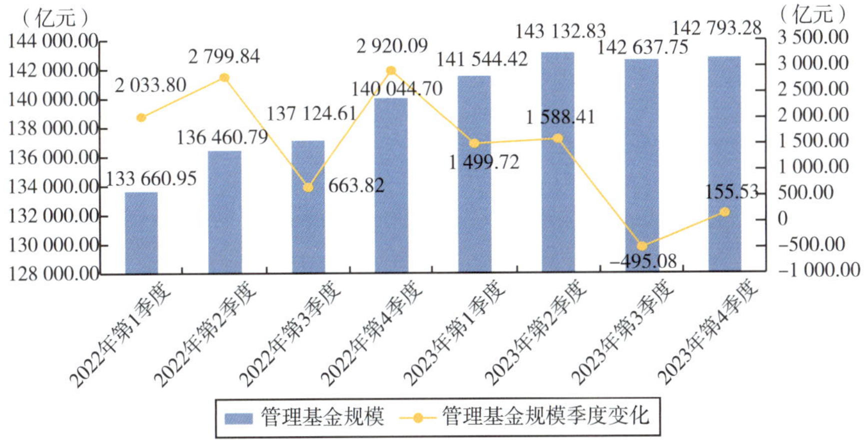

图 7–2–3　私募股权、创业投资基金管理人管理基金规模变化

资料来源：中国证券投资基金业协会。

① 本报告所统计基金数量和基金规模，均指截至统计时点正在运作的基金数量及规模，不含已清盘基金数据。管理人管理规模和基金规模以相关管理人填报的基金运行表中期末净资产为准；若相关基金新设立且暂未更新运行表，以基金募集资金规模为准。

（二）管理人管理基金数量及规模分布情况

1.行业集中度继续提升

截至2023年末，有在管基金的私募股权、创业投资基金管理人中，小型私募股权、创业投资基金管理人仍占多数，44.40%的管理人管理基金规模在1亿元以下；管理基金规模在5亿元以下的私募股权、创业投资基金管理人9 043家，占比达72.87%（见图7-2-4）。

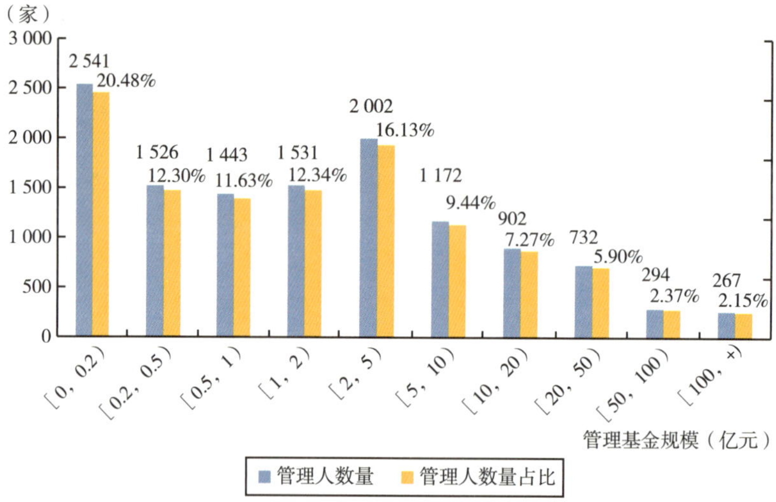

图7-2-4　私募股权、创业投资基金管理人管理基金规模分布

资料来源：中国证券投资基金业协会。

2.管理人管理规模集中度

私募股权、创业投资基金管理人管理规模的行业集中度较高，其中行业排名前20的管理人管理规模占比12.78%，较2022年末下降0.07个百分点；行业排名前20%的管理人管理规模占比达88.67%，较2022年末下降0.75个百分点（见图7-2-5）。

行业前5管理规模占比	行业前10管理规模占比	行业前20管理规模占比	
5.78%	8.65%	12.78%	100%
行业前5%管理规模占比	行业前10%管理规模占比	行业前20%管理规模占比	
63.67%	77.27%	88.67%	100%

图7-2-5　私募股权、创业投资基金管理人管理规模集中度

资料来源：中国证券投资基金业协会。

（三）管理人成立时间及注册/实收资本情况

1.管理人成立时间分布

从成立时间来看，大部分私募股权、创业投资基金管理人成立时间在10年以下，占比达79.21%，其中成立时间在1年以下的管理人数量占比最低，为0.74%（见图7-2-6）。

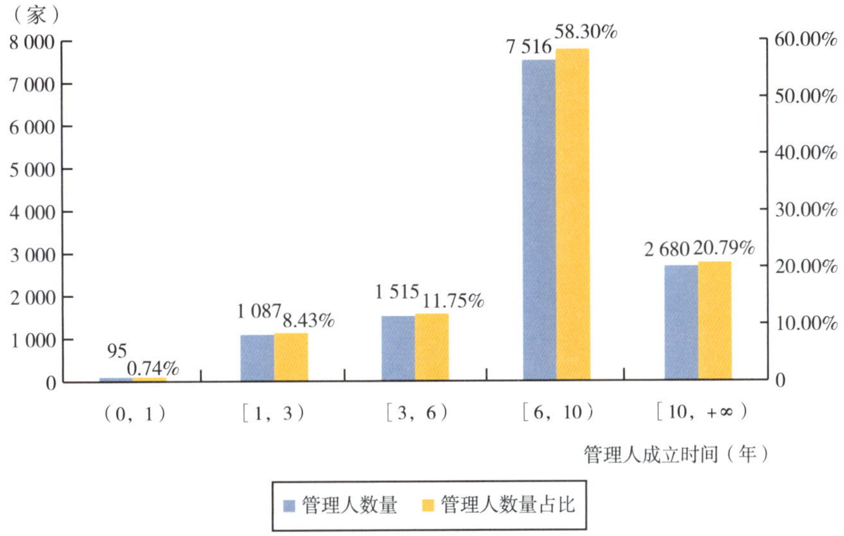

图 7-2-6　私募股权、创业投资基金管理人成立时间分布

资料来源：中国证券投资基金业协会。

在2023年登记的私募股权、创业投资基金管理人中，多数管理人成立时间不足3年，数量占比达91.69%；成立时间在1~3年（不含）年的管理人数量占比61.34%。

2.管理人注册资本分布

从管理人注册资本来看，私募股权、创业投资基金管理人的注册资本集中在1 000万元至2 000万元（不含），管理人数量占比50.34%；注册资本在2 000万元及以上管理人数量占比合计为35.66%（见图7-2-7）。

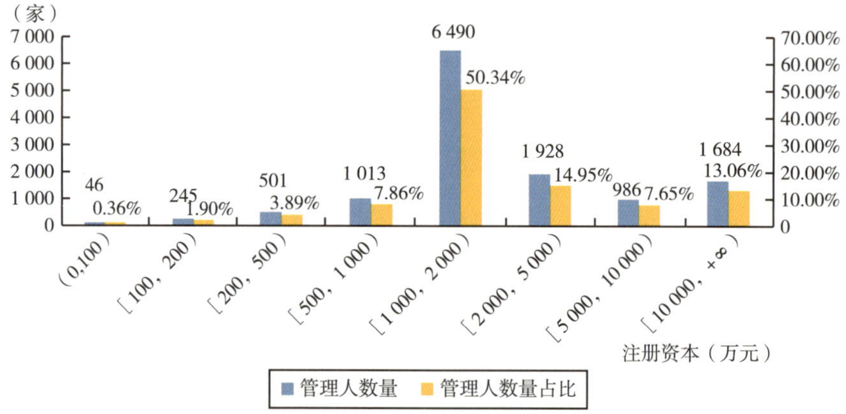

图 7-2-7　私募股权、创业投资基金管理人注册资本分布

资料来源：中国证券投资基金业协会。

2023年登记的私募股权、创业投资基金管理人，注册资本也主要集中在1 000万元至2 000万元（不含），管理人数量占比77.32%；注册资本在2 000万元及以上管理人数量占比合计为17.89%。

3. 管理人实收资本分布

从管理人实收资本来看，96.05%的私募股权、创业投资基金管理人实收资本在200万元及以上。其中，实收资本在200万元至500万元（不含）、1 000万元至2 000万元（不含）的管理人数量较为集中（见图7-2-8）。

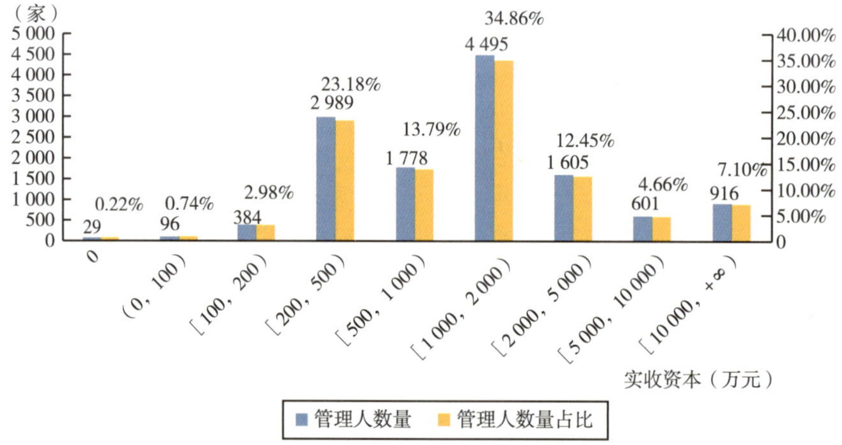

图 7-2-8　私募股权、创业投资基金管理人实收资本分布（家）

资料来源：中国证券投资基金业协会。

从管理人实收资本比例来看，近半数私募股权、创业投资基金管理人实收资本比例达到100%，实收资本比例在25%及以上的管理人数量占比达95.04%（见图7-2-9）。

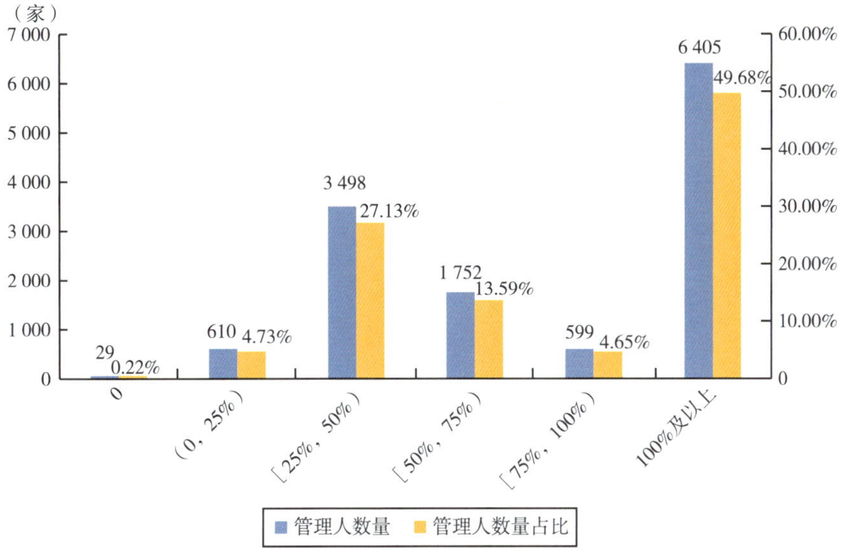

图 7-2-9　私募股权、创业投资基金管理人实收资本比例分布

资料来源：中国证券投资基金业协会。

2023年登记的私募股权、创业投资基金管理人，实收资本主要集中在200万元至500万元（不含），占比32.59%；实收资本比例在25%及以上的管理人数量占比达到98.40%。

（四）管理人组织形式、股权性质及控股类型情况

1.管理人组织形式分布

截至2023年末，从私募股权、创业投资基金管理人组织形式看，公司制管理人最多，达11 794家，占比91.48%；合伙制管理人仅1 081家，占比8.38%（见图7-2-10）。

2023年登记的私募股权、创业投资基金管理人主要为有限责任公司制管理人，达289家，数量占比达92.33%。

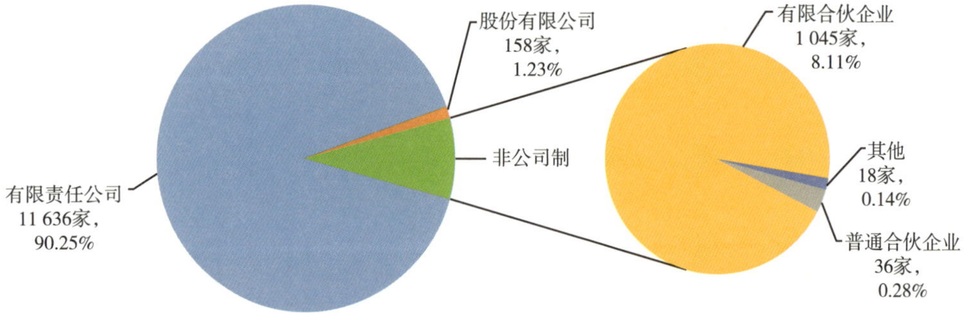

图 7-2-10　私募股权、创业投资基金管理人组织形式分布

资料来源：中国证券投资基金业协会。

2. 管理人股权性质分布

从管理人股权中外性质来看，私募股权、创业投资基金管理人的主要股权性质仍然是内资，管理人数量和管理基金规模分别为12 627家和13.86万亿元，占比分别达97.94%和97.03%（见图7-2-11、见图7-2-12）；中外合资管理人平均管理规模最大，达18.78亿元。

2023年登记的私募股权、创业投资基金管理人，主要股权性质仍然是内资企业，达295家，占比94.25%。此外，中外合资企业12家，外商独资管理人6家。

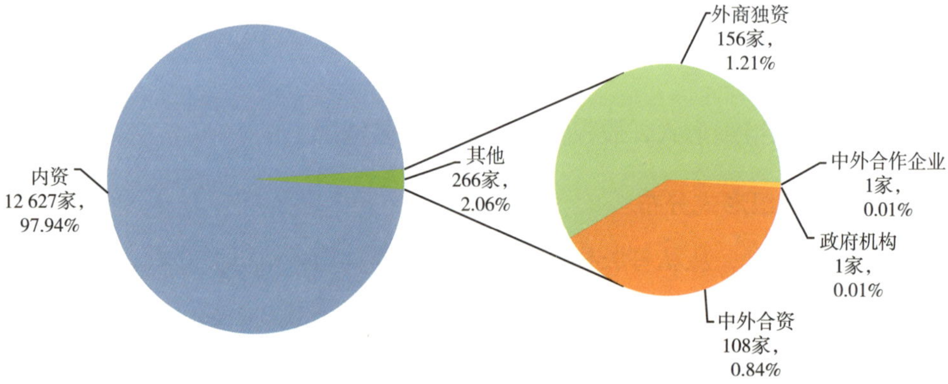

图 7-2-11　私募股权、创业投资基金管理人股权中外性质分布

资料来源：中国证券投资基金业协会。

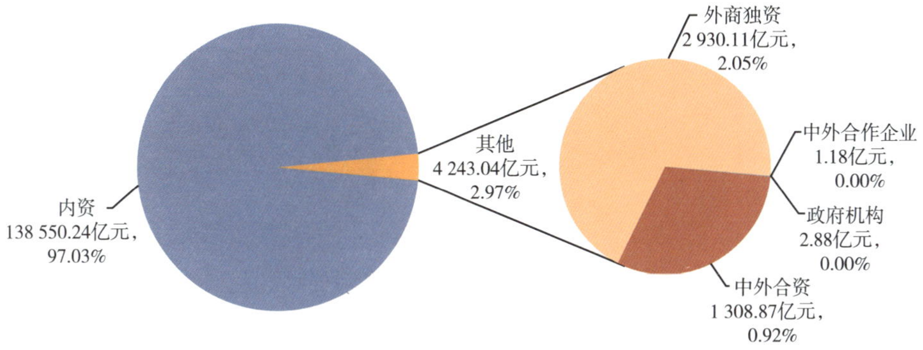

图 7-2-12　私募股权、创业投资基金管理人股权中外性质分布

资料来源：中国证券投资基金业协会。

3.管理人控股类型分布

从控股类型[①]来看，在私募股权、创业投资基金管理人中，自然人及其所控制民营企业控股的管理人数量最多，为9 694家，占比75.43%（见图7-2-13）；国有控股管理人平均管理规模最大，平均管理规模24.75亿元（见图7-2-14）。

2023年登记的私募股权、创业投资基金管理人，控股类型主要为自然人及其所控制民营企业控股，达216家，占比69.01%，此外控股类型为国有控股的管理人74家，外商控股管理人14家，社团集体控股私募基金管理人2家，其他（控股主体性质不明或无控股主体）管理人7家。

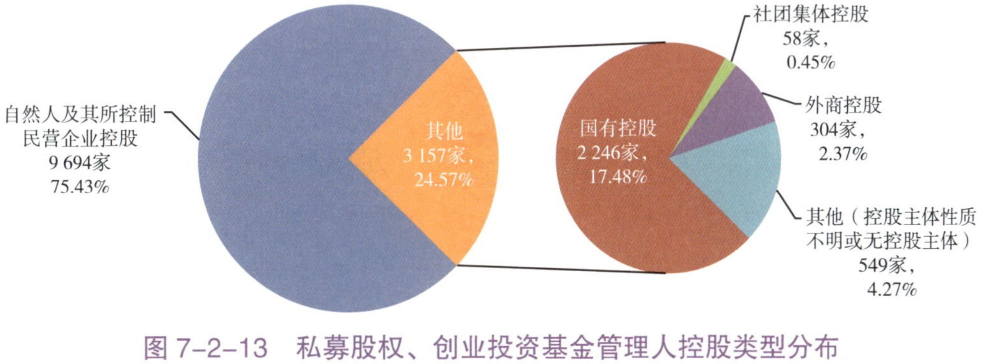

图 7-2-13　私募股权、创业投资基金管理人控股类型分布

资料来源：中国证券投资基金业协会。

① 截至统计时点，仍有42家私募股权、创业投资基金管理人未补充填报“控股类型”信息，为更好分析私募股权、创业投资基金管理人控股类型分布情况，将94个空字段进行剔除。

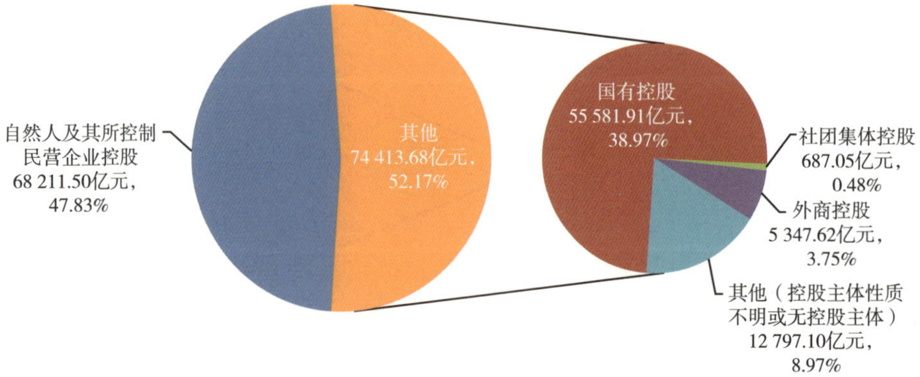

图 7-2-14 私募股权、创业投资基金管理人控股类型分布

资料来源：中国证券投资基金业协会。

（五）管理人注册区域分布集中在东部省市，集中度较2022年进一步下降

以中国证监会派出机构所在辖区划分，从私募基金管理人注册地和办公地两个角度出发分别分析全国私募股权、创业投资基金管理人地域分布情况。总体来看，排名前十的私募股权、创业投资基金管理人数量、管理基金数量及管理基金规模注册地集中度、办公地等，仍主要集中在少数一线城市及东南沿海等经济较发达地区，随着中西部等欠发达地区的经济发展与政策倾斜，私募股权、创业投资基金作为支持当地实体经济发展的重要融资方式，其规模也在不断增长。

1.管理人数量、管理基金数量及规模按注册地分布

截至2023年末，在全国私募股权、创业投资基金管理人中，注册地在北京、上海和深圳三大辖区的管理人数量合计5 888家，占全国总数的45.67%，较上年下降1.56%；注册地在北京、上海、深圳、浙江、江苏五大辖区的管理人数量合计7 884家，占比61.15%，较上年下降1.24%（见图7-2-15）；管理人数量排名前10的辖区合计有10 099家私募股权、创业投资基金管理人，占比78.33%，较上年下降1.00%。

从各辖区内管理人管理基金数量来看，注册地在北京、上海、深圳三大辖区内的私募股权、创业投资基金管理人管理的基金数量合计26 988只，占全国私募股权、创业投资基金管理人所管理基金总数的49.34%，较上年下降1.33%；注册地在北京、上海、深圳、浙江、广东五大辖区内的管理人管理基金数量合计35 923只，占比65.67%，较上年下降1.10%；排名前10的辖区内私募基金管理人

管理的基金数量合计44 867，占比82.02%，较上年下降0.91%（见图7-2-16）。

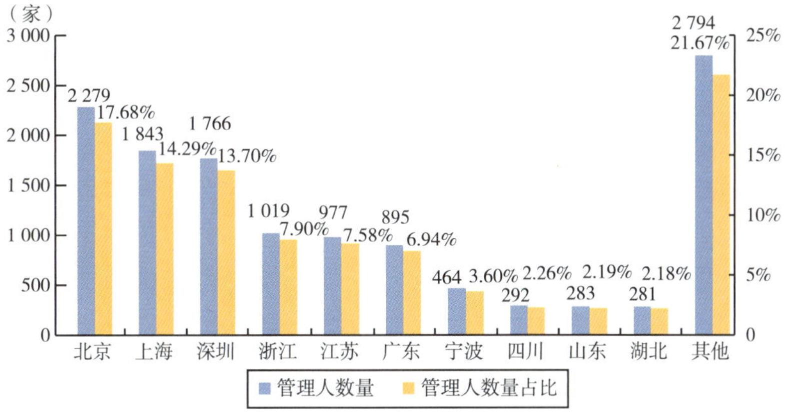

图 7-2-15　私募股权、创业投资基金管理人数量按注册地分布

资料来源：中国证券投资基金业协会。

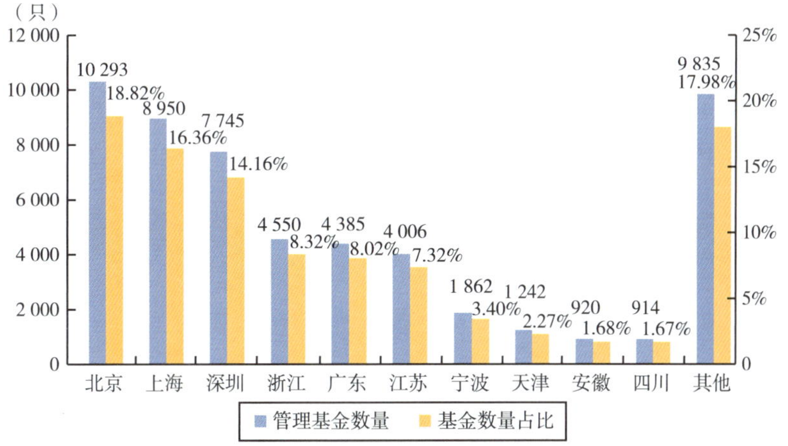

图 7-2-16　私募股权、创业投资基金管理人管理基金数量按注册地分布

资料来源：中国证券投资基金业协会。

从各辖区内管理人管理基金规模来看，注册地在北京、上海、深圳三大辖区内的私募股权、创业投资基金管理人管理基金规模合计7.50万亿元，占全国私募股权、创业投资基金管理人所管理基金总规模的52.51%，较上年下降0.12%；注册地在北京、上海、深圳、江苏、广东五大辖区内的管理人管理基金规模合计9.49万亿元，占比66.47%，较上年增长0.40%；排名前10的辖区内机构管理规模合计11.65万亿元，占比81.58%，较上年下降1.78%（见图7-2-17）。

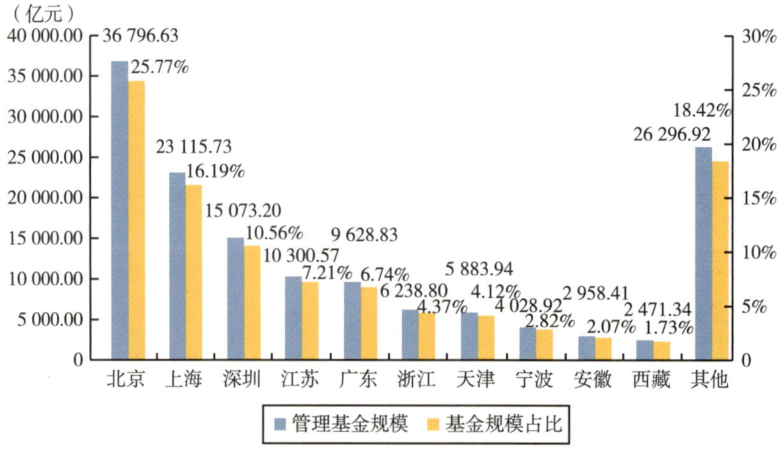

图 7-2-17　私募股权、创业投资基金管理人管理基金规模按注册地分布

资料来源：中国证券投资基金业协会。

在2023年登记的私募股权、创业投资基金管理人中，注册地在江苏、海南和北京三大辖区的管理人数量合计119家，占新登记管理人总数的38.02%，较2022年当年减少0.66%；注册地在江苏、海南、北京、上海和广东五大辖区的管理人数量合计177家，占比56.55%，较2022年当年增长2.09%；管理人数量排名前十的辖区合计有251家私募股权、创业投资基金管理人，占比80.19%，较2022年当年增长2.14%（见图7-2-18）。2023年当年新登记私募股权、创业投资基金管理人注册地仍主要集中于经济发达地区。

2.管理人数量、管理基金数量及规模按办公地分布

截至2023年末，在私募股权、创业投资基金管理人中，办公地在北京、上海和深圳三大辖区的管理人数量合计7 014家，占全国总数的54.40%，较上年下降0.84%；办公地在北京、上海、深圳、浙江、江苏五大辖区的管理人数量合计8 746家，占比67.84%，较上年下降0.44%；管理人数量排名前十的辖区合计有10 660家私募股权、创业投资基金管理人，占比82.68%，较上年下降0.07%（见图7-2-19）。

从各辖区内管理人管理基金数量来看，办公地在北京、上海、深圳三大辖区内的私募股权、创业投资基金管理人管理的基金数量合计32 356只，占全国总数的59.15%，较去年下降1.22%；办公地在北京、上海、深圳、浙江、广东五大辖区内管理人管理的基金数量合计40 479只，占比74.00%，较去年下降1.11%；排名前十的辖区内管理人管理的基金数量合计47 372只，占比86.60%，较上年下降0.46%（见图7-2-20）。

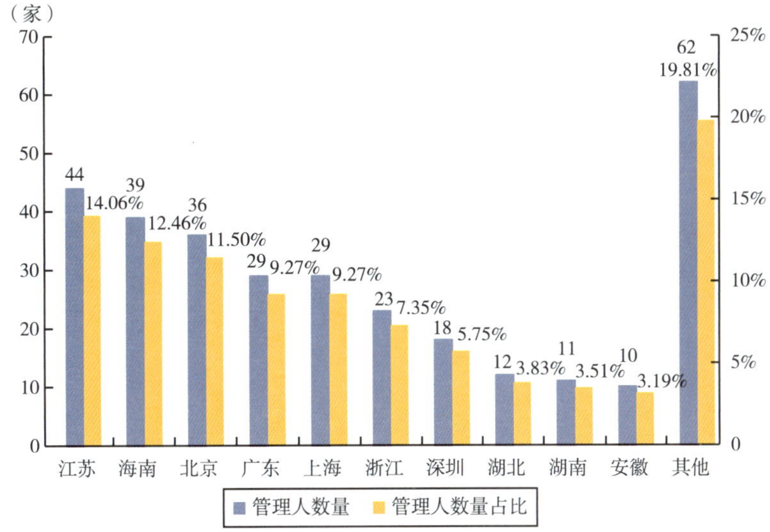

图7-2-18　2023年登记私募股权、创业投资基金管理人数量按注册地分布

资料来源：中国证券投资基金业协会。

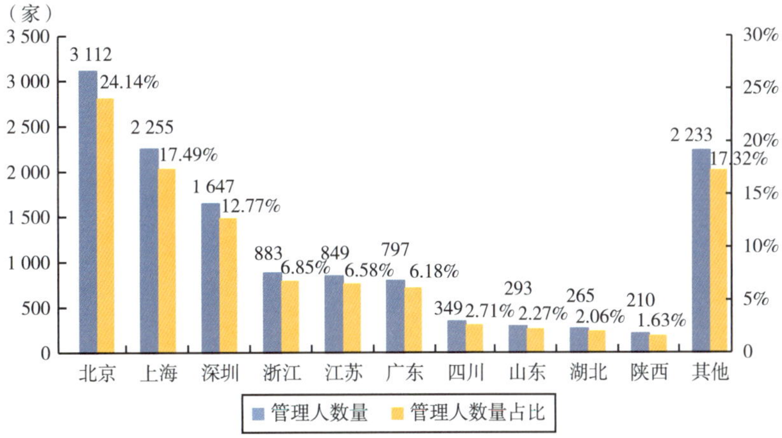

图7-2-19　私募股权、创业投资基金管理人数量按办公地分布

资料来源：中国证券投资基金业协会。

从各辖区内管理人管理的基金规模来看，办公地在北京、上海、深圳三大辖区的私募股权、创业投资基金管理人管理的基金规模合计9.23万亿元，占全国私募股权、创业投资基金管理人管理基金总规模的64.62%，较上年下降0.89%，其

中北京远超上海和深圳，为规模最大辖区；在北京、上海、深圳、江苏、广东五大辖区的管理人管理规模合计10.89万亿元，占比76.24%，较上年下降0.35%；排名前十的辖区内管理人管理规模合计12.34万亿元，占比86.39%，较上年下降0.06%（见图7-2-21）。

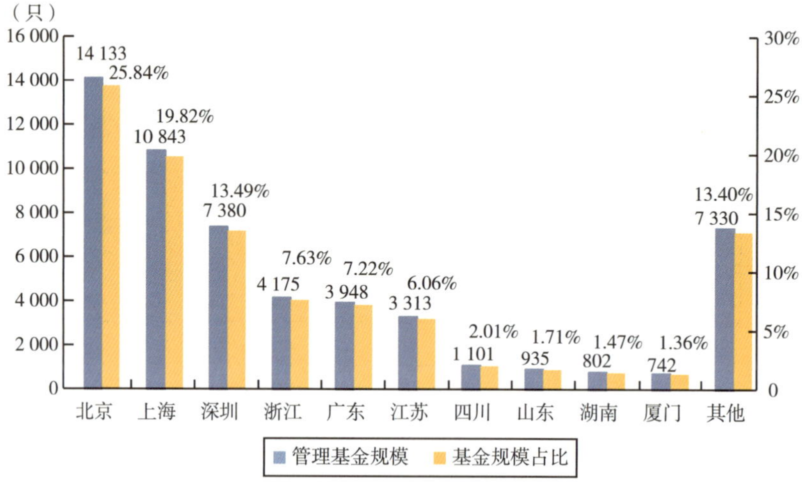

图 7-2-20　私募股权、创业投资基金管理人管理基金数量按办公地分布

资料来源：中国证券投资基金业协会。

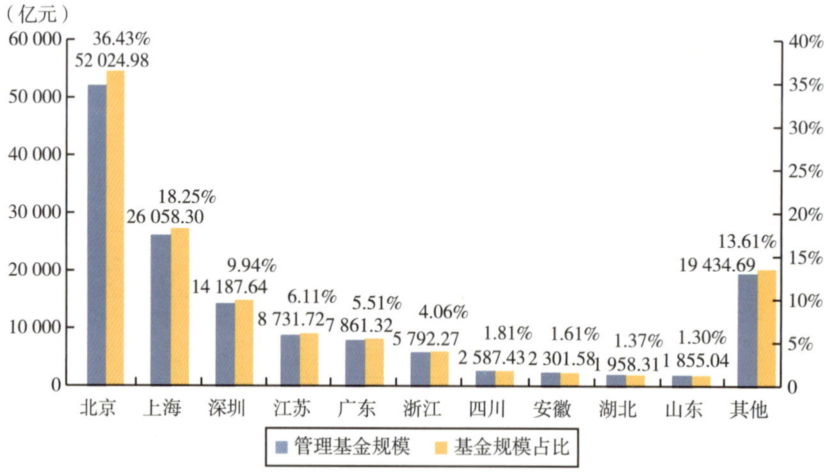

图 7-2-21　私募股权、创业投资基金管理人管理基金规模按办公地分布

资料来源：中国证券投资基金业协会。

2023年当年登记的私募股权、创业投资基金管理人，办公地在北京、上海和

江苏三大辖区的管理人数量合计134家，占全国总数的42.81%，较2022年当年增长0.42%；办公地在北京、上海、江苏、深圳和广东五大辖区的管理人数量合计192家，占比61.34%，较2022年当年增长2.77%；管理人数量排名前十的辖区合计有254家私募股权、创业投资基金管理人，占比81.15%，较2022年当年增长2.96%。2023年新登记的私募股权、创业投资基金管理人办公地同样主要集中于经济发达地区（见图7-2-22）。

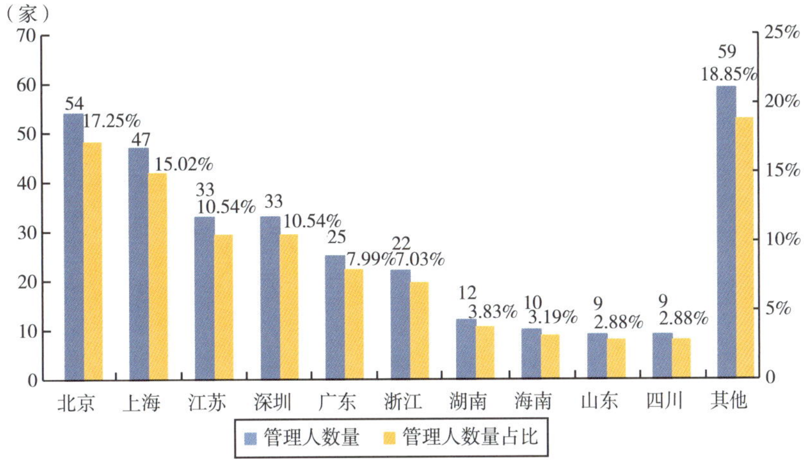

图7-2-22　2023年登记私募股权、创业投资基金管理人数量按办公地分布

资料来源：中国证券投资基金业协会。

二、私募股权、创业投资基金管理人从业人员及高管情况

截至2023年末，私募股权、创业投资基金基金管理人在从业人员管理平台完成注册的全职员工总人数10.94万人，其中，具有基金从业资格的员工9.27万人，数量占比84.70%。私募股权、创业投资基金管理人高管总数3.34万人，具有基金从业资格高管3.19万人，数量占比达95.55%，较2021年末增长2.17个百分点。

2023年当年登记并在从业人员管理平台完成注册的私募股权、创业投资基金管理人的员工人数2 114人，其中具有基金从业资格的员工1 670人，占比79.00%；私募股权、创业投资基金管理人高管866人，其中具有基金从业资格的高管833人，占比达96.19%。

（一）管理人从业人员情况

截至2023年末，大多数私募股权、创业投资基金管理人具有5名及以上员工，其中，半数以上管理人的员工数量在5（含）人至10人。整体来看，私募股权、创业投资基金管理人平均具有9名员工（见图7-2-23）。

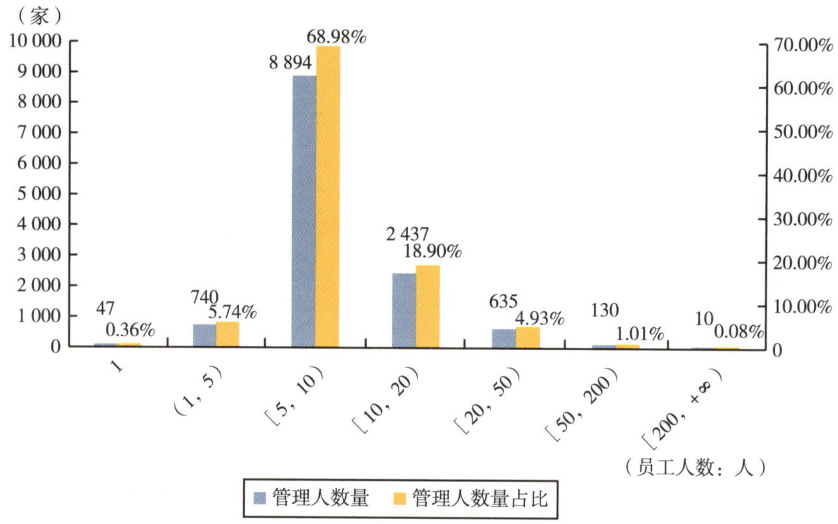

图 7-2-23　私募股权、创业投资基金管理人从业人员数量分布（按家数统计）

资料来源：中国证券投资基金业协会。

从单家私募股权、创业投资基金管理人从业人员数量来看，管理基金规模较大的管理人具有的从业人员普遍较多。截至2023年末，管理规模在5亿元以下的管理人平均具有8名员工，而管理规模在100亿元及以上的管理人平均具有35名员工（见图7-2-24）。

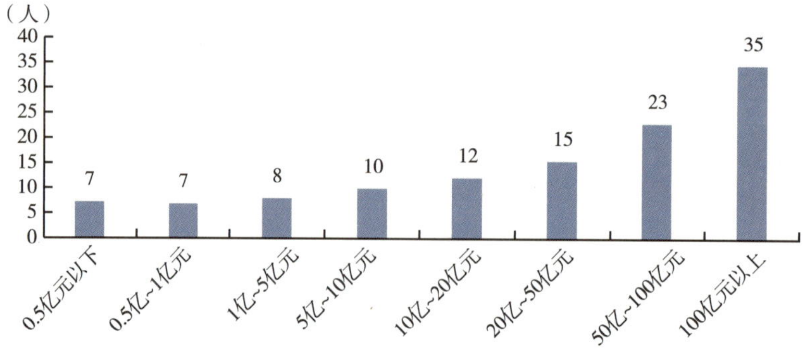

图 7-2-24　私募股权、创业投资基金管理人平均从业人员数量分布（按规模统计）

资料来源：中国证券投资基金业协会。

2023年当年登记的私募股权、创业投资基金管理人，从业人员数量主要集中于5至10人（不含），占比达97.76%；整体来看，私募股权、创业投资基金管理人平均拥有6名员工。

（二）管理人高管情况

1.管理人高管人数分布情况

截至2023年末，从单个私募股权、创业投资基金管理人的高管数量来看，99.90%的管理人具有2名或2名以上高管（见图7-2-25）。

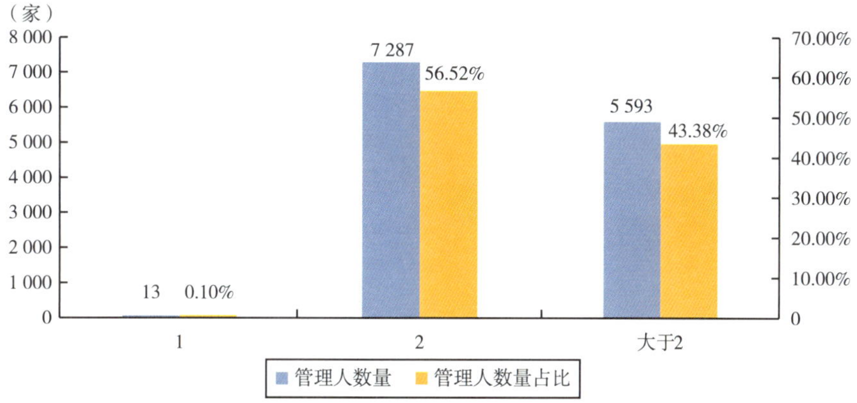

图7-2-25　私募股权、创业投资基金管理人高管人数分布（按家数统计）

资料来源：中国证券投资基金业协会。

2023年登记的私募股权、创业投资基金管理人均具有2名或2名以上高管，其中有3名及以上高管的管理人数量占比61.02%。

2.管理人高管取得从业资格情况

截至2023年末，在私募股权、创业投资基金管理人高管中，具备基金从业资格的有3.19万人，占高管总数的95.55%（见图7-2-26）。其中，11 697家管理人的所有高管都具备基金从业资格，占比90.72%（见图7-2-27）；法定代表人与合规风控负责人具备基金从业资格的管理人12 326家，占私募股权、创业投资基金管理人数量的95.60%。

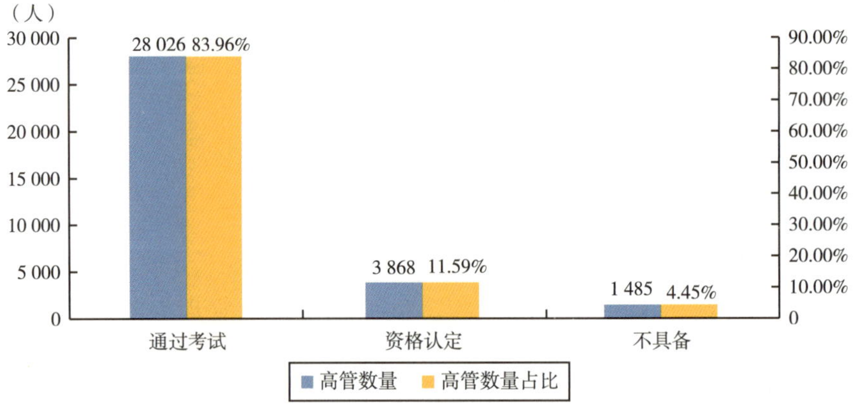

图 7-2-26　私募股权、创业投资基金管理人基金从业资格取得情况（按人数统计）

资料来源：中国证券投资基金业协会。

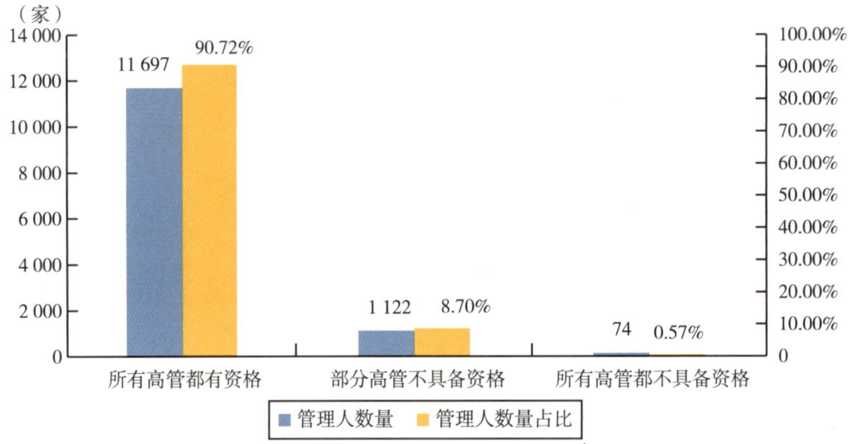

图 7-2-27　私募股权、创业投资基金管理人基金从业资格取得情况（按家数统计）

资料来源：中国证券投资基金业协会。

在2023年登记的私募股权、创业投资基金管理人的高管中，具备基金从业资格的高管833人，占比达96.19%；所有高管都具备基金从业资格的管理人281家，占比达89.78%。

3.管理人高管人员学历分布情况

从高管最高学历来看，截至2023年末，私募股权、创业投资基金管理人高管普遍学历背景良好，最高学历为本科及以上的为30 637人，占比94.53%，其中，硕博占比为54.39%（见图7-2-28）。

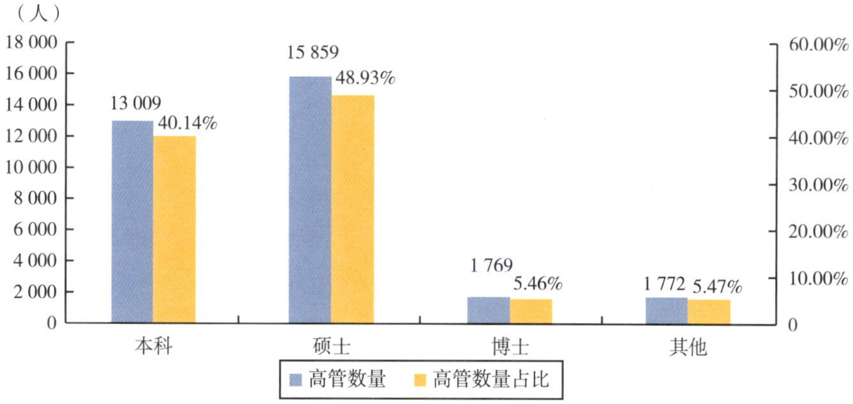

图 7-2-28 私募股权、创业投资基金管理人高管最高学历分布情况（按人数统计）

资料来源：中国证券投资基金业协会。

在2023年登记的私募股权、创业投资基金管理人中，最高学历为本科及以上的高管数量占比达98.37%，其中硕博占比为68.95%。

4. 管理人高管人员年龄分布情况

从高管年龄分布来看，截至2023年末，私募股权、创业投资基金管理人高管年龄主要集中在30~50（不含）岁，占比71.03%，其中年龄在40~50（不含）岁的人士，成为私募股权、创业投资从业的中坚力量，占全部高管数量的比例达37.39%（见图7-2-29）。

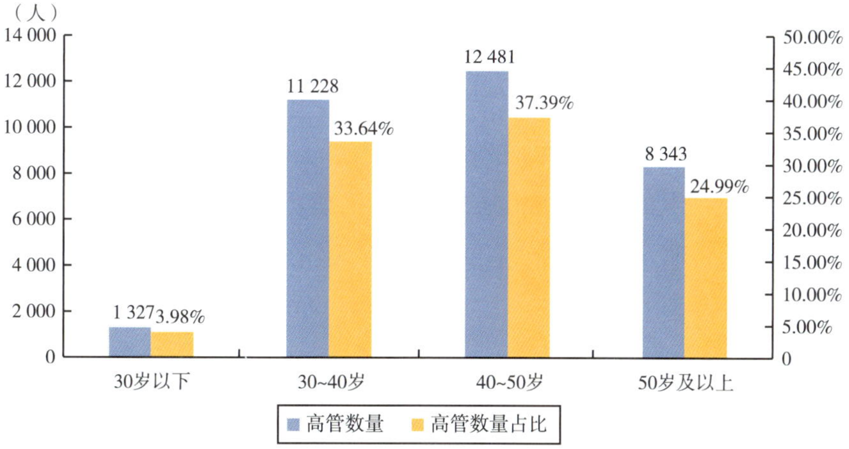

图 7-2-29 私募股权、创业投资基金管理人高管年龄分布（按人数统计）

资料来源：中国证券投资基金业协会。

2023年当年登记的私募股权、创业投资基金管理人高管年龄主要集中在30~40（不含）岁的青壮年人士，占比49.31%，年龄在40~50（不含）岁的高管占全部高管数量的33.26%。

5.管理人高管从业年限分布情况[①]

从高管从业年限分布来看，截至2023年末，私募股权、创业投资基金管理人中88.76%的高管从业年限在10年及以上，整体从业年限较长（见图7-2-30）。

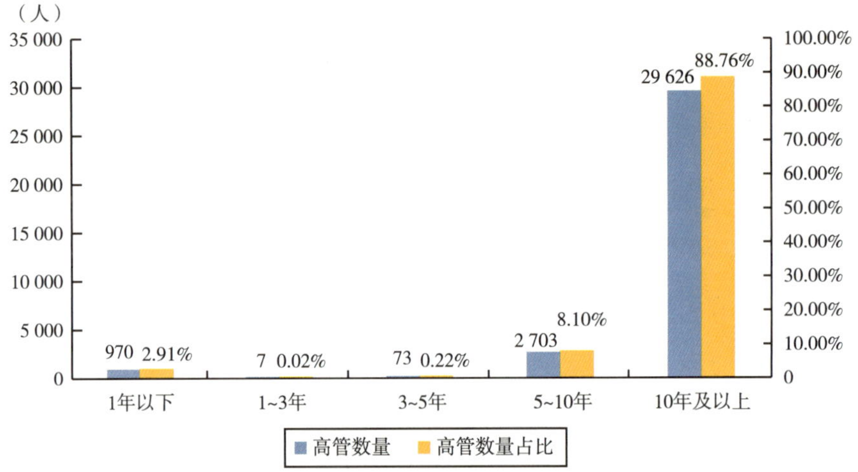

图7-2-30 私募股权、创业投资基金管理人高管从业年限分布（按人数统计）

资料来源：中国证券投资基金业协会。

2023年登记的私募股权、创业投资基金管理人高管从业年限主要集中在10年及以上，占比达84.64%；从业年限在1年以下的高管6人。

6.管理人高管任职年限分布情况

从高管任职年限分布来看，截至2023年末，私募股权、创业投资基金管理人高管在现有管理人任职时间主要集中在5年及以上，占比达52.71%（见图7-2-31）。

① 本报告中高管从业年限自高管毕业以来从事第一份工作的起始时间算起。

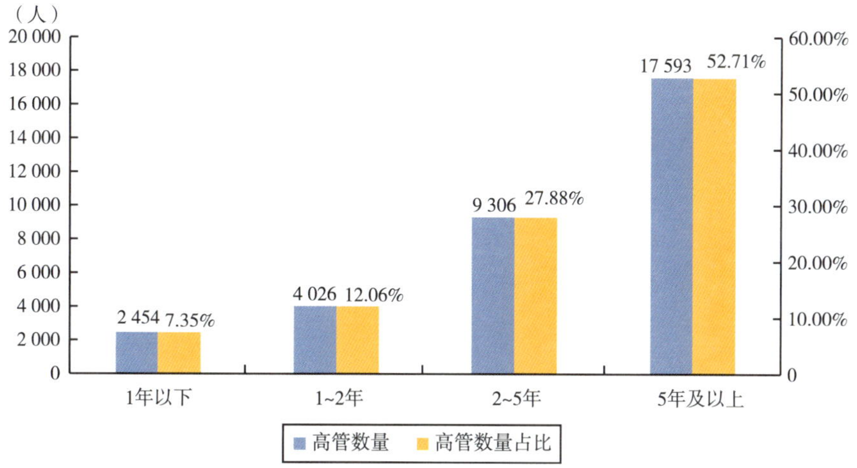

图 7-2-31　私募股权、创业投资基金管理人高管任职年限分布（按人数统计）

资料来源：中国证券投资基金业协会。

第八章 基金托管机构

第一节　托管机构登记情况

金融机构从事基金托管业务，应当经中国证监会核准，依法取得基金托管资格，申请基金托管资格的金融机构应当符合《证券投资基金托管业务管理办法》要求。

根据中国证监会发布的《证券投资基金托管人名录》，截至2023年12月31日，共62家托管人经证监会核准，依法取得证券投资基金托管业务展业资格。其中，包括31家银行、29家证券公司以及2家其他类型托管机构（见图8-1-1）。具体名录见行业数据篇。

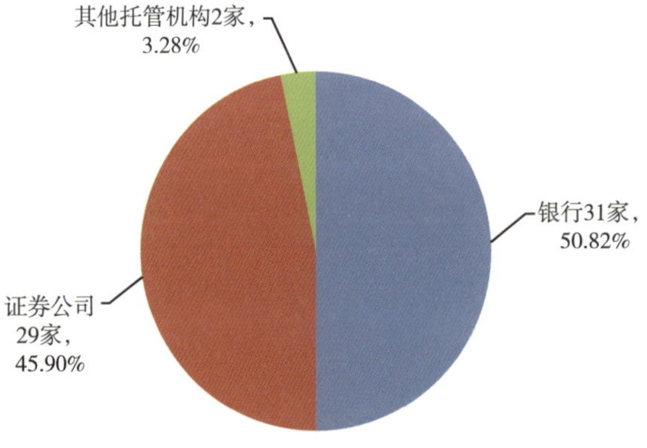

图 8-1-1　托管机构类型分布

资料来源：中国证监会官网。

第二节　托管业务发展情况

一、托管产品数量及资产规模

截至2023年末，托管人开展托管业务或资产保管业务的产品共计443 604只，资产规模达到222.26万亿元[①]。从产品类型来看，按照产品数量统计，私募基金的数量最多，总计139 357只，占比31.41%；公募基金11 269只，占比2.54%；证券期货经营机构发行的资管产品45 013只，占比10.15%；跨境或者管理人为外资的基金4 135只，占比0.93%；银行理财44 760只，占比10.09%；信托（保管）106 152只，占比23.93%；保险产品11 117只，占比2.51%；养老金11 332只，占比2.55%；其他产品（托管或保管）70 469只，占比15.89%（见图8-2-1）。

按照资产规模统计，保险产品的规模最大，总计367 045.65亿元，占比16.51%；银行理财288 814.89亿元，占比12.99%；公募基金269 047.08亿元，占比12.11%；私募基金188 213.16亿元，占比8.47%；证券期货经营机构发行的资管产品148 490.56亿元，占比6.68%；跨境或者管理人为外资的基金28 284.41亿元，占比1.27%；信托（保管）244 765.24亿元，占比11.01%；养老金132 644.24亿元，占比5.97%；其他产品（托管或保管）555 265.89亿元，占比24.98%（见图8-2-2）。

① 本次统计范围从托管机构业务角度出发，不仅包括资管产品托管业务，也包括资产保管等其他业务。

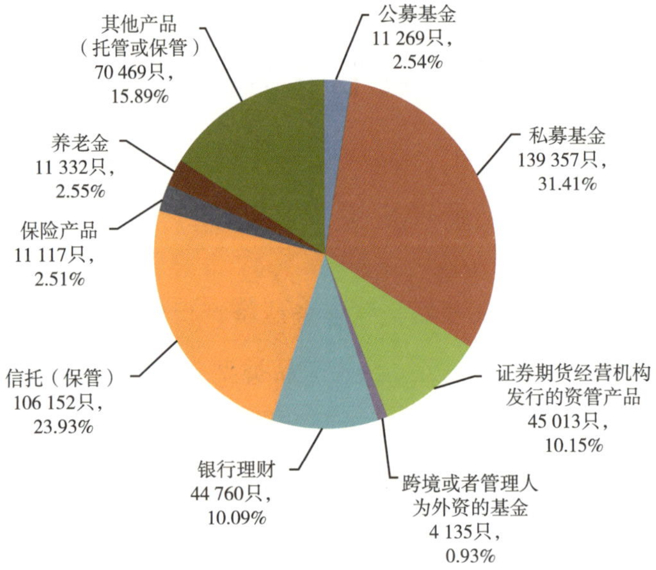

图 8-2-1　托管产品数量占比（按产品类型）

资料来源：中国证券投资基金业协会。

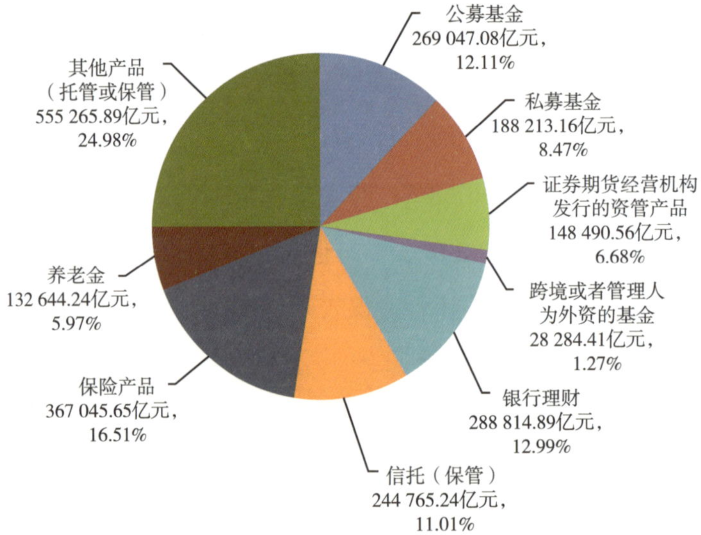

图 8-2-2　托管资产规模占比（按产品类型）

资料来源：中国证券投资基金业协会。

二、不同类型托管人的基金托管业务开展情况

（一）公募基金的托管业务开展情况

截至2023年末，托管人托管的公募基金产品共计11 269只，资产规模269 047.08亿元。其中，商业银行托管10 669只公募基金，托管规模262 363.08亿元；证券公司托管594只公募基金，托管规模5 930.60亿元；其他类型托管人托管6只公募基金，托管规模753.40亿元（见图8-2-3）。

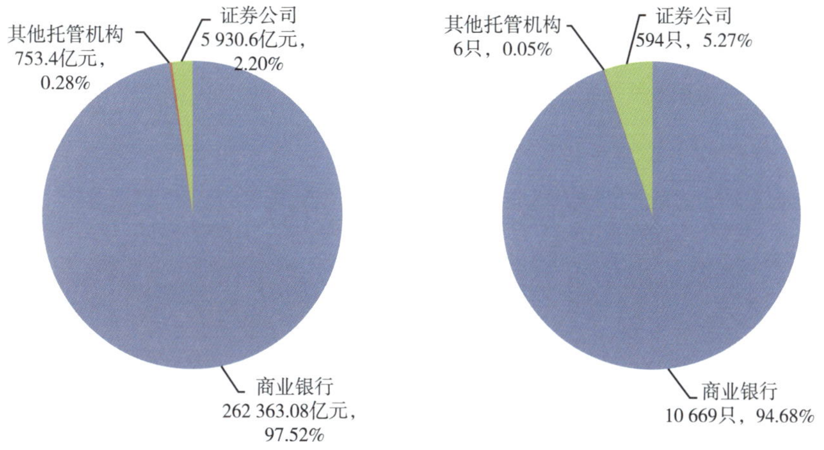

图8-2-3　托管公募基金的数量及规模占比（按托管人类型）

资料来源：中国证券投资基金业协会。

（二）私募基金的托管业务开展情况

截至2023年末，托管人托管的私募基金产品共计139 357只，资产规模188 213.16亿元（见图8-2-4和图8-2-5）。其中，私募证券投资基金96 210只，资产规模48 673.71亿元，商业银行托管1 935只，托管规模3 678.17亿元，证券公司托管94 275只，托管规模44 995.54亿元；私募股权投40 026只，资产规模130 078.57亿元，商业银行托管34 216只，托管规模123 285.63亿元，证券公司托管5 810只，托管规模6 792.94亿元；其他类型托管人未托管私募基金。

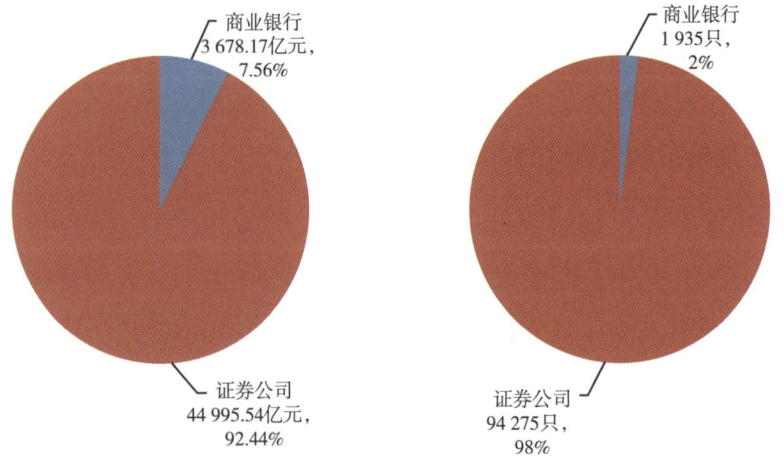

图 8-2-4　托管私募证券投资基金的数量及规模占比（按托管人类型）

资料来源：中国证券投资基金业协会。

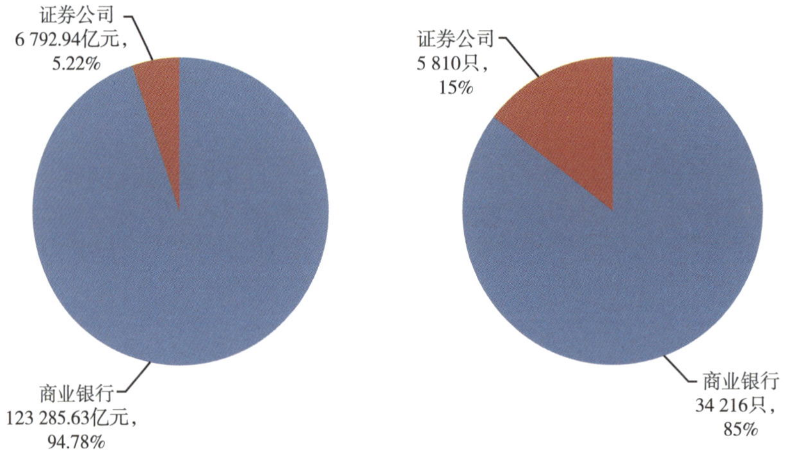

图 8-2-5　托管私募股权投资基金的数量及规模占比（按托管人类型）

资料来源：中国证券投资基金业协会。

（三）证券期货经营机构发行的资管产品的托管业务开展情况

截至2023年末，托管人托管的证券期货经营机构发行的资管产品（以下简称资管计划）共计45 013只，资产规模148 490.56亿元（见图8-2-6）。其中，商业银行托管36 725只资管计划，托管规模141 967.32亿元；证券公司托管8 251只资管计划，托管规模4 649.99亿元；其他类型托管人托管37只资产管理计划，托管规模1 873.25亿元。

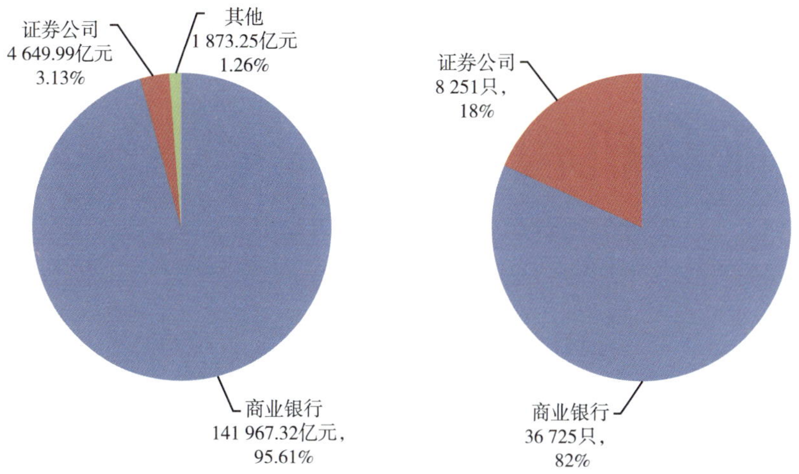

图 8-2-6　托管资管计划的数量及规模占比（按托管人类型）

资料来源：中国证券投资基金业协会。

第九章
基金服务机构

第一节　基金服务业务发展历程

我国私募基金服务业务大概可以分为四个阶段。

第一阶段：初创探索阶段（2013—2014年）

2013年6月1日，开始实施《证券投资基金法》，设置"基金服务机构"单独章节，为基金服务业务和基金行业专业化分工奠定了法律基础。首次明确了基金管理人可以委托基金服务机构代为办理基金的销售、销售支付、份额登记、核算、估值、信息技术系统等事项。

第二阶段：蓬勃发展阶段（2015—2016年）

2015年，中国证券投资基金业协会（以下简称"协会"）开始对第一批基金服务机构进行备案，专业的基金服务机构帮助私募基金管理人解决了"运营瓶颈"，降低了私募基金运作成本，提升了经营合规水平，基金服务业务促进了私募基金行业有序健康发展。

第三阶段：高速创新阶段（2017—2018年）

2017年，国内服务机构发展进入高速发展阶段，协会围绕"7+2"自律框架，重新梳理对私募基金服务业务的规范要求，发布《私募基金服务业务管理办法（试行）》（以下简称《服务办法》）。按照《服务办法》要求改造并重新上线了私募基金服务机构登记系统，通过培育专业的私募基金服务机构梯队，搭建私募基金行业生态体系，促进管理人、托管人和服务机构三类市场主体之间的合作和博弈，提升私募基金行业的专业化水平。

第四阶段：扶优限劣、生态培育阶段（2019年至今）

2019年7月，协会正式公布第四批完成登记的私募基金服务机构名单。根据《证券投资基金法》及其他私募基金法规要求，秉持会员管理标准，依照《证券投资基金法》信义义务要求，按照合规风控、人力资本、运营能力、金融科技、生态培育等五大维度，筛选符合条件的私募基金服务机构登记入会。为完善私募基金生态体系建设，协会着手修订《服务办法》。

2020年10月，协会就《私募投资基金电子合同业务管理办法（试行）（征求意见稿）》正式公开征求意见。电子合同业务是金融科技在私募基金领域的重要应用，通过电子合同缔约能够衔接投资者、基金管理人、基金托管人和基金服务机构等主体，为托管人履行投资监督、募集机构销售适当性、份额登记机构份额确权等法定职责提供落地场景，同时大大提高了缔约效率。

2021年，市场对于电子合同签署服务需求越来越大，疫情期间线上办公及无纸化合同签署方式在私募基金领域应用越来越广泛，巨量需求催生部分市场机构加快布局电子合同业务速度。

2022年6月，为规范私募基金电子合同业务发展，保护基金投资者及相关当事人合法权益，协会正式发布《私募投资基金电子合同业务管理办法（试行）》。为规范电子合同服务机构数据报送标准，监督电子合同服务机构电子签约系统满足业务运作要求，协会于同年11月配套发布《私募投资基金电子合同业务数据报送接口规范（试行）》以及《私募投资基金电子合同业务服务系统测试规范（试行）》。

2023年3月，为有序开展私募投资基金电子合同服务机构数据接口联测工作，协会制定发布《私募投资基金电子合同报送接口联测方案》。同年5月，协会正式上线私募基金电子合同登记系统，鼓励符合办法规定的电子合同服务机构办理登记业务。同年11月，根据《私募投资基金电子合同业务管理办法（试行）》要求，协会正式公布首批电子合同业务服务机构名单。未来，协会将继续鼓励私募基金行业专业化经营、发展，扶优限劣，择机引入更多优秀的电子合同服务机构，满足市场差异化需求。

第二节　基金服务机构登记情况

截至2023年末，在协会完成登记的基金服务机构共计51家（具体名录见行业数据篇），其中基金服务机构48家，电子合同服务机构3家。按照机构类型划分，基金服务机构包括证券公司、商业银行、基金公司、IT公司及第三方独立服务机构等5类，其中证券公司的数量最多（见图9-2-1）。

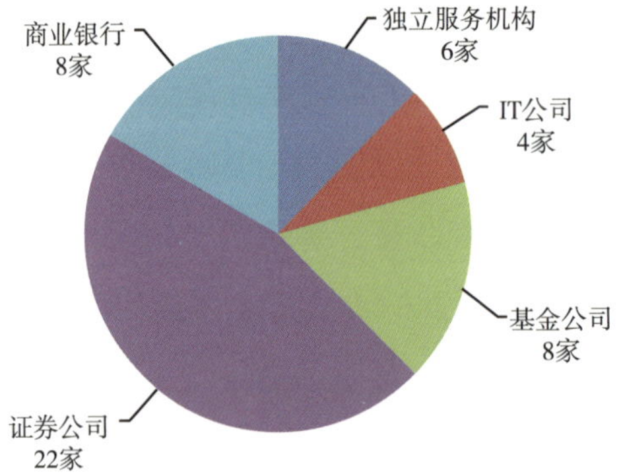

图 9-2-1　机构类型分布

资料来源：中国证券投资基金业协会。

第三节　基金服务业务开展情况

一、基金服务产品数量和规模

作为《证券投资基金法》下的三类主体之一，基金服务机构的发展初衷是提高基金行业专业能力，搭建基金行业良性发展生态圈。服务机构在协会登记以来，服务对象已经从私募投资基金，不断扩大至公募基金、券商资管、期货资管、基金公司专户等大资管行业各类产品。服务内容除了份额登记和估值核算两项涉及系统重要性数据的核心业务之外，在围绕信息科技建设、培育行业生态等发展目标下，不断扩展至整个基金运作链条，提供了全方位、多功能的各项专业服务，对基金行业发展起到了重要推动作用。

截至2023年末，服务机构对外（不含完全控股下属公司）提供份额登记及估值核算服务的基金产品共计144 201只，较2022年底增长8.22%；服务的资产规模达到135 465.56亿元，比2022年底减少0.57%。

按照服务业务数量统计（见图9-3-1），私募基金的数量最多，总计114 561只，占比79.45%；银行、保险和信托发行的资管产品22 956只，占比15.92%；证券期货经营机构发行的私募资管产品6 129只，占比4.25%；跨境或者管理人为外资的基金214只，占比0.15%；公募基金（含证券公司大集合产品）24只，占比0.02%；其他资管产品317只，占比0.22%。

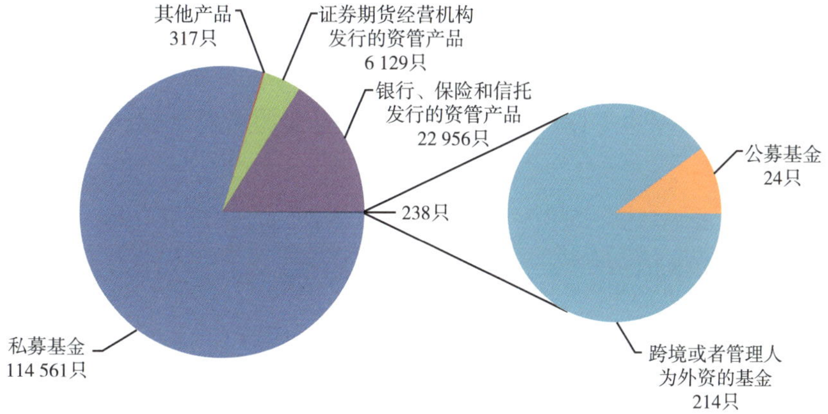

图 9-3-1　服务业务数量占比（按服务基金类型）

资料来源：中国证券投资基金业协会。

按照服务业务规模（见图9-3-2）统计，私募基金是服务机构服务规模最大的产品类型，总计61 606.61亿元，占比45.48%；银行、保险和信托发行的资管产品59 061.39亿元，占比43.60%；证券期货经营机构发行的私募资管产品规模11 512.63亿元，占比8.50%；跨境或者管理人为外资的基金738.17亿元，占比0.54%；公募基金规模244.25亿元，占比0.18%；其他资管产品2 302.51亿元，占比1.70%。

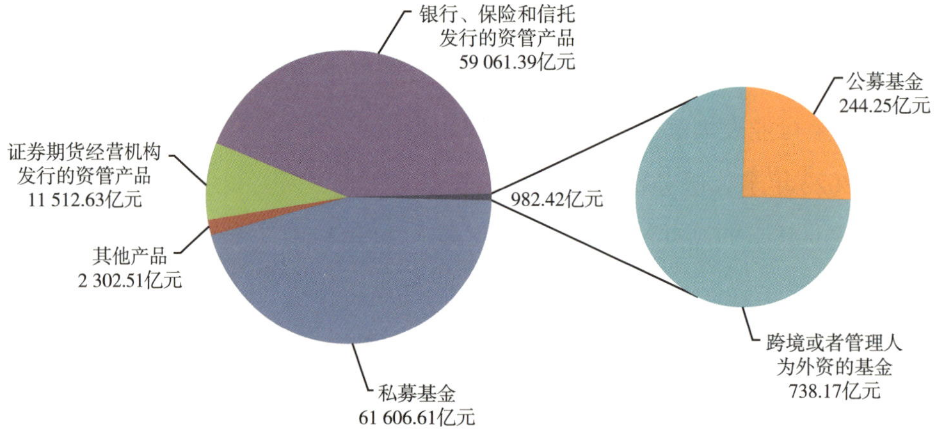

图 9-3-2　服务业务规模占比（按服务基金类型）

资料来源：中国证券投资基金业协会。

按私募基金类型划分（见图9-3-3），私募证券投资基金产品47 822.30亿元，占私募基金服务总规模的77.63%；私募股权投资基金10 992.97亿元，占私募基金服务总规模的17.84%；创业投资基金1 597.50亿元，占私募基金服务总规模的2.59%；其他类私募基金1 187.89亿元，占私募基金服务总规模的1.93%。

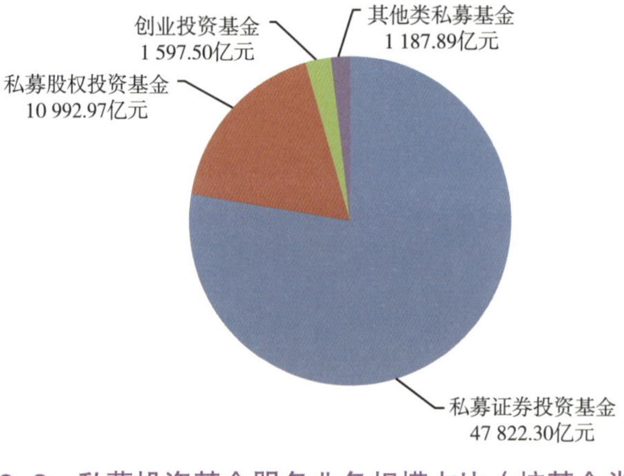

图 9-3-3　私募投资基金服务业务规模占比（按基金类型）

资料来源：中国证券投资基金业协会。

二、行业集中度情况

截至2023年末，服务机构对外服务业务规模（见表9-3-1）排名前三的服务机构服务资产规模占总规模的44.13%，排名前十的服务机构服务资产规模共计占总规模的76.73%，行业集中度较高。相较2022年底，基金服务行业的整体格局基本稳定，第一梯队优势愈发明显，服务规模突破千亿元的第二梯队继续扩大，具体表现为“3+14+n”的特点（见图9-3-4）。其中第一梯队3家，规模均超过10 000亿元，合计占总规模的44.13%；第二梯队14家，规模均在1 000亿元~7 000亿元之间，合计占总规模的47.26%；其余的服务机构为第三梯队，规模均不超过1 000亿元，合计占总规模的8.61%。

表9-3-1　　各服务机构服务的基金规模和数量

序号	机构名称	服务规模（亿元）	数量（只）
1	国泰君安	15 482.41	23 000
2	招商证券	13 930.20	23 988
3	中信中证	11 443.58	16 983
4	华泰证券	6 978.79	15 755
5	工商银行	5 375.85	1 920
6	创金合信	4 870.22	1 807
7	中信建投	3 525.47	7 572
8	宁波银行	3 480.05	4 297
9	国金道富	3 183.14	5 107
10	广发证券	2 768.29	4 878

资料来源：中国证券投资基金业协会。

三、收入情况

2023年度服务机构对外开展服务业务的总收入（见表9-3-2）为15.71亿元，较2022年度减少26.59%。其中，私募证券投资基金对基金服务行业的收入贡献度最高，为76.69%；银行、保险和信托发行的资管产品其次，收入贡献度为12.28%。

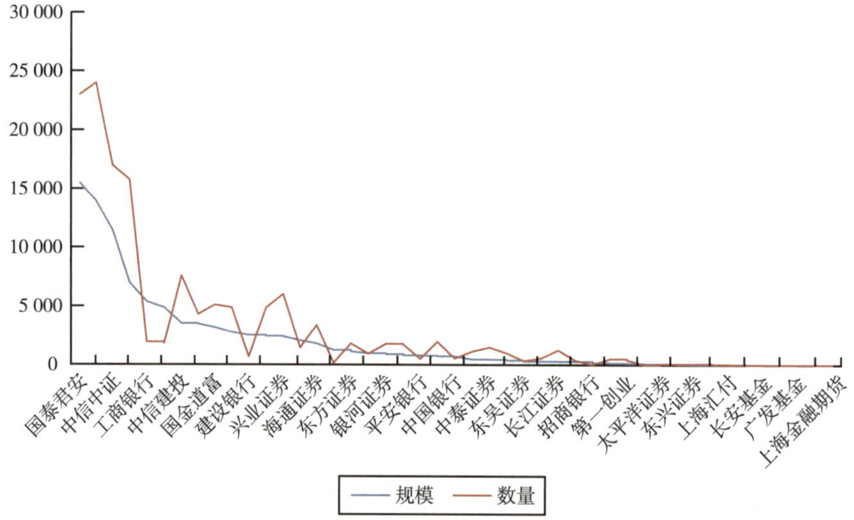

图 9-3-4 排除服务机构服务的集团内部资管产品的行业集中度

注：图中X轴未完整显示出所有服务机构。

资料来源：中国证券投资基金业协会。

表 9-3-2 2023 年基金服务业务（份额登记和估值核算）收入情况（按基金类型分）

服务基金类型	规模（亿元）	收入（万元）	收入贡献度（%）
私募证券投资基金	47 822.30	120 483.15	76.69
私募股权投资基金	10 992.97	9 065.63	5.77
创业投资基金	1 597.50	2 373.06	1.51
其他类私募基金	1 187.89	559.77	0.36
证券期货经营机构发行的私募资管产品	11 512.63	3 048.46	1.94
银行、保险和信托发行的资管产品	59 061.39	19 288.38	12.28
其他资管产品	3 284.93	2 275.35	1.45

资料来源：中国证券投资基金业协会。

02 第二篇 行业数据篇

一、公开募集证券投资基金数据

表 1-1　　公开募集证券投资基金数量　　（单位：只）

年份	封闭式	开放式	其中股票	其中混合	其中货币	其中债券	其中QDII	合计
1998	5	0	—	—	—	—	—	5
1999	16	0	—	—	—	—	—	16
2000	34	0	—	—	—	—	—	34
2001	48	3	—	—	—	—	—	51
2002	54	17	—	—	—	—	—	71
2003	54	41	—	—	—	—	—	95
2004	54	107	—	—	—	—	—	161
2005	54	164	—	—	—	—	—	218
2006	53	254	—	—	—	—	—	307
2007	36	310	—	—	—	—	—	346
2008	33	406	162	138	40	61	10	439
2009	31	516	239	158	43	81	10	547
2010	39	665	332	166	46	103	28	704
2011	57	857	434	192	51	129	51	914
2012	68	1 105	534	218	61	225	67	1 173
2013	137	1 415	611	287	94	341	82	1 552
2014	134	1 763	699	395	171	409	89	1 897
2015	164	2 558	587	1 184	220	466	101	2 722
2016	303	3 564	661	1 707	286	789	121	3 867
2017	480	4 361	791	2 096	348	989	137	4 841
2018	669	4 957	927	2 375	347	1 172	136	5 626
2019	861	5 683	1 135	2 593	335	1 471	149	6 544
2020	1 024	6 213	1 268	3 030	332	1 417	166	7 237
2021	1 175	7 977	1 756	3 879	333	1 810	199	9 152
2022	1 300	9 276	1 992	4 595	372	2 095	222	10 576
2023	1 354	10 174	2 274	4 942	371	2 306	281	11 528

注：2008—2010年按投资类型合计与开放式有差异，鉴于历史数据已不可考，无法探究修正。基金数量以报送净值非零口径统计。

资料来源：中国证监会。

表 1–2 公开募集证券投资基金份额 （单位：亿份）

年份	封闭式	开放式	其中股票	其中混合	其中货币	其中债券	其中QDII	合计
1998	100.00	0.00	—	—	—	—	—	100.00
1999	505.00	0.00	—	—	—	—	—	505.00
2000	562.00	0.00	—	—	—	—	—	562.00
2001	686.73	117.50	—	—	—	—	—	804.23
2002	817.00	501.85	—	—	—	—	—	1 318.85
2003	817.00	797.67	—	—	—	—	—	1 614.67
2004	817.00	2 491.79	—	—	—	—	—	3 308.79
2005	817.00	3 897.18	—	—	—	—	—	4 714.18
2006	812.00	5 408.67	—	—	—	—	—	6 220.67
2007	844.14	21 495.70	—	—	—	—	—	22 339.84
2008	890.32	24 851.46	10 866.30	7 395.81	3 891.73	1 745.23	1 094.01	25 741.78
2009	945.02	22 573.53	12 454.50	6 692.64	2 581.41	765.82	1 017.35	23 518.55
2010	1 119.80	22 835.53	12 945.64	6 651.08	1 532.77	1 359.03	940.50	23 955.33
2011	1 371.32	25 139.05	13 323.36	6 771.72	2 948.85	1 181.67	913.45	26 510.37
2012	1 424.85	30 283.56	13 510.10	6 493.14	5 717.28	3 687.60	875.46	31 708.41
2013	2 121.81	29 058.03	11 722.02	5 919.76	7 478.71	3 176.76	760.78	31 179.84
2014	1 253.71	40 758.28	10 772.46	5 525.28	20 804.36	3 039.70	616.48	42 011.99
2015	1 669.54	75 004.59	5 988.13	17 948.31	44 371.59	5 895.92	800.64	76 674.13
2016	6 179.14	82 249.17	6 450.19	18 667.35	42 730.63	13 310.59	1 090.41	88 428.31
2017	5 863.27	104 326.82	5 847.66	16 315.05	67 253.81	14 091.62	818.68	110 190.09
2018	8 706.16	120 263.35	7 716.98	14 152.74	76 150.94	21 552.75	689.94	128 969.51
2019	15 214.3	121 723.12	9 346.83	14 784.25	71 110.11	25 687.88	794.05	136 937.42
2020	23 961.85	146 012.44	11 746.07	27 857.78	80 915.99	24 478.4	1 014.21	169 974.29
2021	29 005.00	189 239.00	15 996.00	40 872.00	94 977.00	35 604.00	1 790.00	218 244.00
2022	33 265.65	206 162.67	20 131.94	40 755.25	103 354.25	38 209.47	3 711.76	239 428.35
2023	36 004.04	228 130.73	26 485.14	36 503.68	112 241.51	47 680.04	5 220.36	264 134.77

注：2008—2010年按投资类型合计与开放式有差异，鉴于历史数据已不可考，无法探究修正。基金数量以报送净值非0口径统计。

资料来源：中国证监会。

表 1-3　公开募集证券投资基金资产净值　（单位：亿元）

年份	封闭式	开放式	其中股票	其中混合	其中货币	其中债券	其中QDII	合计
1998	107.00	0.00	—	—	—	—	—	107.00
1999	577.00	0.00	—	—	—	—	—	577.00
2000	847.35	0.00	—	—	—	—	—	847.35
2001	691.15	118.09	—	—	—	—	—	809.24
2002	717.06	468.50	—	—	—	—	—	1 185.56
2003	862.00	837.22	—	—	—	—	—	1 699.22
2004	809.71	2 436.63	—	—	—	—	—	3 246.34
2005	822.17	3 869.21	—	—	—	—	—	4 691.38
2006	1 623.64	6 941.41	—	—	—	—	—	8 565.05
2007	2 442.17	30 320.15	—	—	—	—	—	32 762.32
2008	758.95	18 644.30	7 242.57	5 193.09	3 892.43	1 880.36	522.41	19 403.25
2009	1 238.78	24 786.02	13 702.50	7 478.45	2 581.41	839.37	742.24	26 024.80
2010	1 299.00	23 741.86	13 214.94	7 300.67	1 532.78	1 449.76	735.50	25 040.86
2011	1 234.15	20 684.40	10 248.35	5 706.69	2 948.86	1 204.47	576.02	21 918.55
2012	1 413.01	27 248.80	11 476.71	5 646.86	5 717.28	3 776.94	632.02	28 661.81
2013	2 150.84	27 869.87	10 958.45	5 626.59	7 475.90	3 224.84	584.09	30 020.71
2014	1 363.79	43 989.82	13 142.02	6 025.23	20 862.43	3 473.40	486.75	45 353.61
2015	1 947.72	82 024.11	7 657.13	22 287.25	44 443.36	6 973.84	662.53	83 971.83
2016	6 340.11	85 252.94	7 059.02	20 090.29	42 840.57	14 239.10	1 023.96	91 593.05
2017	6 097.99	109 898.87	7 602.40	19 378.46	67 357.02	14 647.40	913.59	115 996.86
2018	8 985.29	121 361.21	8 244.63	13 603.91	76 178.14	22 628.80	705.73	130 346.50
2019	16 024.00	131 648.03	12 992.62	18 893.19	71 170.56	27 660.83	930.83	147 672.03
2020	25 606.39	172 912.94	20 017.48	43 600.75	80 521.47	27 484.30	1 288.94	198 519.33
2021	31 250.00	224 389.00	25 817.00	60 514.00	94 678.00	40 996.00	2 384.00	255 639.00
2022	35 000.29	225 311.60	24 782.42	49 972.86	104 557.63	42 730.86	3 267.81	260 311.89
2023	38 026.92	237 966.03	28 342.41	39 533.25	112 769.62	53 150.93	4 169.82	275 992.96

注：2008—2010年按投资类型合计与开放式有差异，鉴于历史数据已不可考，无法探究修正。基金数量以报送净值非0口径统计。

资料来源：中国证监会。

表 1-4　　开放式基金（认）申购与赎回　　（单位：亿元）

年份	偏股型			债券型			货币型			QDII		
	认/申购	赎回	净认/申赎	认/申购	赎回	净认/申赎	认/申购	赎回	净认/申赎	认/申购	赎回	净认/申赎
2011	6 664.00	6 000.00	664.00	1 882.00	1 652.00	230.00	12 122.00	10 763.00	1 359.00	164.00	166.00	-2.00
2012	5 601.00	5 373.00	228.00	9 501.00	6 672.00	2 829.00	25 467.00	22 880.00	2 586.00	249.00	177.00	73.00
2013	8 168.00	9 769.00	-1 602.00	11 495.00	11 176.00	319.00	33 018.00	31 425.00	1 593.00	113.00	209.00	-96.00

年份	股票型			混合型			债券型			货币型			QDII		
	认/申购	赎回	净认/申赎	认/申购	赎回	净认/申赎	认/申购	赎回	净认/申赎	认/申购	赎回	净认/申赎	认/申购	赎回	净认/申赎
2014	10 492.00	11 067.00	-575.00	3 095.00	3 544.00	-448.00	7 732.00	7 523.00	209.00	104 725.00	93 509.00	11 216.00	121.00	216.00	-100.00
2015	42 706.00	44 420.00	-1 715.00	34 667.00	24 981.00	9 686.00	10 913.00	7 412.00	3 501.00	189 558.00	171 904.00	10 363.00	953.00	568.00	385.00
2016	6 611.00	5 552.00	1 059.00	15 994.00	14 929.00	1 065.00	20 818.00	13 213.00	7 605.00	234 377.00	236 051.00	-1 674.00	652.00	417.00	235.00
2017	5 603.11	5 824.86	-221.74	12 655.95	15 207.99	-2 552.04	14 288.37	13 258.71	1 029.66	346 960.79	319 037.21	27 923.58	347.86	633.55	-285.69
2018	5 956.35	4 697.08	1 259.26	7 284.57	10 384.15	-3 099.57	16 704.97	9 990.33	6 714.63	372 288.88	372 392.77	-103.89	363.26	431.61	-68.35
2019	14 638.00	12 903.00	1 735.00	13 794.00	12 589.00	1 205.00	33 685.00	21 508.00	12 177.00	467 820.00	472 928.00	-5 108.00	579.00	526.00	53.00
2020	30 908.01	32 133.89	-1 225.88	40 941.14	35 309.91	5 631.23	61 701.96	41 250.11	20 451.85	677 303.15	663 720.85	13 582.30	1 332.42	1 197.16	135.26
2021	37 515.92	34 343.16	3 172.76	70 794.42	57 668.54	13 125.88	53 656.28	34 859.56	18 796.72	849 811.53	853 476.65	-3 665.12	2 952.62	1 310.50	1 642.12
2022	25 754.46	21 596.82	4 157.64	32 919.02	35 871.60	-2 952.58	73 838.72	66 962.54	6 876.19	872 269.00	864 330.13	7 938.87	4 520.35	3 523.28	997.07
2023	23 681.31	17 890.26	5 791.05	10 906.74	14 883.45	-3 976.71	75 423.59	62 890.79	12 532.80	1 050 370.80	1 042 030.25	8 340.55	2 791.95	1 386.45	1 405.50

注：2018年及以前数据来源于中国证监会，2019年及以后数据来自中国证券投资基金业协会。

表 1-5　　开放式公募基金账户情况　　（单位：万户）

年份	基金账户数	基金有效账户数	个人有效账户数	机构有效账户数
2007	14 776.83	9 091.34	9 086.80	4.54
2008	16 846.51	8 459.42	8 454.35	5.07
2009	18 640.66	8 092.47	8 084.09	8.38
2010	19 533.39	7 494.94	7 491.45	3.49
2011	21 636.55	7 973.62	7 968.36	5.26
2012	22 717.42	7 635.71	7 630.14	5.57
2013	28 773.46	8 696.72	8 691.34	5.38
2014	46 408.83	12 742.26	12 734.55	7.71
2015	67 917.39	18 758.55	18 750.76	7.80
2016	94 303.67	26 954.59	26 946.09	8.50
2017	134 903.48	41 891.60	41 880.38	11.23
2018	212 637.27	61 728.43	61 715.86	12.57
2019	279 859.00	79 341.83	79 316.61	25.22
2020	387 155.04	118 530.97	118 493.78	37.19
2021	468 333.13	142 322.56	142 262.29	60.27
2022	537 041.65	152 247.88	152 181.96	65.93
2023	595 574.99	168 594.68	168 523.07	71.61

资料来源：中国证监会。

二、证券期货经营机构私募资产管理业务数据

表 2-1　　基金管理公司私募资产管理计划数量与规模

年份	数量（只）	规模（亿元）
2013	1 668	4 739.01
2014	3 104	12 240.41

续表

年份	数量（只）	规模（亿元）
2015	5 122	28 943.83
2016	7 147	51 043.24
2017	6 402	49 625.25
2018	5 962	43 701.91
2019	5 374	43 444.46
2020	6 507	46 654.19
2021	7 293	50 665.27
2022	8 126	51 991.08
2023	8 299	47 710.22

注：不含基金管理公司管理的养老金。

资料来源：中国证券投资基金业协会。

表 2-2　　基金子公司私募资产管理计划数量与规模

年份	数量（只）	规模（亿元）
2013	3 094	9 707.28
2014	9 389	37 390.06
2015	16 092	85 712.74
2016	14 494	105 030.91
2017	9 999	73 098.54
2018	7 592	52 469.94
2019	5 678	41 884.70
2020	4 938	33 902.64
2021	4 134	23 217.33
2022	3 521	19 202.95
2023	2 937	14 265.61

资料来源：中国证券投资基金业协会。

表 2-3　　证券公司私募资产管理计划数量与规模

年份	数量（只）	规模（亿元）
2013	7 329	52 059.25
2014	12 485	79 463.29
2015	18 228	118 948.07
2016	24 281	173 110.74
2017	22 031	165 152.16
2018	18 923	129 106.07
2019	16 077	103 390.75
2020	16 854	80 106.56
2021	16 818	76 853.80
2022	17 168	62 844.09
2023	18 752	53 045.85

注：不含证券公司私募子公司管理的私募基金。

资料来源：中国证券投资基金业协会。

表 2-4　　期货公司私募资产管理计划数量与规模

年份	数量（只）	规模（亿元）
2014	—	124.82
2015	3 478	1 063.74
2016	3 644	2 791.72
2017	3 319	2 458.40
2018	1 809	1 276.34
2019	1 219	1 428.62
2020	1 265	2 196.69
2021	1 724	3 549.09
2022	2 023	3 147.06
2023	2 117	2 745.57

资料来源：中国证券投资基金业协会。

表 2-5　　证券公司私募子公司私募基金数量与规模

年份	数量（只）	规模（亿元）
2015	175	1 193.23
2016	501	2 671.38
2017	714	3 690.79
2018	817	4 463.23
2019	925	4 937.19
2020	989	5 424.06
2021	1 054	5 498.03
2022	1 246	5 895.72
2023	1 394	6 204.79

注：规模指实缴规模。

资料来源：中国证券投资基金业协会。

三、私募投资基金数据

（一）私募投资基金管理人数据

表 3-1-1　　私募投资基金管理人登记通过情况　　（单位：家）

年份	私募证券投资基金管理人	私募股权、创业投资基金管理人	私募资产配置类基金管理人	其他私募投资基金管理人	合计
2014	1 534	3 346	1	183	5 064
2015	8 730	10 552	1	832	20 115
2016	1 321	2 729	0	144	4 194
2017	1 605	4 329	1	81	6 016
2018	791	2 001	0	16	2 808
2019	286	808	2	4	1 100

续表

年份	私募证券投资基金管理人	私募股权、创业投资基金管理人	私募资产配置类基金管理人	其他私募投资基金管理人	合计
2020	431	709	4	4	1 148
2021	522	755	0	6	1 283
2022	539	729	0	11	1 279
2023	178	313	0	3	494

注：当期登记通过的机构，含当期登记当期注销的机构，按管理人初始登记日期统计。

资料来源：中国证券投资基金业协会（AMAC）。

表 3-1-2　私募投资基金管理人存量　（单位：家）

年份	私募证券投资基金管理人	私募股权、创业投资基金管理人	私募资产配置类基金管理人	其他私募投资基金管理人	合计
2014	1 438	3 366	0	151	4 955
2015	10 965	13 241	0	799	25 005
2016	7 996	9 540	0	452	17 988
2017	8 467	13 200	0	779	22 446
2018	8 989	14 683	0	776	24 448
2019	8 857	14 882	5	727	24 471
2020	8 908	14 986	9	658	24 561
2021	9 069	15 012	9	520	24 610
2022	9 023	14 303	332	9	23 667
2023	8 469	12 893	254	9	21 625

注：存量指登记通过且当期末未注销机构数量。

资料来源：中国证券投资基金业协会（AMAC）。

表 3-1-3-1　2023 年登记通过的私募投资基金管理人地域分布（按注册地）

注册地	管理人数量（家）	管理人数量占比（%）	基金数量（只）	基金数量占比（%）	基金规模（亿元）	基金规模占比（%）
江苏省	75	15.18	97	14.02	27.25	6.07
海南省	72	14.57	130	18.79	57.34	12.77
北京市	57	11.54	73	10.55	35.64	7.94
上海市	54	10.93	79	11.42	149.41	33.27
广东省（不含深圳）	47	9.51	53	7.66	16.92	3.77
浙江省（不含宁波）	44	8.91	86	12.43	34.27	7.63
湖北省	22	4.45	26	3.76	6.21	1.38
深圳市	21	4.25	18	2.60	39.88	8.88
厦门市	13	2.63	21	3.03	6.72	1.50
山东省（不含青岛）	11	2.23	10	1.45	6.33	1.41
湖南省	11	2.23	8	1.16	1.32	0.29
福建省（不含厦门）	10	2.02	10	1.45	18.06	4.02
安徽省	10	2.02	12	1.73	5.38	1.20
四川省	7	1.42	4	0.58	1.49	0.33
陕西省	7	1.42	5	0.72	2.64	0.59
天津市	5	1.01	20	2.89	9.88	2.20
青岛市	5	1.01	8	1.16	2.90	0.65
江西省	4	0.81	10	1.45	1.64	0.36
河南省	4	0.81	3	0.43	1.44	0.32
宁波市	3	0.61	13	1.88	6.30	1.40
黑龙江省	2	0.40	0	0.00	0.00	0.00
广西壮族自治区	2	0.40	0	0.00	0.00	0.00
甘肃省	2	0.40	3	0.43	2.86	0.64
云南省	1	0.20	2	0.29	0.20	0.04

续表

注册地	管理人数量（家）	管理人数量占比（%）	基金数量（只）	基金数量占比（%）	基金规模（亿元）	基金规模占比（%）
新疆维吾尔自治区	1	0.20	0	0.00	0.00	0.00
青海省	1	0.20	1	0.14	14.97	3.33
内蒙古自治区	1	0.20	0	0.00	0.00	0.00
辽宁省（不含大连）	1	0.20	0	0.00	0.00	0.00
河北省	1	0.20	0	0.00	0.00	0.00
合计	**494**	**100.00**	**692**	**100.00**	**449.05**	**100.00**

注：该统计口径下管理人数量为0的地域未列示。

资料来源：中国证券投资基金业协会（AMAC）。

表 3-1-3-2　2023 年登记通过的私募证券投资基金管理人地域分布（按注册地）

注册地	管理人数量（家）	管理人数量占比（%）	基金数量（只）	基金数量占比（%）	基金规模（亿元）	基金规模占比（%）
海南省	33	18.54	100	22.12	37.46	14.35
江苏省	31	17.42	66	14.60	20.63	7.91
上海市	22	12.36	58	12.83	137.99	52.87
浙江省（不含宁波）	21	11.80	70	15.49	22.95	8.79
北京市	21	11.80	49	10.84	16.19	6.20
广东省（不含深圳）	18	10.11	29	6.42	3.24	1.24
湖北省	10	5.62	19	4.20	2.13	0.81
厦门市	7	3.93	19	4.20	5.25	2.01
深圳市	3	1.69	5	1.11	4.58	1.76
山东省（不含青岛）	2	1.12	2	0.44	3.04	1.16
天津市	2	1.12	15	3.32	2.59	0.99
江西省	2	1.12	7	1.55	1.04	0.40

续表

注册地	管理人数量（家）	管理人数量占比（%）	基金数量（只）	基金数量占比（%）	基金规模（亿元）	基金规模占比（%）
福建省（不含厦门）	1	0.56	2	0.44	0.38	0.15
云南省	1	0.56	2	0.44	0.20	0.08
陕西省	1	0.56	1	0.22	0.14	0.05
宁波市	1	0.56	4	0.88	2.89	1.11
青岛市	1	0.56	4	0.88	0.30	0.12
广西壮族自治区	1	0.56	0	0.00	0.00	0.00
合计	**178**	**100.00**	**452**	**100.00**	**261.00**	**100.00**

注：该统计口径下管理人数量为0的地域未列示。

资料来源：中国证券投资基金业协会（AMAC）。

表 3-1-3-3　2023 年登记的私募股权、创业投资基金管理人地域分布（按注册地）

注册地	管理人数量（家）	管理人数量占比（%）	基金数量（只）	基金数量占比（%）	基金规模（亿元）	基金规模占比（%）
江苏省	44	14.06	31	12.92	6.62	3.52
海南省	39	12.46	30	12.50	19.87	10.57
北京市	36	11.50	24	10.00	19.45	10.34
广东省（不含深圳）	29	9.27	24	10.00	13.68	7.27
上海市	29	9.27	21	8.75	11.43	6.08
浙江省（不含宁波）	23	7.35	16	6.67	11.32	6.02
深圳市	18	5.75	13	5.42	35.30	18.77
湖北省	12	3.83	7	2.92	4.08	2.17
湖南省	11	3.51	8	3.33	1.32	0.70
安徽省	10	3.19	12	5.00	5.38	2.86

续表

注册地	管理人数量（家）	管理人数量占比（%）	基金数量（只）	基金数量占比（%）	基金规模（亿元）	基金规模占比（%）
福建省（不含厦门）	9	2.88	8	3.33	17.69	9.41
山东省（不含青岛）	9	2.88	8	3.33	3.29	1.75
四川省	7	2.24	4	1.67	1.49	0.79
陕西省	6	1.92	4	1.67	2.50	1.33
厦门市	6	1.92	2	0.83	1.47	0.78
河南省	4	1.28	3	1.25	1.44	0.77
青岛市	4	1.28	4	1.67	2.60	1.38
天津市	3	0.96	5	2.08	7.29	3.88
江西省	2	0.64	3	1.25	0.60	0.32
黑龙江省	2	0.64	0	0.00	0.00	0.00
甘肃省	2	0.64	3	1.25	2.86	1.52
宁波市	2	0.64	9	3.75	3.41	1.81
新疆维吾尔自治区	1	0.32	0	0.00	0.00	0.00
青海省	1	0.32	1	0.42	14.97	7.96
内蒙古自治区	1	0.32	0	0.00	0.00	0.00
辽宁省（不含大连）	1	0.32	0	0.00	0.00	0.00
河北省	1	0.32	0	0.00	0.00	0.00
广西壮族自治区	1	0.32	0	0.00	0.00	0.00
合计	**313**	**100.00**	**240**	**100.00**	**188.05**	**100.00**

注：该统计口径下管理人数量为0的地域未列示。

资料来源：中国证券投资基金业协会（AMAC）。

表 3-1-4-1　　2023 年末存量私募投资基金管理人地域分布（按注册地）

注册地	管理人数量（家）	管理人数量占比（%）	基金数量（只）	基金数量占比（%）	基金规模（亿元）	基金规模占比（%）
上海市	3 973	18.37	43 690	28.55	50 594.71	24.90
北京市	3 575	16.53	24 170	15.79	46 446.97	22.86
深圳市	3 400	15.72	21 394	13.98	20 999.63	10.34
浙江省（不含宁波）	1 703	7.88	11 843	7.74	9 883.42	4.86
广东省（不含深圳）	1 679	7.76	12 551	8.20	12 698.70	6.25
江苏省	1 271	5.88	5 969	3.90	11 338.41	5.58
宁波市	667	3.08	5 398	3.53	7 348.01	3.62
海南省	631	2.92	4 549	2.97	2 815.64	1.39
山东省（不含青岛）	393	1.82	1 544	1.01	1 775.29	0.87
湖北省	393	1.82	1 286	0.84	2 459.37	1.21
四川省	383	1.77	1 651	1.08	2 658.79	1.31
青岛市	375	1.73	2 484	1.62	1 910.94	0.94
天津市	356	1.65	2 171	1.42	6 647.61	3.27
厦门市	339	1.57	2 425	1.58	1 912.08	0.94
湖南省	268	1.24	1 309	0.86	1 386.83	0.68
陕西省	260	1.20	1 195	0.78	1 220.45	0.60
江西省	249	1.15	1 215	0.79	1 383.88	0.68
福建省（不含厦门）	235	1.09	1 813	1.18	1 488.27	0.73
安徽省	227	1.05	1 206	0.79	3 303.14	1.63
河南省	159	0.74	540	0.35	1 034.29	0.51
重庆市	158	0.73	659	0.43	1 748.35	0.86
西藏自治区	154	0.71	1 345	0.88	2 930.69	1.44
河北省	87	0.40	231	0.15	952.45	0.47
新疆维吾尔自治区	83	0.38	348	0.23	1 184.74	0.58

续表

注册地	管理人数量（家）	管理人数量占比（%）	基金数量（只）	基金数量占比（%）	基金规模（亿元）	基金规模占比（%）
广西壮族自治区	79	0.37	390	0.25	1 414.57	0.70
云南省	67	0.31	179	0.12	1 042.23	0.51
辽宁省（不含大连）	63	0.29	168	0.11	105.19	0.05
贵州省	63	0.29	260	0.17	1 671.58	0.82
山西省	59	0.27	200	0.13	1 415.95	0.70
大连市	52	0.24	263	0.17	90.77	0.04
内蒙古自治区	49	0.23	159	0.10	359.80	0.18
吉林省	47	0.22	127	0.08	322.98	0.16
黑龙江省	47	0.22	92	0.06	142.20	0.07
甘肃省	36	0.17	69	0.05	139.36	0.07
宁夏回族自治区	33	0.15	100	0.07	198.79	0.10
青海省	12	0.06	39	0.03	129.89	0.06
合计	**21 625**	**100.00**	**153 032**	**100.00**	**203 155.96**	**100.00**

资料来源：中国证券投资基金业协会（AMAC）。

表 3-1-4-2　　2023 年末存量私募证券投资基金管理人地域分布（按注册地）

注册地	管理人数量（家）	管理人数量占比（%）	基金数量（只）	基金数量占比（%）	基金规模（亿元）	基金规模占比（%）
上海市	2 058	24.30	34 289	35.34	26 147.14	46.98
深圳市	1 589	18.76	13 450	13.86	5 308.96	9.54
北京市	1 249	14.75	13 667	14.09	8 827.65	15.86
广东省（不含深圳）	777	9.17	8 157	8.41	3 063.86	5.50
浙江省（不含宁波）	664	7.84	7 212	7.43	2 919.42	5.25
海南省	348	4.11	3 779	3.89	2 008.96	3.61

续表

注册地	管理人数量（家）	管理人数量占比（%）	基金数量（只）	基金数量占比（%）	基金规模（亿元）	基金规模占比（%）
江苏省	277	3.27	1 865	1.92	1 010.24	1.82
宁波市	196	2.31	3 518	3.63	3 189.59	5.73
青岛市	167	1.97	1 590	1.64	407.73	0.73
福建省（不含厦门）	124	1.46	1 306	1.35	226.75	0.41
厦门市	118	1.39	1 586	1.63	363.11	0.65
山东省（不含青岛）	109	1.29	666	0.69	154.95	0.28
湖北省	109	1.29	601	0.62	121.89	0.22
江西省	87	1.03	621	0.64	168.39	0.30
四川省	86	1.02	727	0.75	198.70	0.36
湖南省	86	1.02	556	0.57	92.63	0.17
天津市	72	0.85	886	0.91	430.53	0.77
陕西省	68	0.80	518	0.53	134.20	0.24
西藏自治区	43	0.51	670	0.69	459.35	0.83
河南省	43	0.51	189	0.19	33.92	0.06
安徽省	34	0.40	213	0.22	59.92	0.11
重庆市	30	0.35	215	0.22	50.85	0.09
大连市	23	0.27	177	0.18	26.25	0.05
辽宁省（不含大连）	17	0.20	76	0.08	36.76	0.07
广西壮族自治区	16	0.19	111	0.11	17.14	0.03
云南省	13	0.15	66	0.07	13.77	0.02
河北省	12	0.14	30	0.03	1.60	0.00
山西省	11	0.13	34	0.04	3.45	0.01
宁夏回族自治区	9	0.11	34	0.04	6.02	0.01
吉林省	8	0.09	51	0.05	6.54	0.01
黑龙江省	8	0.09	21	0.02	1.43	0.00
新疆维吾尔自治区	5	0.06	26	0.03	14.24	0.03

续表

注册地	管理人数量（家）	管理人数量占比（%）	基金数量（只）	基金数量占比（%）	基金规模（亿元）	基金规模占比（%）
内蒙古自治区	5	0.06	27	0.03	12.47	0.02
贵州省	4	0.05	88	0.09	119.51	0.21
甘肃省	3	0.04	6	0.01	0.12	0.00
青海省	1	0.01	1	0.00	20.51	0.04
合计	**8 469**	**100.00**	**97 029**	**100.00**	**55 658.54**	**100.00**

资料来源：中国证券投资基金业协会（AMAC）。

表 3-1-4-3　2023 年末存量私募股权、创业投资基金管理人地域分布（按注册地）

注册地	管理人数量（家）	管理人数量占比（%）	基金数量（只）	基金数量占比（%）	基金规模（亿元）	基金规模占比（%）
北京市	2 279	17.68	10 293	18.82	36 796.63	25.77
上海市	1 843	14.29	8 950	16.36	23 115.73	16.19
深圳市	1 766	13.70	7 745	14.16	15 073.20	10.56
浙江省（不含宁波）	1 019	7.90	4 550	8.32	6 238.80	4.37
江苏省	977	7.58	4 006	7.32	10 300.57	7.21
广东省（不含深圳）	895	6.94	4 385	8.02	9 628.83	6.74
宁波市	464	3.60	1 862	3.40	4 028.92	2.82
四川省	292	2.26	914	1.67	2 396.06	1.68
山东省（不含青岛）	283	2.19	877	1.60	1 620.32	1.13
湖北省	281	2.18	677	1.24	2 329.17	1.63
天津市	277	2.15	1 242	2.27	5 883.94	4.12
海南省	277	2.15	756	1.38	783.43	0.55
厦门市	221	1.71	839	1.53	1 548.97	1.08
青岛市	206	1.60	888	1.62	1 495.63	1.05

续表

注册地	管理人数量（家）	管理人数量占比（%）	基金数量（只）	基金数量占比（%）	基金规模（亿元）	基金规模占比（%）
陕西省	191	1.48	675	1.23	1 085.22	0.76
安徽省	188	1.46	920	1.68	2 958.41	2.07
湖南省	181	1.40	752	1.37	1 293.74	0.91
江西省	159	1.23	579	1.06	1 149.60	0.81
重庆市	122	0.95	426	0.78	1 677.68	1.17
河南省	115	0.89	351	0.64	1 000.36	0.70
西藏自治区	111	0.86	675	1.23	2 471.34	1.73
福建省（不含厦门）	110	0.85	495	0.90	1 174.26	0.82
新疆维吾尔自治区	76	0.59	302	0.55	1 096.93	0.77
河北省	75	0.58	201	0.37	950.85	0.67
广西壮族自治区	63	0.49	279	0.51	1 397.42	0.98
贵州省	58	0.45	169	0.31	1 498.17	1.05
云南省	53	0.41	109	0.20	1 027.30	0.72
山西省	48	0.37	166	0.30	1 412.49	0.99
辽宁省（不含大连）	46	0.36	92	0.17	68.44	0.05
内蒙古自治区	44	0.34	132	0.24	347.33	0.24
吉林省	39	0.30	76	0.14	316.44	0.22
黑龙江省	39	0.30	71	0.13	140.78	0.10
甘肃省	33	0.26	63	0.12	139.24	0.10
大连市	28	0.22	85	0.16	64.30	0.05
宁夏回族自治区	24	0.19	66	0.12	192.77	0.14
青海省	10	0.08	34	0.06	90.02	0.06
合计	**12 893**	**100.00**	**54 702**	**100.00**	**142 793.28**	**100.00**

资料来源：中国证券投资基金业协会（AMAC）。

表 3-1-5-1　2023 年登记通过的私募投资基金管理人地域分布（按办公地）

办公地	管理人数量（家）	管理人数量占比（%）	基金数量（只）	基金数量占比（%）	基金规模（亿元）	基金规模占比（%）
上海市	112	22.67	184	26.59	186.95	41.63
北京市	87	17.61	110	15.90	54.11	12.05
深圳市	52	10.53	67	9.68	47.13	10.49
浙江省（不含宁波）	42	8.50	97	14.02	37.21	8.29
江苏省	40	8.10	46	6.65	18.84	4.20
广东省（不含深圳）	36	7.29	40	5.78	14.47	3.22
海南省	15	3.04	15	2.17	11.28	2.51
湖南省	12	2.43	8	1.16	1.32	0.29
湖北省	12	2.43	10	1.45	4.65	1.04
四川省	11	2.23	12	1.73	7.79	1.74
厦门市	11	2.23	20	2.89	6.52	1.45
山东省（不含青岛）	10	2.02	10	1.45	3.42	0.76
安徽省	8	1.62	9	1.30	4.79	1.07
福建省（不含厦门）	7	1.42	7	1.01	17.18	3.82
陕西省	7	1.42	4	0.58	2.44	0.54
天津市	4	0.81	15	2.17	2.59	0.58
重庆市	3	0.61	10	1.45	3.53	0.79
河南省	3	0.61	3	0.43	1.44	0.32
青岛市	3	0.61	2	0.29	0.66	0.15
宁波市	3	0.61	11	1.59	3.79	0.85
云南省	2	0.40	2	0.29	0.20	0.04
山西省	2	0.40	2	0.29	0.20	0.04
江西省	2	0.40	3	0.43	0.60	0.13
黑龙江省	2	0.40	0	0.00	0.00	0.00

续表

办公地	管理人数量（家）	管理人数量占比（%）	基金数量（只）	基金数量占比（%）	基金规模（亿元）	基金规模占比（%）
甘肃省	2	0.40	3	0.43	2.86	0.64
新疆维吾尔自治区	1	0.20	0	0.00	0.00	0.00
青海省	1	0.20	1	0.14	14.97	3.33
内蒙古自治区	1	0.20	0	0.00	0.00	0.00
辽宁省（不含大连）	1	0.20	0	0.00	0.00	0.00
河北省	1	0.20	0	0.00	0.00	0.00
贵州省	1	0.20	1	0.14	0.12	0.03
合计	**494**	**100.00**	**692**	**100.00**	**449.05**	**100.00**

注：该统计口径下管理人数量为0的地域未列示。

资料来源：中国证券投资基金业协会（AMAC）。

表 3-1-5-2　2023 年登记通过的私募证券投资基金管理人地域分布（按办公地）

办公地	管理人数量（家）	管理人数量占比（%）	基金数量（只）	基金数量占比（%）	基金规模（亿元）	基金规模占比（%）
上海市	62	34.83	156	34.51	171.64	65.76
北京市	33	18.54	69	15.27	21.27	8.15
浙江省（不含宁波）	20	11.24	82	18.14	26.19	10.03
深圳市	19	10.67	46	10.18	7.39	2.83
广东省（不含深圳）	11	6.18	24	5.31	3.90	1.49
江苏省	7	3.93	20	4.42	13.32	5.10
厦门市	6	3.37	19	4.20	5.25	2.01
海南省	5	2.81	3	0.66	1.95	0.75
湖北省	3	1.69	3	0.66	0.57	0.22
重庆市	2	1.12	3	0.66	0.52	0.20

续表

办公地	管理人数量（家）	管理人数量占比（%）	基金数量（只）	基金数量占比（%）	基金规模（亿元）	基金规模占比（%）
天津市	2	1.12	15	3.32	2.59	0.99
四川省	2	1.12	6	1.33	5.84	2.24
陕西省	2	1.12	1	0.22	0.14	0.05
云南省	1	0.56	2	0.44	0.20	0.08
山西省	1	0.56	1	0.22	0.10	0.04
山东省（不含青岛）	1	0.56	1	0.22	0.02	0.01
贵州省	1	0.56	1	0.22	0.12	0.04
合计	**178**	**100.00**	**452**	**100.00**	**261.00**	**100.00**

注：该统计口径下管理人数量为0的地域未列示。

资料来源：中国证券投资基金业协会（AMAC）。

表 3-1-5-3　　2023 年登记通过的私募股权、创业投资基金管理人地域分布（按办公地）

办公地	管理人数量（家）	管理人数量占比（%）	基金数量（只）	基金数量占比（%）	基金规模（亿元）	基金规模占比（%）
北京市	54	17.25	41	17.08	32.83	17.46
上海市	47	15.02	28	11.67	15.31	8.14
江苏省	33	10.54	26	10.83	5.52	2.94
深圳市	33	10.54	21	8.75	39.74	21.13
广东省（不含深圳）	25	7.99	16	6.67	10.57	5.62
浙江省（不含宁波）	22	7.03	15	6.25	11.03	5.86
湖南省	12	3.83	8	3.33	1.32	0.70
海南省	10	3.19	12	5.00	9.33	4.96
山东省（不含青岛）	9	2.88	9	3.75	3.40	1.81
四川省	9	2.88	6	2.50	1.95	1.04

续表

办公地	管理人数量（家）	管理人数量占比（%）	基金数量（只）	基金数量占比（%）	基金规模（亿元）	基金规模占比（%）
湖北省	9	2.88	7	2.92	4.08	2.17
安徽省	8	2.56	9	3.75	4.79	2.55
福建省（不含厦门）	7	2.24	7	2.92	17.18	9.13
陕西省	5	1.60	3	1.25	2.30	1.22
厦门市	5	1.60	1	0.42	1.26	0.67
河南省	3	0.96	3	1.25	1.44	0.77
青岛市	3	0.96	2	0.83	0.66	0.35
宁波市	3	0.96	11	4.58	3.79	2.02
天津市	2	0.64	0	0.00	0.00	0.00
江西省	2	0.64	3	1.25	0.60	0.32
黑龙江省	2	0.64	0	0.00	0.00	0.00
甘肃省	2	0.64	3	1.25	2.86	1.52
重庆市	1	0.32	7	2.92	3.01	1.60
云南省	1	0.32	0	0.00	0.00	0.00
新疆维吾尔自治区	1	0.32	0	0.00	0.00	0.00
山西省	1	0.32	1	0.42	0.10	0.05
青海省	1	0.32	1	0.42	14.97	7.96
内蒙古自治区	1	0.32	0	0.00	0.00	0.00
辽宁省（不含大连）	1	0.32	0	0.00	0.00	0.00
河北省	1	0.32	0	0.00	0.00	0.00
合计	**313**	**100.00**	**240**	**100.00**	**188.05**	**100.00**

注：该统计口径下管理人数量为0的地域未列示。

资料来源：中国证券投资基金业协会（AMAC）。

表 3-1-6-1 2023 年末存量私募投资基金管理人地域分布（按办公地）

办公地	管理人数量（家）	管理人数量占比（%）	基金数量（只）	基金数量占比（%）	基金规模（亿元）	基金规模占比（%）
北京市	4 607	21.30	31 839	20.81	66 597.76	32.78
上海市	4 516	20.88	45 575	29.78	50 222.67	24.72
深圳市	3 168	14.65	21 304	13.92	22 178.00	10.92
广东省（不含深圳）	1 605	7.42	11 908	7.78	10 549.84	5.19
浙江省（不含宁波）	1 487	6.88	11 086	7.24	9 920.18	4.88
江苏省	1 125	5.20	5 212	3.41	9 788.10	4.82
四川省	526	2.43	2 450	1.60	2 998.23	1.48
山东省（不含青岛）	420	1.94	1 709	1.12	2 021.60	1.00
湖北省	383	1.77	1 343	0.88	2 288.03	1.13
厦门市	330	1.53	2 510	1.64	1 400.05	0.69
湖南省	312	1.44	1 564	1.02	1 466.91	0.72
陕西省	309	1.43	1 388	0.91	1 300.81	0.64
河南省	290	1.34	1 130	0.74	1 361.39	0.67
宁波市	234	1.08	1 449	0.95	1 113.00	0.55
安徽省	233	1.08	990	0.65	2 641.80	1.30
福建省（不含厦门）	226	1.05	2 053	1.34	1 260.27	0.62
重庆市	217	1.00	1 409	0.92	2 118.43	1.04
青岛市	215	0.99	1 176	0.77	1 075.30	0.53
天津市	190	0.88	1 018	0.67	1 783.14	0.88
海南省	152	0.70	1 720	1.12	1 684.73	0.83
江西省	139	0.64	567	0.37	846.10	0.42
河北省	138	0.64	413	0.27	375.92	0.19
山西省	97	0.45	392	0.26	1 615.54	0.80
云南省	90	0.42	500	0.33	1 302.47	0.64

续表

办公地	管理人数量（家）	管理人数量占比（%）	基金数量（只）	基金数量占比（%）	基金规模（亿元）	基金规模占比（%）
辽宁省（不含大连）	86	0.40	264	0.17	123.80	0.06
广西壮族自治区	84	0.39	402	0.26	1 434.60	0.71
大连市	80	0.37	368	0.24	126.45	0.06
贵州省	79	0.37	349	0.23	1 678.88	0.83
吉林省	57	0.26	152	0.10	327.44	0.16
新疆维吾尔自治区	51	0.24	174	0.11	371.01	0.18
黑龙江省	51	0.24	100	0.07	136.72	0.07
内蒙古自治区	45	0.21	147	0.10	317.20	0.16
甘肃省	35	0.16	67	0.04	120.77	0.06
宁夏回族自治区	29	0.13	93	0.06	123.68	0.06
青海省	12	0.06	43	0.03	187.80	0.09
西藏自治区	7	0.03	168	0.11	297.33	0.15
合计	**21 625**	**100.00**	**153 032**	**100.00**	**203 155.96**	**100.00**

资料来源：中国证券投资基金业协会（AMAC）。

表 3-1-6-2　　2023 年末存量私募证券投资基金管理人地域分布（按办公地）

办公地	管理人数量（家）	管理人数量占比（%）	基金数量（只）	基金数量占比（%）	基金规模（亿元）	基金规模占比（%）
上海市	2 188	25.84	34 322	35.37	23 186.87	41.66
深圳市	1 482	17.50	13 755	14.18	7 626.30	13.70
北京市	1 429	16.87	17 357	17.89	12 543.71	22.54
广东省（不含深圳）	803	9.48	7 954	8.20	2 683.32	4.82
浙江省（不含宁波）	586	6.92	6 834	7.04	3 431.43	6.17
江苏省	261	3.08	1 806	1.86	1 031.39	1.85

续表1

办公地	管理人数量（家）	管理人数量占比（%）	基金数量（只）	基金数量占比（%）	基金规模（亿元）	基金规模占比（%）
四川省	170	2.01	1 324	1.36	334.71	0.60
厦门市	133	1.57	1 767	1.82	384.32	0.69
福建省（不含厦门）	126	1.49	1 608	1.66	300.97	0.54
山东省（不含青岛）	126	1.49	773	0.80	166.55	0.30
湖南省	120	1.42	761	0.78	129.32	0.23
湖北省	115	1.36	707	0.73	321.42	0.58
河南省	114	1.35	638	0.66	77.98	0.14
陕西省	96	1.13	659	0.68	135.08	0.24
宁波市	94	1.11	926	0.95	262.49	0.47
重庆市	76	0.90	934	0.96	492.81	0.89
天津市	70	0.83	596	0.61	143.86	0.26
青岛市	63	0.74	567	0.58	113.87	0.20
海南省	59	0.70	1 459	1.50	1 325.64	2.38
江西省	51	0.60	266	0.27	30.69	0.06
河北省	46	0.54	210	0.22	53.32	0.10
安徽省	42	0.50	234	0.24	58.59	0.11
大连市	42	0.50	266	0.27	56.28	0.10
辽宁省（不含大连）	31	0.37	148	0.15	41.75	0.08
山西省	31	0.37	153	0.16	26.56	0.05
云南省	29	0.34	369	0.38	229.04	0.41
广西壮族自治区	19	0.22	119	0.12	15.01	0.03
贵州省	18	0.21	178	0.18	134.81	0.24
吉林省	13	0.15	68	0.07	7.07	0.01
黑龙江省	10	0.12	24	0.02	1.72	0.00

续表2

办公地	管理人数量（家）	管理人数量占比（%）	基金数量（只）	基金数量占比（%）	基金规模（亿元）	基金规模占比（%）
宁夏回族自治区	9	0.11	34	0.04	6.02	0.01
内蒙古自治区	6	0.07	32	0.03	13.17	0.02
新疆维吾尔自治区	5	0.06	16	0.02	1.62	0.00
甘肃省	3	0.04	6	0.01	0.12	0.00
西藏自治区	2	0.02	158	0.16	270.20	0.49
青海省	1	0.01	1	0.00	20.51	0.04
合计	**8 469**	**100.00**	**97 029**	**100.00**	**55 658.54**	**100.00**

资料来源：中国证券投资基金业协会（AMAC）。

表 3-1-6-3　2023 年末存量私募股权、创业投资基金管理人地域分布（按办公地）

办公地	管理人数量（家）	管理人数量占比（%）	基金数量（只）	基金数量占比（%）	基金规模（亿元）	基金规模占比（%）
北京市	3 112	24.14	14 133	25.84	52 024.98	36.43
上海市	2 255	17.49	10 843	19.82	26 058.30	18.25
深圳市	1 647	12.77	7 380	13.49	14 187.64	9.94
浙江省（不含宁波）	883	6.85	4 175	7.63	5 792.27	4.06
江苏省	849	6.58	3 313	6.06	8 731.72	6.11
广东省（不含深圳）	797	6.18	3 948	7.22	7 861.32	5.51
四川省	349	2.71	1 101	2.01	2 587.43	1.81
山东省（不含青岛）	293	2.27	935	1.71	1 855.04	1.30
湖北省	265	2.06	628	1.15	1 958.31	1.37
陕西省	210	1.63	716	1.31	1 129.94	0.79
厦门市	196	1.52	742	1.36	1 015.63	0.71
湖南省	191	1.48	802	1.47	1 337.14	0.94

续表

办公地	管理人数量（家）	管理人数量占比（%）	基金数量（只）	基金数量占比（%）	基金规模（亿元）	基金规模占比（%）
安徽省	187	1.45	684	1.25	2 301.58	1.61
河南省	173	1.34	480	0.88	1 250.54	0.88
青岛市	150	1.16	606	1.11	958.51	0.67
宁波市	138	1.07	515	0.94	843.31	0.59
重庆市	136	1.05	460	0.84	1 617.46	1.13
天津市	119	0.92	417	0.76	1 634.14	1.14
福建省（不含厦门）	100	0.78	445	0.81	959.30	0.67
河北省	90	0.70	200	0.37	316.36	0.22
江西省	87	0.67	298	0.54	780.41	0.55
海南省	87	0.67	247	0.45	335.84	0.24
山西省	65	0.50	238	0.44	1 579.94	1.11
广西壮族自治区	65	0.50	283	0.52	1 419.58	0.99
云南省	60	0.47	127	0.23	1 072.27	0.75
贵州省	60	0.47	168	0.31	1 490.18	1.04
辽宁省（不含大连）	55	0.43	116	0.21	82.05	0.06
新疆维吾尔自治区	46	0.36	158	0.29	369.39	0.26
吉林省	44	0.34	84	0.15	320.37	0.22
黑龙江省	41	0.32	76	0.14	135.00	0.09
内蒙古自治区	39	0.30	115	0.21	304.02	0.21
大连市	37	0.29	101	0.18	69.95	0.05
甘肃省	32	0.25	61	0.11	120.65	0.08
宁夏回族自治区	20	0.16	59	0.11	117.66	0.08
青海省	10	0.08	38	0.07	147.92	0.10
西藏自治区	5	0.04	10	0.02	27.13	0.02
合计	**12 893**	**100.00**	**54 702**	**100.00**	**142 793.28**	**100.00**

资料来源：中国证券投资基金业协会（AMAC）。

（二）私募投资基金数据

表 3-2-1　　私募投资基金备案通过情况（备案数量，只）

时间	私募证券投资基金	私募股权投资基金	创业投资基金	私募资产配置类基金	其他私募投资基金	合计
2017	13 678	8 912	2 252	0	3 169	28 011
2018	11 178	7 544	2 501	0	1 285	22 508
2019	13 036	4 047	1 866	5	5	18 959
2020	20 079	3 860	2 623	5	0	26 567
2021	31 601	4 485	4 540	15	0	40 641
2022	25 636	3 331	5 394	6	0	34 367
2023	16 589	2 598	4 834	3	0	24 024

注：指当期备案通过的产品（含当期备案当期清盘的产品）。

表 3-2-2　　私募投资基金备案通过情况（备案规模，亿元）

时间	私募证券投资基金	私募股权投资基金	创业投资基金	私募资产配置类基金	其他私募投资基金	合计
2017	4 118.54	15 299.26	1 469.10	0.00	4 598.91	25 485.80
2018	2 144.50	9 839.86	1 771.07	0.00	1 107.36	14 862.79
2019	1 512.18	6 057.51	1 148.68	5.38	0.57	8 724.31
2020	4 289.97	4 705.37	1 687.99	3.38	0.00	10 686.70
2021	7 849.88	4 591.89	2 242.90	17.65	0.00	14 702.33
2022	2 585.58	2 448.35	2 013.24	7.20	0.00	7 054.37
2023	2 891.14	2 166.52	1 698.69	2.48	0.00	6 758.83

注：备案规模指当期备案通过产品（含当期备案当期清盘的产品）初始备案时的募集规模（非契约型产品取实缴规模）。

表 3-2-3　　私募投资基金存量（基金数量，只）

时间	私募证券投资基金	私募股权投资基金	创业投资基金	私募资产配置类基金	其他私募投资基金	合计
2014	3 766	2 699	718	0	482	7 665
2015	15 182	6 806	1 481	0	1 900	25 369
2016	25 578	14 073	2 206	0	4 153	46 010
2017	34 097	21 827	4 372	0	6 121	66 417
2018	35 675	27 175	6 508	0	5 271	74 629
2019	41 392	28 477	7 978	5	3 858	81 710
2020	54 324	29 402	10 398	10	2 684	96 818
2021	76 818	30 800	14 511	24	1 945	124 098
2022	92 578	31 523	19 353	28	1 538	145 020
2023	97 215	31 255	23 389	27	1 146	153 032

注：存量指备案通过且当期末正在运作产品。

表 3-2-4　　私募投资基金存量（基金规模，亿元）

时间	私募证券投资基金	私募股权投资基金	创业投资基金	私募资产配置类基金	其他私募投资基金	合计
2014	4 639.67	8 038.17	1 060.10	0.00	1 207.75	14 945.69
2015	17 289.59	17 270.20	2 119.51	0.00	4 882.15	41 561.45
2016	25 496.32	37 602.75	3 612.37	0.00	15 752.72	82 464.16
2017	25 671.95	62 910.99	6 076.68	0.00	20 332.91	114 992.53
2018	21 385.06	78 014.08	9 094.61	0.00	18 570.44	127 064.20
2019	25 610.41	88 713.18	12 088.26	5.48	14 412.29	140 829.62
2020	42 979.27	98 716.38	16 904.05	9.77	10 968.82	169 578.29
2021	63 090.38	107 719.83	23 706.71	48.15	8 140.12	202 705.20
2022	56 128.56	111 115.35	29 023.13	53.55	6 497.30	202 817.90
2023	55 136.54	110 699.65	32 414.60	54.31	4 850.86	203 155.96

注：1. 存量指备案通过且当期末正在运作产品。

2. 基金规模指当期末最新季报报送的净资产规模。

四、托管与基金服务机构名录

表 4–1　　证券投资基金托管服务概况（截至 2023 年末）

序号	托管人名称	类型	注册地域	证监会核准批复托管资格时间
1	中国工商银行股份有限公司	银行	北京	1998–02–24
2	中国建设银行股份有限公司	银行	北京	1998–03–18
3	中国农业银行股份有限公司	银行	北京	1998–05–29
4	交通银行股份有限公司	银行	上海	1998–07–03
5	中国银行股份有限公司	银行	北京	1998–07–07
6	中国光大银行股份有限公司	银行	北京	2002–10–23
7	招商银行股份有限公司	银行	深圳	2002–11–06
8	上海浦东发展银行股份有限公司	银行	上海	2003–09–10
9	中国民生银行股份有限公司	银行	北京	2004–07–09
10	中信银行股份有限公司	银行	北京	2004–08–18
11	华夏银行股份有限公司	银行	北京	2005–02–23
12	兴业银行股份有限公司	银行	福建	2005–04–26
13	北京银行股份有限公司	银行	北京	2008–06–03
14	平安银行股份有限公司	银行	深圳	2008–08–06
15	广发银行股份有限公司	银行	广东	2009–05–04
16	中国邮政储蓄银行有限责任公司	银行	北京	2009–07–16
17	上海银行股份有限公司	银行	上海	2009–08–18
18	渤海银行股份有限公司	银行	天津	2010–06–29
19	宁波银行股份有限公司	银行	浙江	2012–11–05
20	浙商银行股份有限公司	银行	浙江	2013–11–29
21	海通证券股份有限公司	银行	上海	2013–12–27
22	国信证券股份有限公司	证券公司	深圳	2013–12–31

续表1

序号	托管人名称	类型	注册地域	证监会核准批复托管资格时间
23	徽商银行股份有限公司	银行	安徽	2014-01-03
24	广州农村商业银行股份有限公司	银行	广东	2014-01-09
25	招商证券股份有限公司	证券公司	深圳	2014-01-10
26	恒丰银行股份有限公司	银行	山东	2014-02-10
27	中国证券登记结算有限责任公司	证券登记结算机构	北京	2014-03-04
28	杭州银行股份有限公司	银行	浙江	2014-03-17
29	南京银行股份有限公司	银行	江苏	2014-04-09
30	国泰君安证券股份有限公司	证券公司	上海	2014-05-20
31	广发证券股份有限公司	证券公司	广东	2014-05-20
32	江苏银行股份有限公司	证券公司	江苏	2014-05-20
33	中国银河证券股份有限公司	证券公司	北京	2014-06-24
34	华泰证券股份有限公司	证券公司	江苏	2014-09-29
35	中信证券股份有限公司	证券公司	深圳	2014-10-10
36	兴业证券股份有限公司	证券公司	福建	2014-11-05
37	中信建投证券股份有限公司	证券公司	北京	2015-02-06
38	中国国际金融股份有限公司	证券公司	北京	2015-06-30
39	中国证券金融股份有限公司	证券金融公司	北京	2015-06-30
40	恒泰证券股份有限公司	证券公司	内蒙古	2015-08-24
41	中泰证券股份有限公司	证券公司	山东	2015-12-23
42	国金证券股份有限公司	证券公司	四川	2017-06-22
43	安信证券股份有限公司	证券公司	深圳	2018-09-26
44	渣打银行（中国）有限公司	银行	上海	2018-10-16
45	东方证券股份有限公司	证券公司	上海	2018-10-24
46	申万宏源证券有限公司	证券公司	上海	2019-07-01
47	万联证券股份有限公司	证券公司	广东	2020-06-08
48	华鑫证券有限责任公司	证券公司	深圳	2020-06-15

续表2

序号	托管人名称	类型	注册地域	证监会核准批复托管资格时间
49	光大证券有限责任公司	证券公司	上海	2020-06-22
50	华福证券有限责任公司	证券公司	福建	2020-07-07
51	华安证券股份有限公司	证券公司	安徽	2020-07-07
52	花旗银行(中国)有限公司	银行	上海	2020-08-27
53	长城证券股份有限公司	证券公司	深圳	2020-09-15
54	国元证券股份有限公司	证券公司	安徽	2020-09-28
55	财通证券股份有限公司	证券公司	浙江	2020-10-30
56	长江证券股份有限公司	证券公司	湖北	2020-12-08
57	浙商证券股份有限公司	证券公司	浙江	2021-09-22
58	德意志银行（中国）有限公司	银行	北京	2020-12-05
59	苏州银行股份有限公司	银行	江苏	2022-03-14
60	南京证券股份有限公司	证券公司	江苏	2022-01-19
61	东方财富证券股份有限公司	证券公司	西藏	2022-05-31
62	青岛银行股份有限公司	银行	青岛	2022-07-16

注：上述名单以证监会发布的“证券投资基金托管人名录(2023年12月)”为准。

资料来源：中国证监会。

表 4-2　　基金服务机构名录（截至 2023 年末）

序号	服务机构名称	注册地
1	招商证券股份有限公司	深圳市
2	国信证券股份有限公司	深圳市
3	中国工商银行股份有限公司	北京市
4	招商银行股份有限公司	深圳市
5	财通基金管理有限公司	上海市
6	国泰君安证券股份有限公司	上海市
7	国金道富投资服务有限公司	上海市
8	中国建设银行股份有限公司	北京市

续表1

序号	服务机构名称	注册地
9	华泰证券股份有限公司	南京市
10	华夏基金管理有限公司	北京市
11	平安银行股份有限公司	深圳市
12	中国银河证券股份有限公司	北京市
13	招商基金管理有限公司	深圳市
14	第一创业证券股份有限公司	深圳市
15	上海银行股份有限公司	上海市
16	中信建投证券股份有限公司	北京市
17	长江证券股份有限公司	武汉市
18	广发证券股份有限公司	广州市
19	中国银行股份有限公司	北京市
20	长安基金管理有限公司	上海市
21	创金合信基金管理有限公司	深圳市
22	广发基金管理有限公司	珠海市
23	工银瑞信基金管理有限公司	北京市
24	金鹰基金管理有限公司	广州市
25	渤海银行股份有限公司	天津市
26	长城证券有限责任公司	深圳市
27	东兴证券股份有限公司	北京市
28	光大证券股份有限公司	上海市
29	申万宏源证券有限公司	上海市
30	太平洋证券股份有限公司	昆明市
31	中泰证券股份有限公司	济南市
32	中银国际证券股份有限公司	上海市
33	东方证券股份有限公司	上海市
34	东吴证券股份有限公司	苏州市

续表2

序号	服务机构名称	注册地
35	宁波银行股份有限公司	宁波市
36	上海元年金融信息服务有限公司	上海市
37	上海金融期货信息技术有限公司	上海市
38	浙商证券股份有限公司	杭州市
39	中国国际金融股份有限公司	北京市
40	上海汇付信息技术有限公司	上海市
41	北京海峰科技有限责任公司	北京市
42	北京营安金融信息服务有限公司	北京市
43	海通证券股份有限公司	上海市
44	兴业证券股份有限公司	福州市
45	深圳证券通信有限公司	深圳市
46	深圳市金证科技股份有限公司	深圳市
47	深圳市赢时胜信息技术股份有限公司	深圳市
48	中信中证投资服务有限责任公司	深圳市

资料来源：中国证券投资基金业协会。

表 4-3　私募投资基金电子合同服务机构名录（截至 2023 年末）

序号	机构名称	注册地
1	上海美市科技有限公司	上海市
2	四川妥妥递科技有限公司	成都市
3	中信中证投资服务有限责任公司	深圳市

资料来源：中国证券投资基金业协会。